JN103852

AI/データサイエンス ライブラリ "基礎から応用へ" ②

異常検知から
リスク管理へ

山西健司・久野遼平・島田敬士・峰松翼・井手剛 共著

AI/DATA SCIENCE

サイエンス社

編 者 の 言 葉

　本ライブラリは AI/データサイエンスの基礎理論とその応用への接続について著した書籍群である．AI/データサイエンスは大量のデータから知識を獲得し，これを有効活用して価値につなげる技術である．今やビッグデータの時代における中核的な情報技術であり，その発展は目覚ましい．この事情に伴い，AI/データサイエンスに関する書物は巷に溢れている．その中には基礎，応用それぞれの書物は沢山有るが，その架け橋的な部分に重きをおいたものは少ない．実は，AI/データサイエンスを着実に身につけるには，基礎理論と応用技術をバランスよく吸収し，その「つなぎ」の感覚を磨いていくことが極めて重要なのである．こうした事情から，本ライブラリは AI/データサイエンスの基礎理論の深みを伝え，さらに応用への「架け橋」の部分を重視し，これまでにないライブラリとなることを目指して編集された．全ての分冊には「（基礎技術）から（応用技術）へ」の形式のタイトルがついている．

　ここで，基礎には様々なレベルがある．純粋数学に近い基礎（例：組合せ理論，トポロジー），応用数学としての基礎（例：情報理論，暗号理論，ネットワーク理論），機械学習理論の基礎（例：深層学習理論，異常検知理論，最適化理論）などである．本ライブラリの各分冊では，そのような様々なレベルの基礎理論を，具体的な応用につながる形で体系的にまとめて紹介している．コンパクトでありながら，理論の背景までを詳しく解説することを心掛けた．その中には，かつては応用されることが想像すらできなかった要素技術も含まれるであろう．一方で，最も基本的な要素技術としての確率，統計，線形代数，計算量理論，プログラミングについては前提知識として扱っている．

　また，応用にも様々なレベルがある．基礎に近い応用（例：機械学習，データマイニング），分野横断的な応用（例：経済学，医学，物理学），ビジネスに直結する応用（例：リスク管理，メディア処理）などである．これら応用については，基礎理論を理解してコーディングしたところで，すぐさま高い効果が得られるというものではない．応用では，分野特有の領域知識に基づいて，その価値を判断することが求められるからである．よって，基礎理論と領域知識

を融合し，真に価値ある知識を生み出すところが最も難しい．この難所を乗り越えるには，応用を念頭に基礎理論を再構成し，真に有効であった過去の先端的事例を豊富に知ることが必要である．本ライブラリの執筆陣は全て，応用に深く関わって基礎理論を構築してきた顔ぶれである．よって，応用を念頭にした，有効な基礎理論の使いどころが生々しく意識的に書かれている．そこが本ライブラリの「架け橋」的であるところの特長である．

　内容は大学学部生から研究者や社会人のプロフェッショナルまでを対象としている．これから AI やデータサイエンスの基礎や応用を学ぼうとしている人はもちろん，新しい応用分野を開拓したいと考えている人にとっても参考になることを願っている．

編者　山西健司

ま え が き

　本書は「異常検知からリスク管理へ」と題して，異常検知の基礎技術と応用について5人の執筆陣が著したものである．異常検知はデータサイエンス技術の中でも特に重要性が高い技術の1つである．なぜなら，それはデータに潜む異常を発見することによりリスク管理に結び付くからである．ここで，リスクとはシステムの故障，インシデントの発生，マーケットの変化，感染症拡大，など平常の活動を脅かすイベントのことである．しかしながらリスクは負のイメージにつながることばかりではない．将来に向けて変革を行うための機会につながる情報でもある．本書では，このようなリスクをデータから早期に検知し，その原因を捉え，分析することについての原理と効用を示す．

　第1章では，山西が異常検知の基本手法をまとめた．そこでは，異常検知を大きく「外れ値検知」と「変化検知」に分けて解説した．前者は空間的な異常を，後者は時間的な異常を検知することであると考えてよい．いずれもデータの規則性を学習した上で，その「崩れ」をいち早く読み解くことが本質である．規則性の表現として，古典的な統計モデルから現代の機械学習に用いられるさまざまなモデルがある．本書ではこれら表現に依存した各論を紹介しつつも，その根底を流れる統一的な考え方を基軸に展開する．例えば，外れ値検知では，「パターンに基づく外れ値検知」と「復元に基づく外れ値検知」に分類して説明する．また，変化点検知では，「パラメータ変化検知」と「潜在構造変化検知」に分類し，またそれぞれを「突発的変化検知」と「漸進的変化検知」に分類して説明する．そのアルゴリズムの設計と解析の方法論は一貫して「情報論的学習理論」と呼ばれる，情報理論と機械学習をつなぐ理論に立脚している．これによってできるだけ見通しの良い異常検知の体系的理解を促すことを意図した．

　第2章では，久野が変化検知の経済データへの応用についてまとめた．近年，経済学においてデータサイエンスの手法は盛んに取り入れられている．しかしながら，どういうデータに対して，何を目的に展開されているのか，について多くは知られていない．本章では，以下の3つの課題を切り出している．1

つは株価およびリターンの時系列解析である．同じ時系列でも定常的な長期記憶過程と考える見方と，変化点を含む非定常な時系列と考える見方があることを示し，後者の立場に立って株価の変動の背後にあるイベントを変化検知によって同定する手法を紹介する．次に，複数銘柄の株価時系列のポートフォリオ問題の解析である．銘柄同士が相互に連動する場合について，その関係の変化を精度行列の変化検知という視点から解き明かす．最後に，株主所有ネットワークを用いたコーポレートガバナンスの解析である．株主と株式をノードとし，株式所有をエッジとしたネットワークを考え，その変化検知によって，コーポレートガバナンスのマクロな変動を捉える．

　第3章では，島田と峰松が変化検知の教育データ解析への応用をまとめた．近年，教育の現場ではデジタル学習環境の発達により，学習活動に関する大量データが蓄積されており，その有効活用が課題となっている．本章では，このような学習活動データがどのようなものであるかを概説した後，2つの課題を切り出して，異常検知の立場から解析手法を与える．1つはクリックストリームの変化検知である．ここでは，学習活動の履歴をクリックストリームとして捉え，その変化を検知することで，教材や授業の効果検証が可能になることを示す．もう1つはデジタル教材閲覧行動の異常検知（外れ値検知）である．ここでは，大多数の学習者と異なる教材閲覧行動をした学習者を異常検知によってあぶり出し，学習行動に応じたきめの細かい学習支援を可能にすることを示す．

　第4章では，井手がリスク管理の一形態として，分散分権型環境での機械学習をまとめた．これは，民主主義，多様性，プライバシーといった3つの制約条件を持つ学習問題である．特に，指数型分布族のモデルを用いる場合には，分散分権型学習は秘匿集計に帰着される．本章では，具体的な秘匿集計の方法を紹介し，それが収束するのに必要な反復回数の評価を与えている．さらに，具体的に多次元正規分布を用いた場合の分散分権型学習について紹介している．上記は分散情報源に対する異常検知を進める上で重要な技術と位置付けられる．

　本書は本ライブラリの「基礎から応用への架け橋に重心を置く」という編集方針に沿って書かれた．これにより，読者が本書を通じて．異常検知の体系を一望し，経済，教育，セキュリティといった応用分野の先端を垣間見ることが

できると期待する．本書が読者に異常検知のさらなる興味を喚起できれば幸い
である．

2022 年 7 月

著　者

謝　辞

　1 章について，校正を支援して頂いた東京大学大学院情報理工学系研究科の
秋元壮颯氏と金井亮雅氏（当時）に深謝する．2 章について東京大学大学院経
済学研究科の渡辺努先生，国立情報学研究所の水野貴之先生，立教大学大学院
人工知能科学研究科の大西立顕先生，東京大学大学院工学系研究科の近藤亮磨
氏，アンダーソン・毛利・友常法律事務所の吉田崇裕氏に貴重な助言をいただ
いた．日頃の感謝と共に謝辞を述べる．3 章について，校正を支援して頂いた
九州大学大学院システム情報科学府の岡井成遊氏，志賀寛羽氏，濵田泰輝氏に
深謝する．

目　　次

第 1 章　異 常 検 知 基 礎　　　　　　　　　　　　　　　**1**

1.1　異常検知の基礎的考え方 . . . . 　1

1.2　外れ値検知（パターンに基づく方法） . . . . 　4

　　1.2.1　マハラノビス距離に基づく方法 . . . . 　5

　　1.2.2　ガウス混合分布に基づく方法 . . . . 　8

　　1.2.3　主成分分析に基づく方法 . . . . 　11

　　1.2.4　One-class SVM に基づく方法 . . . . 　13

　　1.2.5　方向統計量に基づく方法 . . . . 　14

　　1.2.6　トラジェクトリー外れ値検知 . . . . 　16

1.3　外れ値検知（復元に基づく方法） . . . . 　17

　　1.3.1　NrMF に基づく方法 . . . . 　18

　　1.3.2　AutoEncoder に基づく方法 . . . . 　19

1.4　パラメータ変化検知（突発的変化検知） . . . . 　21

　　1.4.1　変化検知の系譜 . . . . 　21

　　1.4.2　統計的検定に基づく変化検知 . . . . 　23

　　1.4.3　2 段階学習に基づくオンライン変化検知 . . . . 　26

　　1.4.4　シミュレーションに基づく変化検知 . . . . 　29

　　1.4.5　ベイズ手法に基づく変化検知 . . . . 　30

　　1.4.6　MDL 変化統計量に基づく変化検知 . . . . 　31

1.5　パラメータ変化検知（漸進的変化検知） . . . . 　43

　　1.5.1　微分的 MDL 変化統計量に基づく変化予兆検知 . . . . 　43

1.6　潜在構造変化検知（突発的変化検知） . . . . 　51

　　1.6.1　潜在構造変化検知とは . . . . 　52

　　1.6.2　バースト変化検知 . . . . 　52

　　1.6.3　スイッチング分布 . . . . 　53

　　1.6.4　Best expert の追跡 . . . . 　55

　　　　1.6.5　動的モデル選択 58

　　　　1.6.6　クラスタリング構造変化検知 60

　　　　1.6.7　MDL モデル変化統計量 62

　1.7　潜在構造変化検知（漸進的変化検知） 65

　　　　1.7.1　構造的エントロピーによる構造変化予兆検知 65

　1.8　ネットワーク異常検知 66

　　　　1.8.1　スペクトラムに基づく方法 67

　　　　1.8.2　ネットワーク中心性に基づく方法 69

　　　　1.8.3　グラフ分割構造変化検知 72

　　　　1.8.4　潜在空間埋め込みに基づく方法 74

　1.9　ま と め 77

第 2 章　　金融時系列と株式所有ネットワークの変化点検知　　　79

　2.1　単一金融時系列の変化点検知 79

　　　　2.1.1　金融時系列分析の基本 79

　　　　2.1.2　長 期 記 憶 過 程 80

　　　　2.1.3　定常な長期記憶過程か非定常な変化点分析か 84

　　　　2.1.4　S&P500 インデックス全期間の変化点検知 85

　2.2　複数金融時系列の精度行列の変化点検知 91

　　　　2.2.1　複数銘柄とポートフォリオ問題 91

　　　　2.2.2　$d > N$ 問題とガウス型グラフィカルモデル 92

　　　　2.2.3　ノンパラノーマル 94

　　　　2.2.4　精度行列の変化点検知 95

　　　　2.2.5　S&P500 構成銘柄の精度行列の変化点検知 96

　2.3　株式所有ネットワークの変化点検知 100

　　　　2.3.1　株式所有とコーポレートガバナンス 100

　　　　2.3.2　ネットワークの変化点検知 104

　　　　2.3.3　米国株式所有ネットワークの変化点検知 105

　2.4　ま と め 108

第 3 章　変化検知の教育分野への応用　　**110**

　3.1　クリックストリームデータの変化検知 110

　　3.1.1　デジタル学習環境に収集される学習活動データ 110

　　3.1.2　学習活動データ分析の基本 111

　　3.1.3　クリックストリームデータからの変化検知の流れ . . . 114

　　3.1.4　ポアソン分布によるクリックストリームデータのモ
　　　　　デル化 115

　　3.1.5　変化なしモデルと変化ありモデル 117

　　3.1.6　オンライン処理による変化検知 117

　3.2　デジタル教材閲覧行動の異常検知 121

　　3.2.1　デジタル教材の閲覧行動 121

　　3.2.2　クラス全体の閲覧ページ遷移パターン 122

　　3.2.3　学習行動のスコア化 125

　　3.2.4　閲覧行動の分析 126

　3.3　ま　と　め 128

第 4 章　分散分権型環境での機械学習とリスク管理　　**130**

　4.1　分散分権型の学習問題 130

　4.2　多様性を保証するための異常検知モデル 133

　　4.2.1　確率モデルの設定 133

　　4.2.2　対数尤度の式と $\{\pi^s\}$ についての解 135

　　4.2.3　指数型分布族に対する一般解 137

　4.3　分権型合意形成問題 139

　　4.3.1　サトシ・ナカモトの挑戦 140

　　4.3.2　ビザンチン将軍問題 141

　　4.3.3　「労力の証明」：ビットコインの合意形成手法 142

　　4.3.4　ギャンブラーの破産問題 145

　4.4　秘匿集計問題 149

　　4.4.1　動 的 合 意 法 149

　　4.4.2　無作為分解法による秘匿計算 152

　　4.4.3　サイクルグラフの固有値 155

　　　　4.4.4　サイクルグラフにおける動的合意法の収束 158
　　　　4.4.5　修正サイクルグラフとその意義 160
　　4.5　スパース混合ガウスモデルによる分散分権型学習 162
　　　　4.5.1　モデルの設定 163
　　　　4.5.2　対数尤度の表式とパラメータ推定 164
　　　　4.5.3　Graphical LASSO による精度行列の推定 166
　　　　4.5.4　分散分権型学習問題の数値例 172
　　4.6　ま　と　め 176

あ　と　が　き　　　　　　　　　　　　　　　　　　　179
参　考　文　献　　　　　　　　　　　　　　　　　　　181
索　　　引　　　　　　　　　　　　　　　　　　　191

異常検知基礎

1

　本章では，異常検知の基礎理論を解説する．これは広い範囲の異常検知の問題に適用できる汎用的なものである．一方で，応用の内容に応じて，都度新たに紹介しなければならない内容もあるが，それらは他の章の中でもまとめられているので合わせて活用されたい．

　最初に異常検知の基本的な考え方を述べた後，大きく分けて外れ値検知と変化検知についてまとめている．外れ値検知では，データのパターンに基づく外れ値検知（1.2 節）とデータの復元に基づく外れ値検知（1.3 節）に分けて解説する．変化検知では，まず，パラメータ変化検知について突発的変化検知（1.4 節）と漸進的変化検知（1.5 節）の両面について解説する．続いて，潜在構造変化検知（あるいはモデル変化検知と呼ぶ）について突発的変化検知（1.6 節）と漸進的変化検知（1.7 節）の両面について解説する．漸進的変化検知は変化予兆検知とも呼ぶ．最後に，ネットワーク異常検知（1.8 節）で締めくくる．異常検知の手法は多岐にわたり，現代の手法を全て網羅することは難しい．本書では，むしろ，Minimum Description Length（MDL）原理に基づく機械学習理論（情報論的学習理論）に立脚して，可能な限り見通しの良い体系的な記述を心がけた．これは特に，1.4.6 項以降の展開において見ることができる．

1.1　異常検知の基礎的考え方

　異常検知（anomaly detection）とはデータが従う時間的または空間的な規則性から外れた不規則現象を発見することである．ここでは異常検知を大きく**外れ値検知**（outlier detction）と**変化検知**（change detection）に大別する．外れ値検知では，データから**外れ値**（outlier）を求めることを問題にする．外れ値とはデータが従う空間的規則性から著しく外れたデータのことである．一方，変化検知では，時系列データにおいてデータの生成分布が変化する時点を

求めることを問題にする．いずれも，データには定常的な規則性があることを
前提として，これらを学習し，それをもとに行う知識発見の技術である．その
意味で異常検知は機械学習の応用として位置付けられる[69], [71]．

　外れ値検知では，大きく 2 つの方法論がある．1 つは分布の**パターンに基づ
く外れ値検知**（pattern based outlier detection）であり，もう 1 つは**データ
の復元に基づく外れ値検知**（reconstruction based outlier detection）である．
分布のパターンに基づく外れ値検知では，データの持つ規則性（パターン）を
予め学習し，個々のデータの外れ値度合いをパターンをもとにスコアリングす
る．図 1.1 では，データの規則性を確率モデルとして表現し，これをデータか
ら逐次的に学習し（$\hat{p}(x)$ を推定確率分布する），新たなデータ x_{new} の異常ス
コアを対数損失（$-\log \hat{p}(x_{\text{new}})$）として計算する例を示している．

　一方，復元に基づく外れ値検知では，データの特徴を学習した後，これを用
いて本来あるべきデータの姿を復元（再構成）する．そして，復元されたデー
タと元データの相違を外れ値度合いと見なす．データの特徴への変換はエン
コード，特徴からデータの復元はデコードと呼ばれる．図 1.2 は，復元メカニ
ズムとして NMF や AutoEncoder と呼ばれるモデルを使った場合の例を示し
ている．元データ x に対する復元データ $\tilde{x}$ の復元誤差を損失関数 $Loss(x, \tilde{x})$
で測ってこれを異常スコアとしている．

　変化検知はデータの背後にある分布の変化を捉えることを目標とする．本

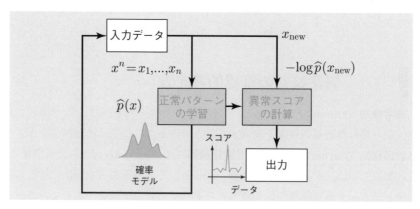

図 1.1　分布のパターンに基づく外れ値検知

書では，変化が分布のパラメータ変化なのか，モデル（パラメータの数など）
の変化なのかによって分けて考える．前者を**パラメータ変化検知**（parameter
change detection），後者を**モデル変化検知**（model change detection）と呼
ぶことにする．前者は連続的な対象の変化を捉えるのに対して，後者は離散的
な対象の変化を捉える．また，後者は潜在変数を伴うモデル（潜在変数モデル
と呼ぶ）の潜在変数の数の変化に相当することから，**潜在構造変化検知**（latent
structure change detection）とも呼ぶことにする．パラメータ変化検知に比
べて，より難しい問題である．

　本書では，さらに変化を大きく，**突発的変化**（abrupt change）と**漸進的変
化**（gradual change）に分けて考える．前者は急激に変化が起こる場合に相当
し，後者は時間と共に徐々に変化が進むような場合に相当する．

　図 1.3 は突発的変化の例として独立にガウス分布に従うデータの平均，分散
がそれぞれある時点で急に変化する場合を示している．このような突発的変化
の検知では，時刻の前後でデータの発生確率分布の変化の度合いをスコアリ
ングし，この値が大きくなったところでアラートを上げるのが一般的である．
図 1.4 では，分布の距離を Kullback-Leibler 情報量と呼ばれる量で計算した
場合の例を示している．

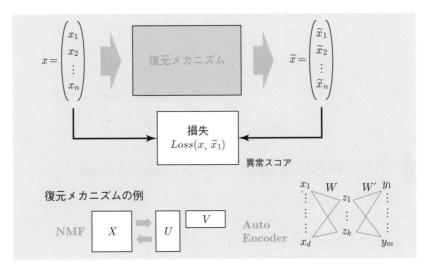

図 1.2　復元に基づく外れ値検知

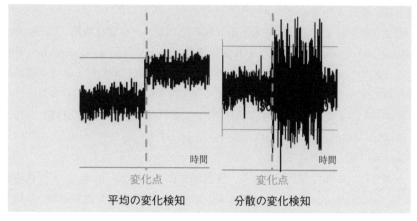

図 1.3　突発的変化検知の例

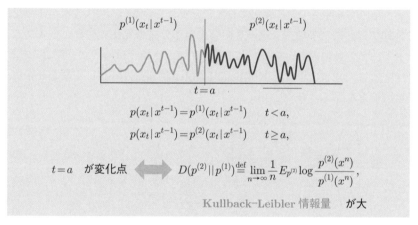

$$p(x_t \mid x^{t-1}) = p^{(1)}(x_t \mid x^{t-1}) \qquad t < a,$$

$$p(x_t \mid x^{t-1}) = p^{(2)}(x_t \mid x^{t-1}) \qquad t \geq a,$$

$t = a$　が変化点 ⟺ $D(p^{(2)} \| p^{(1)}) \overset{\text{def}}{=} \lim_{n \to \infty} \frac{1}{n} E_{p^{(2)}} \log \frac{p^{(2)}(x^n)}{p^{(1)}(x^n)},$

Kullback–Leibler 情報量　が大

図 1.4　変化のスコアリング

1.2　外れ値検知（パターンに基づく方法）

分布のパターンに基づく外れ値検知について，そのバリエーションは，

1)　データをどのような分布に基づいてモデリングするか？
2)　そのモデルをどのように学習するか？
3)　どのように外れ値度合いをスコアリングするか？

によってさまざまに存在する．本節ではその具体的な手法として，マハラノビス距離に基づく方法（1.2.1 項），混合分布に基づく方法（1.2.2 項），主成分分析に基づく方法（1.2.3 項），One class SVM に基づく方法（1.2.4 項），方向統計量に基づく方法（1.2.5 項），トラジェクトリー外れ値検知（1.2.6 項）を紹介する．

1.2.1 マハラノビス距離に基づく方法

今，最も基本的な設定として，データを多次元正規分布でモデリングすることを考える．多次元正規分布とは確率密度関数が以下のように与えられる確率分布である．d 次元実数値ベクトル $X = (X^{(1)}, \ldots, X^{(d)})^\top \in \mathbb{R}^d$ の確率変数に対して，

$$p(X; \theta) = \frac{1}{(2\pi)^{d/2}|\Sigma|^{1/2}} \exp\left(-\frac{1}{2}(X - \mu)^\top \Sigma^{-1}(X - \mu)\right).$$

ここに，$\theta = (\mu, \Sigma)$ であり，$\mu \in \mathbb{R}^d$ は平均ベクトル，$\Sigma \in \mathbb{R}^{d \times d}$ は分散共分散行列を表す．

今，訓練データ $x^n = x_1, \ldots, x_n \in \mathbb{R}^{d \times n}$ が独立に未知のパラメータ $\theta = (\mu, \Sigma)$ によって指定される多次元正規分布から生成されたと仮定して，θ の**最尤推定量**（Maximum Likelihood Estimator：M.L.E.）を求めることを考える．負の対数尤度は以下のように計算できる．

$$L(\mu, \Sigma) = -\frac{n}{2}\log|\Sigma|^{-1} + \frac{\sum_{i=1}^{n}(x_i - \overline{x})^\top \Sigma^{-1}(x_i - \overline{x})}{2}$$
$$+ \frac{n(\overline{x} - \mu)^\top \Sigma^{-1}(\overline{x} - \mu)}{2} + \frac{nd}{2}\log(2\pi).$$

ここに，$\overline{x} \stackrel{\text{def}}{=} \frac{1}{n}\sum_{i=1}^{n} x_i$, $S \stackrel{\text{def}}{=} \sum_{i=1}^{n}(x_i - \overline{x})(x_i - \overline{x})^\top$ である．一般に，$x \in \mathbb{R}^d$, $A \in \mathbb{R}^{d \times d}$ に対して，

$$x^\top A x = \text{tr}(Axx^\top)$$

であるから，

$$\sum_{i=1}^{n}(x_i - \overline{x})^\top \Sigma^{-1}(x_i - \overline{x}) = \text{tr}(\Sigma^{-1}S)$$

であることを用いると，定数項である $\frac{nd}{2}\log(2\pi)$ を無視して，$L(\mu, \Sigma)$ は以下

のように書き換えられる.

$$L(\mu, \Sigma) = -\frac{n}{2} \log |\Sigma|^{-1} + \frac{1}{2} \operatorname{tr}(\Sigma^{-1} S) + \frac{n(\overline{x} - \mu)^\top \Sigma^{-1}(\overline{x} - \mu)}{2}.$$

そこで, $\frac{\partial L(\mu, \Sigma)}{\partial \mu} = 0$ なる $\mu = \widehat{\mu}$ を求めると,

$$\widehat{\mu} = \frac{1}{n} \sum_{i=1}^{n} x_i = \overline{x}.$$

$\Lambda = (\lambda_{ij}) = \Sigma^{-1}$ として, $\frac{\partial L(\mu, \Lambda)}{\partial \Lambda} = 0$ なる $\Lambda = \widehat{\Lambda}$ を求めると,

$$\widehat{\Sigma} = \widehat{\Lambda}^{-1} = \frac{S}{n} = \frac{1}{n} \sum_{i=1}^{n} (x_i - \overline{x})(x_i - \overline{x})^\top.$$

結局, θ の M.L.E. は以下のように求められる.

$$\widehat{\theta} = (\widehat{\mu}, \widehat{\Sigma}) = \left(\frac{1}{n} \sum_{t=1}^{n} x_t, \ \frac{1}{n} \sum_{t=1}^{n} (x_t - \widehat{\mu})(x_t - \widehat{\mu})^\top \right).$$

そこで, 新しいデータ x が与えられた時, その外れ値度合いをデータの分布 $p(X; \widehat{\theta})$ に対する**対数損失** (logarithmic loss) として以下のように定める.

$$-\log p(x : \widehat{\mu}, \widehat{\Sigma}) = \frac{1}{2}(x - \widehat{\mu})^\top \widehat{\Sigma}^{-1}(x - \widehat{\mu}) + \log(\sqrt{2\pi}|\widehat{\Sigma}|).$$

右辺で x に関係する第 1 項を取り出し, 係数を無視すると,

$$D(x) = \left\{ (x - \widehat{\mu})^\top \widehat{\Sigma}^{-1}(x - \widehat{\mu}) \right\}^{1/2}$$

という量が得られる. これは x から $\widehat{\mu}$ までの $\widehat{\Sigma}^{-1}$ を計量とする**マハラノビス距離** (Mahalanobis distance) と呼ばれる. つまり, x の多次元正規分布に対する対数損失が大きいということは, $\widehat{\mu}$ からのマハラノビス距離が大きいということである (図 1.5). なお, 平均値 $\widehat{\mu}$ の代わりに中央値が用いられることもある. この方法は外れ値検知の最も初歩的な手法であるが, 単峰の分布以外の複雑なパターンには対応できない, 平均自体が外れ値の影響を受けている, といった問題がある.

　一方で, 自分から離れているデータが大勢であれば, 自分自身を外れ値と見なすという見方も存在する. これは**DB(f, D) 外れ値** (DB(f, D) outlier)[33]

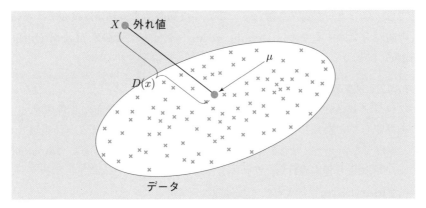

図 1.5 マハラノビス距離に基づく外れ値検知

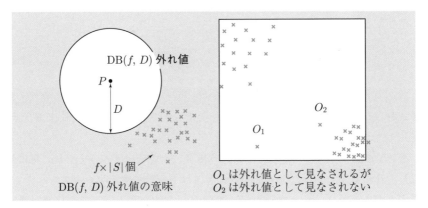

図 1.6 DB(f, D) 外れ値

と呼ばれている（図 1.6）．全データ集合を S とし，$0 < f < 1$ とし，$d(\cdot, \cdot)$ を S 上の距離関数とする時，$P \in S$ が DB(f, D) 外れ値であるとは

$$|\{P' \in S : d(P', P) > D\}| > f \times |S|$$

であることと定義する．つまり，自身と D よりも大きく離れている点集合が全体の f 以上の割合を占めることを意味する．Knorr and Ng[33] はこの外れ値を計算量 $O(|S|^2)$ で検知するアルゴリズムを提案している．

しかしながら，このような定義では，全体のデータから相対的に離れていな

くても，ローカルな島から離れているような局所的な外れ値は検知できない．この問題を克服するために Breunig et al. [7] によって **LOF**（Local Outlier Filter）に基づく局所的外れ値を検知する方法が提案されている．

1.2.2 ガウス混合分布に基づく方法

マハラノビス距離を用いた際には，暗黙にデータの分布が単峰であることを仮定していた．しかしながら，実際のデータの分布ははるかに複雑であり，単峰でないデータ分布を扱わなければならない．そのために，Yamanishi et al. [64] により提案された，ガウス混合分布を用いる方法を以下に示そう．これは **SmartSifter** [71] として名付けられている．

ガウス混合分布は，複数のガウス分布の線形結合で表される分布である（図 1.7）．その確率密度関数は $X \in \mathbb{R}^d$ を d 次元の確率変数として，以下のように与えられる．

$$p(X;\theta) = \sum_{i=1}^{k} \pi_i p(X; \mu_i, \Sigma_i). \tag{1.1}$$

ここに，$p(X; \mu_i, \Sigma_i)$ は平均が μ_i，分散共分散行列が Σ_i で与えられるガウス分布である．$\theta = (\pi_i, \mu_i, \Sigma_i)_{i=1,\ldots,k}^{\top}$ はパラメータであり，$\sum_{i=1}^{k} \pi_i = 1, \pi_i > 0$ $(i = 1, \ldots, k)$ である．

そこで，以下，ガウス混合モデルのパラメータをデータが与えられる毎に学習し，新しく入力されたデータの外れ値スコアを計算するプロセスを与える．まず，ガウス混合モデルのパラメータ学習の方法を示そう．これは**オンライン忘却型 EM アルゴリズム**（on-line discounting EM algorithm）[64], [71] を用いることにより実行できる．ガウス混合分布のパラメータ学習アルゴリズムとしては **EM アルゴリズム**（Expectation and Maximization algorithm）が広く知られているが，オンライン忘却型 EM アルゴリズムは，データが与えられる毎に逐次的に過去のデータの効果を徐々に減衰させていきながらパラメータを学習する．具体的には，$0 < r < 1$ を**忘却パラメータ**（discounting parameter）として，r が 1 に近いほど，過去のデータの影響を忘却する効果を与えながら，ガウス混合分布のパラメータを更新する．$x_1, x_2, \ldots x_t, \ldots$ の順にデータが与えられているとし，$x^{t-1} = x_1, \ldots, x_{t-1}$ が与えられた下で得られたパラメータを $\theta^{(t-1)}$ とすると，更新式は以下の Algorithm 1.1 のよう

に与えられる.

Algorithm 1.1　オンライン忘却型 EM アルゴリズム[64]

Initialization: 初期値 $\theta^{(0)}$, α.

Iteration:

for $t = 1$ to T **do**

　入力 x_t を受け取る

　for $i = 1$ to k **do**

　　Update:

$$\gamma_i(t) = (1 - \alpha r)\frac{\pi_i^{(t-1)}p(x_t; \mu_i^{(t-1)}, \Sigma_i^{(t-1)})}{\sum_{i=1}^{k}\pi_i^{(t-1)}p(x_t; \mu_i^{(t-1)}, \Sigma_i^{(t-1)})} + \frac{\alpha r}{k},$$

$$\pi_i^{(t)} = (1 - r)\pi_i^{(t-1)} + r\gamma_i(t),$$

$$\overline{\mu}_i^{(t)} = (1 - r)\overline{\mu}_i^{(t-1)} + r\gamma_i(t)x_t,$$

$$\mu_i^{(t)} = \frac{\overline{\mu}_i^{(t)}}{\pi_i^{(t)}},$$

$$\overline{\Sigma}_i^{(t)} = (1 - r)\overline{\Sigma}_i^{(t-1)} + r\gamma_i(t)x_t x_t^{\top},$$

$$\Sigma_i^{(t)} = \frac{\overline{\Sigma}_i^{(t)}}{\pi_i^{(t)}} - \mu_i^{(t)}(\mu_i^{(t)})^{\top},$$

　end for

end for

ここに，α は k に関する一様分布と k の事後確率の比率を調整する値である.

次に，外れ値スコアの計算を示す. $\widehat{\theta}_{t-1}$ を $x^{t-1} = x_1, \ldots, x_{t-1}$ からの θ の推定値とする時，時刻 t におけるデータ x_t に対する対数損失を式 (1.2) で計算する.

$$\text{Score}(t) = -\log p(x_t; \widehat{\theta}_{t-1}). \tag{1.2}$$

これを x_t の外れ値スコアと見なし，この値が大きいほど x_t の外れ値度合いは高いと見なす. シャノンの情報理論によると，この量はデータ x_t の分布 $p(X; \widehat{\theta}_{t-1})$ に対する符号長としての意味を持つ.

　ガウス混合分布は混合数を大きくしていくと任意の確率分布を表現できることが知られている[4]. よって，これを用いる外れ値検知は高い普遍性を持つ.

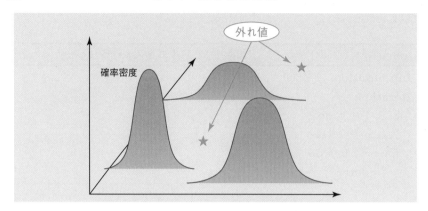

図 1.7　ガウス混合モデルを用いた外れ値検知

しかし，混合数の選択やパラメータ推定時に初期値などの影響が大きく，これらのチューニングには注意を要する．

　ガウス混合分布を用いた外れ値検知はネットワーク侵入検知や不審医療行為の検知等に応用されている[64], [71]．

　スコアを算出する異常検知アルゴリズムに対して，アラートを上げるための一般的な方法として，以下に**動的閾値法**（Dynamic Thresholding Method：DTO)[60] を与えよう．これは，スコアのヒストグラムを動的に計算して，所与のスコアが指定された裾確率の範囲に入ったらアラートを上げるというものである（図 1.8）．

　具体的には，1 次元スコア空間を $[-\infty, a) \cup [a, b] \cup [b, \infty)$ として，$[a, b]$ を $N-2$ 個に当分割し，計 N 個のセルに区切られているとする．h 番目のセルに対する確率関数を $p(h)$ として，これをデータを取り込む毎に忘却型に学習していく．そして，裾確率が ρ 以下となる最小のセルの端点の値を計算し，スコアがその値を超えていればアラートを出す．DTO は閾値を用いる異常検知のあらゆる場面に広く用いることができる．これを Algorithm 1.2 にまとめる．

Algorithm 1.2　動的閾値法[60]

Given: $N(> 3)$: セル総数, $0 < \rho < 1$:閾値パラメータ, $\lambda > 0$：推定パラメータ,
$0 < r < 1$:忘却パラメータ, n: データ数, $\text{Score}^{(t)}$:スコア系列.
1 次元スコア空間を $[-\infty, a) \cup [a, b] \cup [b, \infty)$ として，$[a, b]$ を $N - 2$ 個に当分割
し，計 N 個のセルに区切られているとする.
h 番目のセルに対する t ステップでの統計量を $q^{(t)}(h)$, 確率関数を $p^{(t)}(h)$ とする.
Initialization: $q^{(0)}(h) = 0, p^{(0)}(h) = \frac{1}{N}\ (h = 1, \ldots, N)$
for all $t = 1, \ldots, n$ **do**
　閾値決定: ℓ を

$$\sum_{h=1}^{\ell} p^{(t)}(h) > 1 - \rho$$

　を満たす最小の整数値として，

$$\eta^{(t)} = a + \frac{b - a}{N - 2}(\ell + 1)$$

　を閾値とする.
　Alert 処理:

$$\text{Score}^{(t)} > \eta^{(t)}$$

　ならばアラートを上げる. そうでなければアラートを上げない.
　ヒストグラム更新:

$$q^{(t+1)}(h) = \begin{cases} (1 - r)q^{(t)}(h) + r & \text{if Score}(t) \text{ is in the } h\text{th cell,} \\ (1 - r)q^{(t)}(h) & \text{otherwise,} \end{cases}$$

$$p^{(t+1)}(h) = \frac{q^{(t+1)}(h) + \lambda}{\sum_{h=1}^{N}(q^{(t+1)}(h) + \lambda)}.$$

end for

1.2.3　主成分分析に基づく方法

多次元時系列データから外れ値を検知する問題を考える. 長さ n の d 個の
データを以下のようなデータ行列で表現する.

$$X = (x_{ij}) = \begin{pmatrix} x_1^\top \\ \cdots \\ x_n^\top \end{pmatrix} \in \mathbb{R}^{n \times d}, \quad x_j^\top \in \mathbb{R}^d \quad (j = 1, \ldots, n).$$

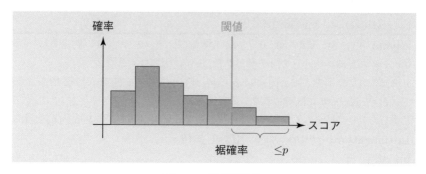

図 1.8　動的閾値法

Lakhina et al. [37] に従って，これらのデータから**主成分分析**（principal component analysis）によって特徴を抽出し，これを利用して外れ値を検知する手法を紹介する．ここでは，データを主成分方向とそうでない方向に分解した時，外れ値は後者に現れると考える．

まず，データ行列の第 k 主成分を

$$
v_k = \begin{cases}
\arg\max_{\|v\|=1} \|Xv\| & \text{if } k = 1, \\
\arg\max_{\|v\|=1} \|(X - \sum_{i=1}^{k-1} Xv_i v_i^\top)v\| & \text{if } k > 1
\end{cases}
$$

のように定義する．r を予め設定して，r 番目までの主成分 $v_1, \dots, v_r$ を基底とする空間を正常空間，残りの $d-r$ 個の基底の成す空間を異常空間とする．今，与えられた長さ n のデータ x について，これを異常空間へ射影して得られたベクトルを $\tilde{x}$ とする．

$$
\tilde{x} = (I - PP^\top)x, \quad P = (v_1, \dots, v_r) \in \mathbb{R}^{d \times r}.
$$

そして，与えられた閾値 $\delta > 0$ に対して，以下の条件が満たされる時，x に異常があったと判断する．

$$
\|\tilde{x}\| > \delta.
$$

上記手法は主成分分析による外れ値の説明能力を備えている．本手法は現実の DDOS 攻撃の検知や SNS 上の持続するトピックの検知等に応用されている[37]．Saito et al. [51] は同手法を用いて Twitter 上の persistent topic（持続するトピック）の検知に成功している．

1.2.4 One-class SVM に基づく方法

One-class SVM とは**サポートベクトルマシン** (Support Vector Machine：SVM) を用いる外れ値検知手法である[42]．原点のみクラスタ -1 に属し，他の全てのデータはクラスタ $+1$ に属するとして，2 つのクラスを分離する超平面を学習する．その超平面に対して原点側にある原点以外の点を外れ値と見なす．これを定式化すると，ϕ を与えられた埋め込み写像とし，以下の最適化問題を解くことに帰着される．

$$\min_{w,\xi_i,\rho} \left\{ \frac{1}{2} w^\top w - \rho + \frac{1}{\nu N} \sum_{i=1}^{N} \xi_i \right\},$$

$$\text{subject to} \quad w^\top \phi(x_i) \geq \rho - \xi_i, \ \xi_i \geq 0.$$

ここで，$0 < \nu < 1$ はコントロールパラメータであり，ξ_i は補助変数である．これに対して，x が外れ値であるかどうかを以下で判定する．

$$f(x) = \text{sgn}(w^\top \phi(x) - \rho) = \begin{cases} +1 \ (\text{not outlier}) & \text{if } w^\top \phi(x) \geq \rho, \\ -1 \ (\text{outlier}) & \text{otherwise.} \end{cases}$$

上記最適化問題は SVM の理論でよく知られた，以下の双対問題を解いて得られる．

$$\min_{\{\alpha_i\}} \frac{1}{2} \sum_{i,j} \alpha_i \alpha_j K_\phi(x_i, x_j),$$

$$\text{subject to} \quad 0 \leq \alpha_i \leq \frac{1}{\nu N}, \ \sum_{i=!}^{N} \alpha_i = 1.$$

ここに，$K_\phi(x_i, x_j) = \{\phi(x_i)^\top \phi(x_j)\}$ はカーネル関数であり，例えば，次のようなガウシアンカーネルなどを用いることができる．

$$K_\phi(x_i, x_j) = \exp\left(-\frac{\|x_i - x_j\|^2}{2\sigma^2}\right).$$

ここに，$\|\cdot\|$ は L_2-ノルムを表す．

One-classs SVM に基づく方法は，外れ値検知の精度を SVM の分類精度の高さに帰着させている．よって高精度の外れ値検知を実現できるが，外れ値の

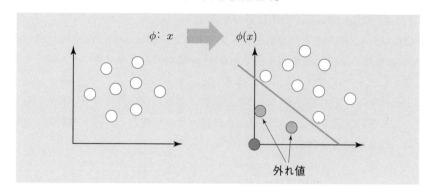

図 1.9 One-class SVM に基づく外れ値検知

説明能力は乏しい.

1.2.5 方向統計量に基づく方法

確率変数を超球面上に束縛して,その角度の変化から外れ値を検知することができる.そこに用いられるのは**方向統計量**(directional statistics)である[3].まず,$z \in \mathbb{R}^d$ を $z^\top z = 1$ であるような d 次元確率変数とする.$\kappa > 0$ と,$u^\top u = 1$ なる $u \in \mathbb{R}^d$ をパラメータとして,z の従う確率分布として,以下の確率密度関数を持つものを考える.

$$p(z; u, \kappa) = \frac{\kappa^{d/2-1}}{(2\pi)^{d/2} I_{d/2-1}(\kappa)} \exp(\kappa u^\top z).$$

ここに,$I_n(x)$ は以下で定義される,第 1 種変形ベッセル関数である.

$$I_n(x) \stackrel{\text{def}}{=} \left(\frac{x}{2}\right)^n \sum_{j=0}^{\infty} \frac{(x/2)^{2j}}{j!\Gamma(n+j+1)}.$$

これは超球面上の u を平均とし,κ を分散とする正規分布と見なすことができる(図 1.10).$d = 2$ の場合は,z と u の成す角を θ とすると,上記の確率密度関数は以下のように表される.

$$p(z; u, \kappa) = \frac{\exp(\kappa \cos\theta)}{2\pi I_0(\kappa)}.$$

u, κ については,訓練データ $x^n = x_1, \dots, x_n$ から最尤推定するための方法論が存在する[55].以下,データの独立性を仮定する.$C_d(\kappa) \stackrel{\text{def}}{=}$

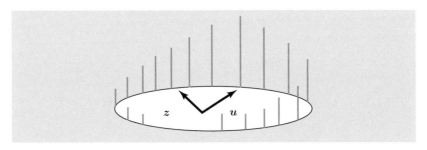

図 **1.10** 方向統計量に基づく外れ値検知

$\frac{\kappa^{d/2-1}}{(2\pi)^{d/2}I_{d/2-1}(\kappa)}$ とすると, 尤度関数は以下のように計算できる.

$$p(\boldsymbol{x}^n; \boldsymbol{u}, \kappa) = \prod_{i=1}^{n} C_d(\kappa) \exp(\kappa \boldsymbol{u}^\top \boldsymbol{x}_i).$$

ここで, $\boldsymbol{r} = \sum_{i=1}^{n} \boldsymbol{x}_i$ と置くと, 負の対数尤度は

$$-\log p(\boldsymbol{x}^n; \boldsymbol{u}, \kappa) = n \log C_d(\kappa) + \kappa \boldsymbol{u}^\top \boldsymbol{r}$$

であるから, λ を未定乗数として, $\boldsymbol{u}^\top \boldsymbol{u} = 1$ の条件下で, 汎関数

$$L(\boldsymbol{u}, \kappa, \lambda) = n \log C_d(\kappa) + \kappa \boldsymbol{u}^\top \boldsymbol{r} + \lambda \boldsymbol{u}^\top \boldsymbol{u}$$

を定めてラグランジュ未定乗数法で解くと,

$$\frac{\partial L(\boldsymbol{u}, \kappa, \lambda)}{\partial \boldsymbol{u}} = 0, \qquad \frac{\partial L(\boldsymbol{u}, \kappa, \lambda)}{\partial \kappa} = 0$$

から, $\boldsymbol{u}, \kappa$ の M.L.E. $\widehat{\boldsymbol{u}}, \widehat{\kappa}$ は以下を満たす.

$$\widehat{\boldsymbol{u}} = \frac{\boldsymbol{r}}{\|\boldsymbol{r}\|},$$

$$-\frac{C_d'(\widehat{\kappa})}{C_d(\widehat{\kappa})} = \frac{\|\boldsymbol{r}\|}{n}. \tag{1.3}$$

ここで, 式 (1.3) はベッセル関数の性質:

$$\widehat{\kappa} I_{d/2}(\widehat{\kappa}) = \widehat{\kappa} I_{d/2-1}'(\widehat{\kappa}) - \left(\frac{d}{2} - 1\right) I_{d/2-1}(\widehat{\kappa})$$

を用いると, $R \stackrel{\text{def}}{=} \frac{\|\boldsymbol{r}\|}{n}$ として以下のように変形できる.

$$\frac{I_{d/2}(\widehat{\kappa})}{I_{d/2-1}(\widehat{\kappa})} = R.$$

後は κ は数値的に解かねばならない．実際に以下の性質があることが知られている[55].

$$\frac{R(d-2)}{1-R^2} \leq \widehat{\kappa} \leq \frac{Rd}{1-R^2}.$$

κ の M.L.E. の1つの近似として以下のようなものも与えられている．

$$\widehat{\kappa} = \frac{R(d-R^2)}{1-R^2}.$$

新しいデータ z の正常ベクトル u に対する外れ値度合いは，これまでのように対数損失を用いて以下のように計算できる．

$$-\log p(z; u, \widehat{\kappa}) = -\widehat{\kappa} u^\top z + \log\left(\frac{\widehat{\kappa}^{d/2-1}}{(2\pi)^{d/2} I_{d/2-1}(\widehat{\kappa})}\right).$$

あるいは，u と z の角度を θ として以下のように計算することもできる[128].

$$1 - u^\top z = 1 - \cos\theta.$$

方向統計量に基づく外れ値検知は，外れ値を正常ベクトルからの角度として説明できるという意味で，説明能力の高い方法である．

1.2.6 トラジェクトリー外れ値検知

トラジェクトリーデータとは，動いている対象の軌跡を観測して得られるデータ列のことである．異なる多数のトラジェクトリーデータから例外的なデータを発見したり，どの部分が外れているかを特定したりすることを，**トラジェクトリー外れ値検知**（trajectory outlier detection）と呼ぶ．その中でもパーティショニングに基づくトラジェクトリー外れ値検知手法[40]を以下に記す．これは以下の3つのステップから成る．

Step.1 トラジェクトリーデータをセグメントに分割する．これをパーティショニングと呼ぶ．これは**記述長最小原理**（minimum description length principle）によって求める．つまり，パーティショニングを P で表すとして，P 自体を符号化した時の符号長 $L(P)$ と，P からのトラジェクトリーデータの誤差を符号化した符号長 $L(D|P)$ を計算して，

$$L(P) + L(D|P)$$

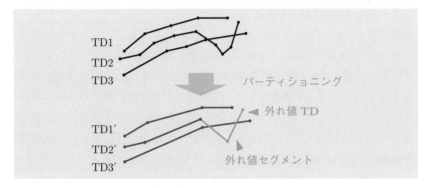

図 1.11 トラジェクトリー外れ値検知

が最小になるような P を求める．これは分割数の最適化と分割の長さの
最適化を同時に含んでいる．

Step.2 **Step.1** で得られたパーティショニングに対して，部分セグメント
同士の類似度を計算し，類似度の低いセグメントを外れ値セグメントと見
なす（図 1.11）．ここで，類似度は，セグメントの長さや角度に関して距
離を計算して得られる．

Step.3 トラジェクトリーデータ内のセグメントの中で，一定割合以上外れ
値セグメントを含むトラジェクトリーデータを外れ値トラジェクトリー
データと見なす（図 1.11）．

トラジェクトリー外れ値検知は，行動履歴などの異常を大域的かつ局所的に
検知する際に有効である．特に，確率モデルが定式化しにくい複雑な行動デー
タを対象にする場合でも，記述長最小原理を用いることにより扱うことがで
きる．

 1.3 外れ値検知（復元に基づく方法）

復元に基づく外れ値検知は，まずデータの特徴を抽出し，次に，これを介し
てデータを復元することにより外れ値度合いを求める．本節では，パターンの
表現方法として，NrMF（1.3.1 項）と AutoEncoder（1.3.2 項）を取り上げる．

1.3.1　NrMF に基づく方法

　グラフ構造を持つネットワークデータの外れ値検知を考える．グラフ構造を持つネットワークデータは，一般に，送信者と受信者の関係として行列の形で与えられる．例えば，行が送信者を，列が受信者を表すとして，i 番目の送信者から j 番目の受信者への通信量を (i, j)-要素とする行列の形で与えられる．これを非負のデータ行列 $X = (X_{ij}) \in \mathbb{R}^{n \times m}$ として，ランクが r である 2 つの行列 $F = (F_{ij}) \in \mathbb{R}^{n \times r}$ と $G = (G_{ij}) \in \mathbb{R}^{r \times m}$ の積で近似する．これを**行列因子分解**（Matrix Factorization：MF）と呼ぶ．ここでは X の特徴が F と G の形で抽出される．その時の近似誤差は $X - FG$ で得られるが，Tong and Lin[56] はこれが非負であるという制約を置いて行列因子分解を行って残差行列として外れ値を検知する方法を提案した．これを**非負値残差行列因子分解**（Non-negative residual Matrix Factorization：NrMF）と呼ぶ．この問題は以下のように定式化できる．

$$\min_{F, G \geq 0} \sum_{i, j : X_{ij} > 0} \left(X_{ij} - \sum_k F_{ik} G_{kj} \right)^2,$$
$$\text{subject to} \quad \forall \ X_{ij} > 0, \ X_{ij} \geq \textstyle\sum_k F_{ik} G_{kj}.$$

この最適化問題は，X が与えられたもとで，F を固定して G に関する凸 2 次計画問題として G を解き，次に，G を固定したもとで F に関する凸 2 次計画問題を解くことを逐次的に繰り返して得られる．ただし，最適性は保証されない．こうして得られた F と G に対して，

$$R = X - FG$$

は，X と FG として復元した時の復元誤差である．これはネットワーク外れ値であると捉えることができる．

　このような外れ値は，例えば，図 1.12 のようなパターンを描くことがある．もとのデータ行列が縦軸のノードから横軸のノードへの通信量を表すとすると，(a) strange connection は単独の接続の外れ値を，(b) scanning は 1 つのノードから複数のノードへの接続が異常に多い場合を，(c) DDos は複数のノードから 1 つのノードへの接続が異常に集中している場合を，(d) bipartite core はあるまとまったグループ間の接続が異常に多い場合を示している．

　本手法は特にネットワーク型のデータを扱う際に，外れ値の説明能力が高い．

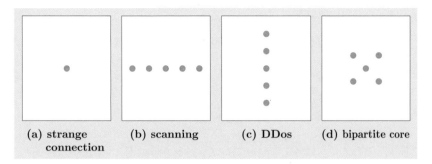

図 1.12 NrMF による外れ値検知

1.3.2 AutoEncoder に基づく方法

行列型のデータを**自己符号化器**（AutoEncoder：AE）を用いて復元し，その復元誤差を用いて外れ値検知を行うことを考える．以下では Zhou and Paffernorth[68] の方法を紹介する．今，X を入力データ行列，$\overline{X}$ を X の復元とする．E を**符号化器**（encoder），D を**復号化器**（decoder）とする．以下の関係がある．

$$\overline{X} = D(E(X)).$$

符号化器と復号化器は以下の最小問題を解く形で設計される．

$$\min_{D,E} \|X - D(E(X))\|_2.$$

実際には，それらは $\theta = (W, b_E, b_D)$ をパラメータとするニューラルネット型モデルとして与えられるものと仮定する．つまり，E と D は以下の表式で書けるものとする．

$$E_\theta(x) = g(Wx + b_E), \qquad D_\theta(x) = g(W^\top x + b_D).$$

ここに，$g(x) = \frac{1}{1+\exp(-x)}$ はシグモイド関数とする．今，L_D を AE によるデータの表現のコア，S を外れ値行列とする．すなわち，

$$X = L_D + S.$$

Zhou and Paffernorth[68] によれば，外れ値検知は S が未知である状況で，θ を推定しながら S を求める最適化問題に帰着させることができる．すなわ

ち，以下の正則化問題を解く．

$$\min_{\theta, S} \|L_D - D_\theta(E_\theta(L_D))\|_2 + \lambda \|S\|_{2,1}, \quad \text{subject to } X - L_D - S = 0.$$

ここに，$\|\cdot\|_2$ は L_2-ノルムを表し，

$$\|S\|_{2,1} = \sum_j \left(\sum_i |S_{ij}|^2 \right)^{1/2}$$

であり，このノルムは各 i については L_2-ノルムの役割を果たし，j に関しては L_1-ノルムの役割を示す．同様に，ノルムを S から $S^\top$ に入れ替えて以下の問題を解く場合もあり得る．

$$\min_{\theta, S} \|L_D - D_\theta(E_\theta(L_D))\|_2 + \lambda \|S^\top\|_{2,1}, \quad \text{subject to } X - L_D - S = 0.$$

以上をまとめたものを Algorithm 1.3 に記す．

Algorithm 1.3 AutoEncoder に基づく外れ値検知[68]

Input: $X \in \mathbb{R}^{N \times n}$, ϵ, λ

Initialization: θ, L_D, $S := 0$, $LS := X$

Iteration:

1. X から S を取り除く．$L_D := X - S$
2. バックプロパゲーション法により θ を求める．$\min_\theta \|L_D - D_\theta(E_\theta(L_D))\|_2$
3. L_D を復元とする．$L_D := D_\theta(E_\theta(L_D))$
4. S を差異とする．$S := X - L_D$
5. S を以下の proximal operator を用いて変換する．$S := prox_{\lambda, L_{2,1}}(S)$

   ただし，グループ（行）インデックスを g，グループ内（列）インデックスを j として，

   $$(prox_{\lambda, L_{2,1}}(x))^j = \begin{cases} x_g^j - \lambda \frac{x_g^j}{\|x_g\|_2} & \text{if } \|x_g\|_2 > \lambda, \\ 0 & \text{if } \|x_g\|_2 \leq \lambda. \end{cases}$$

6. 収束条件をチェックする．$c_1 < \epsilon, c_2 < \epsilon$．ここに，

   $$c_1 = \frac{\|X - L_D - S\|_2}{\|X\|_2}, \quad c_2 = \frac{\|LS - L_D - S\|_2}{\|X\|_2}$$

7. 次回の収束判定条件に用いる LS を更新する．$LS = L_D + S$.

Output: L_D および S.

AEを用いる外れ値検知手法は，その有意性をニューラルネットワークの特徴抽出機能に負っている．よって，ネットワークが複雑になればなるほど特徴抽出機能は高くなり，結果的に外れ値検知精度も高くなるが，外れ値の説明能力はむしろ低くなることは注意されたい．

1.4 パラメータ変化検知（突発的変化検知）

本章では変化検知の基本を紹介する．まず，1.4.1項で変化検知の分類と体系化を行う．まずは，パラメータ変化検知における突発的変化検知に焦点をあてる．その代表的手法として，統計的検定に基づく手法（1.4.2項），2段階学習に基づく手法（1.4.3項），シミュレーションに基づく方法（1.4.4項），ベイズ手法（1.4.5項），MDL変化統計量に基づく方法（1.4.6項）を紹介する．

1.4.1 変化検知の系譜

変化検知はデータの発生分布が変わる時点を検知することを目的とする．異常データが1つだけ紛れ込んできたら，それを検知することは「外れ値検知」に他ならないが，異常データが集団でやってくる際に，その出現を検知するのが「変化検知」である．変化検知の意義は，その背後に存在する重要な出来事（イベント）に気付きを与えるということである．よって，変化点を知ることにより，イベントがもたらすであろうさまざまなリスクに対応することが可能となる．その意味で，変化点検知はリスク管理に直結する技術である．データの変化点とイベントの対応例を表1.1にまとめる．

変化検知はデータの生成機構が変化することを検知することであるが，データの生成機構の連続的パラメータが変化することを検知する問題を**パラメータ変化検知**（parameter change detection）と呼ぶことにする．一方で，生成機構が潜在変数を含む潜在変数モデルである時，その潜在変数を含めた離散構造の変化を検知することを**潜在構造変化検知**（latent structure change detection）と呼ぶことにする．ここで，潜在変数とは，クラスタリングに用いられるクラスタや状態などを表す変数である．

潜在構造変化検知において，特に潜在変数を指定する構造は固定されたままで潜在変数の値の変化を検知することを**第1種の潜在構造変化検知**（Type 1 latent structure change detection）と呼ぶ．例えば，隠れマルコフモデルと

表 1.1　変化検知におけるデータとイベントの対応

時系列データ	変化点に対応するイベント
通信ログ	マルウェアの発生
計算機利用記録	犯罪の発生
システム動作記録	障害発生
工場センサーデータ	事故の予兆
Tweet	新規話題の出現
不動産取引記録	経済危機
トランザクション	市場トレンドの出現
視野検査データ	緑内障疾患の兆候

いうモデルがある．これはマルコフ連鎖に従う隠れ状態に基づいて出力の生起確率が定まるモデルである．その隠れ状態の値の遷移を推定することに相当する．また，状態空間モデルというモデルが存在する．これは入力データを潜在的な状態に変換し，その状態に基づいて出力の確率分布が定まるというモデルである．潜在状態の推移を推定することがこの問題に相当する．

　一方で，潜在変数の上位にあって潜在変数の構造を規定するハイパーパラメータの変化を検知することを**第 2 種の潜在構造変化検知**（Type 2 latent structure change detection）と呼ぶ．例えば，潜在変数の数，クラスタリングの構造（クラスタの数を含む），ネットワークのコミュニティ構造（コミュニティ数を含む）などの変化を検知することに相当する．本書では第 2 種の潜在構造変化検知のみを扱う．

　変化は突然起こるものと徐々に変化していくものとがある．前者を検知することを**突発的変化検知**（abrupt change detection）と呼び，後者において変化の開始点を検知することを**漸進的変化検知**（gradual change detection）と呼ぶ．パラメータ変化検知にも潜在構造変化にも突発的変化と漸進的変化がある．特に，漸進的変化を考える場合には，徐々におとずれる変化の開始点を検知することを問題とする．この問題は後に現れる大きな変化の予兆点として捉えられることから，パラメータ変化については**変化予兆検知**（change sign detection）と呼ぶ．潜在構造変化の漸進的変化検知については**潜在構造変化予兆検知**（latent structure change sign detection）と呼ぶ．以上の概念をま

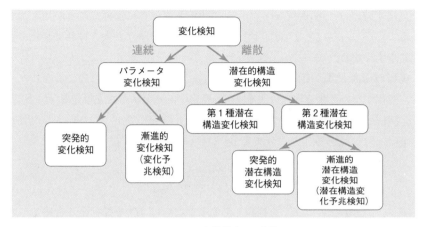

図 1.13　変化検知の系譜

とめたのが図 1.13 である.

1.4.2　**統計的検定に基づく変化検知**

パラメータ変化検知の手法として最も初等的な統計的検定に基づく変化検知を取り上げる. 変化の前後のデータの生成確率分布の確率関数を p_1 と p_2 とする時, ある時刻 t^* で p_1 から p_2 への変化が起こったかどうかは, 基本的に以下のような**統計的検定**（statistical testing）問題に帰着させることができる. つまり, 全てのデータに対して p_1 を当てはめた場合と, t^* で p_1 から p_2 に切り替えてモデルを当てはめた場合とではどちらが尤度が高くなるか？といった尤度比検定の問題である. 以下では, データ列を $x_a^b = x_a, \ldots, x_b$ と記す. この場合,

$$\delta = \frac{\log p_1(x_1^n)}{\log(p_1(x_1^{t^*}) p_2(x_{t^*+1}^n))}$$

を統計量として, $\delta > 1$ ならば変化がなかったとし, $\delta \le 1$ ならば変化があったと判断する. このような検定に対して, $x^n = x_1, \ldots, x_n$ とし,

$$D(p_2 \| p_1) = \lim_{n \to \infty} \frac{1}{n} \sum_{X^n} p_2(X^n) \log \frac{p_2(X^n)}{p_1(X^n)}$$

を p_1 と p_2 の Kullback-Leibler 距離とすると, 大偏差原理によれば, 変化点

を見逃す確率は，$\exp(-Cr(p_2\|p_1))$ に比例してゼロに近付くことが知られている[10] ($r = n - t^*$，C は定数)．よって，$D(p_2\|p_1)$ が大きければ変化は検知しやすくなる．

実際の局面では，変化点 t^* も分布 p_1, p_2 も未知である．このような状況下で，変化がないとする帰無仮説を H_0，変化があるとする対立仮説を H_1 とし，H_0 のもとで x_1^n から推定した分布を $\widehat{p}_0$，H_1 のもとで $x_1^{t^*}$ から推定した分布を $\widehat{p}_1$，$x_{t^*+1}^n$ から推定した分布を $\widehat{p}_2$ とする時，

$$\delta = \frac{\log \widehat{p}_0(x_1^n)}{\log(\widehat{p}_1(x_1^{t^*})\widehat{p}_2(x_{t^*+1}^n))}$$

を調べ，$\delta > 1$ ならば H_0 を採択し，$\delta \leq 1$ ならば H_1 を採択するとする．ただし，これは変化点候補 t^* が与えられている時に限り有効である．

Guralnik and Srivastava[16] は上記統計的検定手法の考え方を回帰モデルに適用している．つまり，未知パラメータを含む回帰モデルを利用し，一気通貫して回帰モデルを当てはめた時の損失と，別々に回帰モデルを当てはめた時の損失を比較する（図 1.14）．

今，$L(D : f)$ は関数 f の D に関する損失を表すとする．例えば，対数損失では $L(D : f) = -\log f(D)$，2 乗損失では $D = (x, y)$ に対して $L(D : f) = \|y - f(x)\|^2$ である．$D_a^b = D_a \dots D_b$ ($a < b$) として，

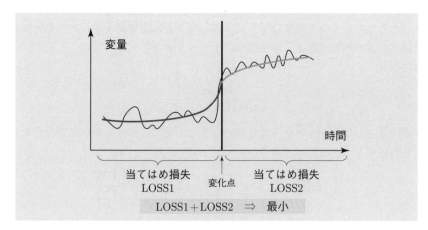

図 1.14　統計的検定に基づく変化検知

$L(D_a^b : f) = \sum_{t=a}^{b} L(D_t : f)$ とする．$\mathcal{F}$ を与えられた関数のクラス，n を
データ列の長さ，t を与えられた時点として，以下の統計量を考える．

$$\Delta(t) = \frac{1}{n} \left\{ \min_{f \in \mathcal{F}} L(D_1^n : f) - \left(\min_{f \in \mathcal{F}} L(D_1^t : f) + \min_{f \in \mathcal{F}} L(D_{t+1}^n : f) \right) \right\}.$$

これが与えられた $\epsilon > 0$ より大きい時に，t は変化点であると判断する．時系
列内に複数の変化点がある場合は，上記を動的計画法を用いて繰り返し行うこ
とで，多重変化点を検知することができる．これは，統計的検定でいうところ
の尤度比検定を行っていることに相当する．

Aquino and Barria [2] は誤差関数の代わりに，ベイズの事後確率を用いる
変化検知手法を提案している．$x_1^n = x_1, \ldots, x_n,\ x_i \in \mathbb{R}\ (i = 1, \ldots, n)$ を与
えられたデータとしてこれが独立に $\mathcal{N}(0, \tau_0^2)$ に従って生成されているとする
帰無仮説を H_0 とする．また，$x_1^t = x_1, \ldots, x_t$ が $\mathcal{N}(0, \tau_1^2)$ に，$x_{t+1}, \ldots, x_n$
が $\mathcal{N}(0, \tau_2^2)$ に従って，それぞれ独立に生成されているとする対立仮説を H_1
とする．ここに，$\tau_i\ (i = 0, 1, 2)$ は未知であるとし，その事前分布は ν, s を既
知パラメータとして，逆ガンマ分布：

$$p(\tau_j^2) = \frac{s^{\nu/2}}{2^{\nu/2}\Gamma(\nu/2)} (\tau_j^2)^{-\frac{\nu+2}{2}} \exp\left(-\frac{s}{2\tau_j^2} \right)$$

により与えられているとする．A, A_1, A_2 を以下のように定義する．

$$A_1 = \frac{1}{2} \sum_{i=1}^{t} x_i^2, \quad A_2 = \frac{1}{2} \sum_{i=t+1}^{n} x_i^2, \quad A = A_1 + A_2.$$

$\pi(H_0), \pi(H_1)$ をそれぞれ H_0, H_1 の事前分布とする（$\pi(H_0) + \pi(H_1) = 1$）．
　H_0 の事後確率は以下のように計算できる．

$$\begin{aligned}
p(H_0|x_1^n) &\propto \pi(H_0) \int_0^\infty p(x_1^n; \tau_0^2) d\tau_0^2 \\
&= \pi(H_0) \int_0^\infty (2\pi\tau_0^2)^{-n/2} e^{-\frac{A}{\tau_0^2}} p(\tau_0^2) d\tau_0^2 \\
&= \frac{\pi(H_0) s^{\nu/2} (2\pi)^{-n/2} \Gamma((n+\nu)/2)}{2^{\nu/2} \Gamma(\nu/2)(A + s/2)^{\frac{n+\nu}{2}}}.
\end{aligned}$$

H_1 の事後確率は以下のように計算できる．

$$p(H_1|x_1^n) \propto \pi(H_1) \int_0^\infty p(x_1^t; \tau_1^2) p(\tau_1^2) d\tau_1^2 \int_0^\infty p(x_{t+1}^n; \tau_2^2) p(\tau_2^2) d\tau_2^2$$

$$= \frac{\pi(H_1) s^\nu (2\pi)^{-n/2} \Gamma((t+\nu)/2) \Gamma((n-t+\nu)/2)}{2^\nu \Gamma(\nu/2)^2 (A_1 + s/2)^{\frac{t+\nu}{2}} (A_2 + s/2)^{\frac{n-t+\nu}{2}}}.$$

そこで，

$$\delta = \left(\frac{\log p(H_0|x_1^n)}{\log p(H_1|x_1^n)} \right)$$

を決定関数として，$\delta > 1$ ならば H_0 を採択し，そうでなければ H_1 を採択する．ここに，$\Gamma(x)$ はガンマ関数である．

　以上で紹介した統計的仮説検定に基づく手法はいずれもデータが一括で与えられた際の変化検知手法であり，オンラインの変化検知には適さない．

1.4.3　2 段階学習に基づくオンライン変化検知

　変化検知を実際適用する際にはオンライン変化検知が望まれる．これは，データを逐一取り込みながら変化点スコアを計算する方式である．ここでは，**ChangeFinder**[53], [63] と呼ばれる **2 段階学習に基づくオンライン変化検知手法**（two stage learning based on-line change detection）を紹介する．ここでは，Takahashi et al. [54] による ChangeFinder の改良版を紹介する．これは以下のステップに従い，データが与えられる毎に 2 段階にわたって学習を行い，最終的に変化点スコアを計算する．

Step.1　　第 1 段階では，オンラインで時系列を学習してスコアを計算する．その際，**自己回帰モデル**（auto-regression model）を用いて，そのパラメータをオンライン忘却型学習アルゴリズムで推定する．自己回帰モデルは，k は与えられた次数とし，各時刻 t のデータが x_t が過去のデータ $x_{t-k}^{t-1} = x_{t-1}, \ldots, x_{t-k}$ の線形回帰によって得られるモデルである：

$$p(x_t|x_{t-k}^{t-1}; \theta) = \frac{1}{\sqrt{2\pi\sigma^2}} \exp\left(-\frac{1}{2\sigma^2} \left(x_t - \sum_{i=1}^k a^{(i)} x_{t-i} \right)^2 \right).$$

ここに，パラメータを $\theta = (a^{(1)}, \ldots, a^{(k)}, \sigma^2)^\top$ とする．$a = (a^{(1)}, \ldots, a^{(k)})^\top$ と置くと，a と σ^2 の忘却付き最尤推定量を以下のようにして求める．

$$\widehat{a}_t = \arg\min_a \sum_{j=1}^{t} w_{t-j} \left(x_j - \sum_{i=1}^{k} a^{(i)} x_{j-i} \right)^2,$$

$$\widehat{\sigma}_t^2 = \sum_{j=1}^{t} w_{t-j} \left(x_j - \sum_{i=1}^{k} \widehat{a}_t^{(i)} x_{j-i} \right)^2.$$

ここに，$w_{t-j} = r(1-r)^{t-j}$ は $0 < r < 1$ を忘却パラメータとする重みであり，t より過去に遡るほど，その影響が指数的に減少する効果を与える．このように $\widehat{\theta}_t = (\widehat{a}_t, \widehat{\sigma}_t^2)$ が与えられたところで，**逐次的忘却型正規化最尤分布**（Sequentially Discounting Normalized Maximum Likelihood distribution：SDNML 分布）を以下で計算する．

$$p_{\text{SDNML}}(x_t|x^{t-1}) = \frac{p(x_t|x^{t-1}; \widehat{\theta}_t(x_t \cdot x^{t-1}))}{\int p(x|x^{t-1}; \widehat{\theta}_t(x \cdot x^{t-1}))dx}.$$

（自己回帰モデルに対する具体的な SDNML 分布の計算については文献[54]を参照されたい．）そこで，時刻 t における外れ値スコアを SDNML 分布の対数損失として以下で計算する．

$$-\log p_{\text{SDNML}}(x_t|x^{t-1}).$$

これは**逐次的正規化最尤符号長**（Sequentially Normalized Maximum Likelihood code length：SNML 符号長）[49] と呼ばれる符号長に忘却効果を入れたものに相当する．

Step.2 第 2 段階では，上記スコアをウインドウ内で平滑化し，平滑化スコア系列を再度学習する．最終的に得られるスコアを変化点スコアとする．具体的には，W をウインドウサイズとして，平滑スコアを

$$y_t = \frac{1}{W} \sum_{j=t-W+1}^{t} (-\log p_{\text{SDNML}}(x_j|x^{j-1}))$$

とする．データ列 $\{y_t : t = 1, 2, \dots\}$ に対し，再度自己回帰モデルで当てはめて，新たな SDNML 分布 $q_{\text{SDNML}}(y_t|y^{t-1})$ を構成する，これに基づいて以下の平滑スコアを変化点スコアとして計算する．

$$\mathrm{Score}(t) = \frac{1}{W} \sum_{j=t-W+1}^{t} \left(-\log q_{\mathrm{SDNML}}(y_t | y^{t-1}) \right).$$

2 段階学習のメリットは, 1 段階だけでは異常スコアが外れ値スコアの意味しか持たないので, これを平滑化して再度学習することにより, データの突発的な揺らぎの影響を抑えて変化をロバストに検知できることである. 図 1.15 は, 分散が変化する時系列に対して ChangeFinder が与えたスコアのグラフを表している. 分散が大きくなる変化点に対応して, 鋭いスコアのピークが上がっている様子がわかる.

ChangeFinder は忘却学習における忘却パラメータ r をどのように設定するかが問題である. 変化を含まないトレーニングデータから予測誤差が最小になるようにパラメータを学習する方法などがとられる.

ChangeFinder の現実問題への応用としては, アクセスログデータからのマルウェアの検知, Twitter からの話題出現検知などが報告されている. 詳しくは文献[71] (54〜58 ページ), や文献[72] (117〜118, 124〜129 ページ) を参考にされたい.

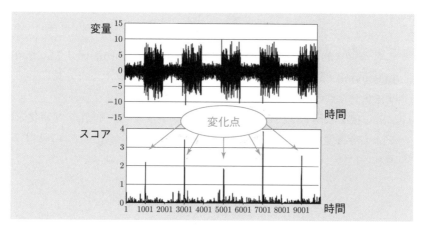

図 1.15   2 段階学習に基づく分散の変化検知[53]

1.4.4 シミュレーションに基づく変化検知

Fearnhead and Liu [12] は変化点が生じるかどうかを確率現象と考えて，**シミュレーションに基づく方法**（simulation based method）を提案している．今，確率変数 C_t を時刻 t 前の直近の変化点時刻として定める．定義から，$C_t = j$ であれば，

$$C_{t+1} = \begin{cases} j & \text{if } t \text{ に変化点なし,} \\ t & \text{if } t \text{ に変化点あり} \end{cases}$$

である．このような C_t の発生シミュレーションを以下のように行う．

Step.1　データ列 $x_1^n = x_1, \ldots, x_n$ が与えられた時，$p(C_n|x_1^n)$ に従って t_1 を発生させる．$k = 1$ として，**Step.3** へ．

Step.2　$p(C_{t_k}|x_1^{t_k})p(C_{t_k+1} = t_k|C_{t_k})$ に比例する確率分布に従って t_{k+1} を発生させる．$k \leftarrow k + 1$

Step.3　$t_k > 0$ ならば，**Step.2** へ．そうでなければ，変化点集合 $\{t_{k-1}, \ldots, t_1\}$ を変化点集合として出力する．

Step.2 では $p(C_t|x_1^t)$ と $p(C_{t+1}|C_t)$ の計算が必要となるが，$p(C_{t+1}|C_t)$ に関しては，$G(l) = \sum_{i=1}^{l} g(i)$ を用いて以下のように定義する．ここで，$g(i)$ は変化点の最初の位置の分布を表す確率関数（例えば，幾何分布）である．

$$p(C_{t+1} = j|C_t = i) \overset{\text{def}}{=} \begin{cases} \frac{1-G(t-i)}{1-G(t-i-1)} & \text{if } j = i, \\ \frac{G(t-i)-G(t-i-1)}{1-G(t-i-1)} & \text{if } j = t, \\ 0 & \text{otherwise} \end{cases}$$

と定める．また，$p(C_t|x_1^t)$ は

$$p(C_{t+1} = j|x_1^{t+1}) \propto p(x_{t+1}|C_{t+1} = j, x_1^t)p(C_{t+1} = j|x_1^t)$$

と漸化式

$$p(C_{t+1} = j|x_1^t) = \sum_{i=0}^{t-1} p(C_{t+1} = j|C_t = i)p(C_t = i|x_1^t)$$

から求めていく．つまり，

$$w_{t+1}^{(j)} \overset{\text{def}}{=} p(x_{t+1}|C_{t+1} = j, x_1^t)$$

とすると，$w_{t+1}^{(j)}$ は予測分布（例えば，ベイズ予測分布など）で求めればよく
（1.4.5 項の末尾を参照），$p(C_{t+1} = j|x_1^{t+1})$ は以下のような漸化式で計算で
きる．

$$p(C_{t+1} = j|x_1^{t+1}) \propto \begin{cases} w_{t+1}^{(j)} \frac{1-G(t-j)}{1-G(t-j-1)} p(C_t = j|x_1^t) & \text{if } j < t \\ w_{t+1}^{(j)} \sum_{i=0}^{t-1} \frac{G(t-i)-G(t-i-1)}{1-G(t-i-1)} p(C_t = i|x_1^t) & \text{if } j = t. \end{cases}$$

Xuan and Murphy[58] は Fearnhead and Liu のアルゴリズムを，多次元
時系列からのベイジアンネットワークの構造変化検知に適用している．しかし
ながら，計算量が重くなるのが欠点である．また，ここで紹介した手法はいず
れも一括データを取得した上で過去を振り返って変化を検知する一括型手法で
ある．このような検定手法は変化点前後に十分のデータを要するので，オンラ
イン変化検知には対応できない．

1.4.5　ベイズ手法に基づく変化検知

Run length を最後に出現した変化点から現在までの時間間隔とする．以下，
Adams and MacKay[1] に従って，ベイズ理論に基づいて run length の事後
確率を求めることによりオンラインで変化検知を行う方法を紹介する．本書で
は，これを**ベイジアンオンライン変化点検知**（Bayesian Online Change Point
Detection：BOCPD）と呼ぶことにする．この手法では，$x_1^t = x_1, \ldots, x_t$ が
与えられた下で，run length が r_t である事後確率をベイズの定理に従って

$$p(r_t|x_1^t) = \frac{p(r_t, x_1^t)}{\sum_{r_t'} p(r_t', x_1^t)}$$

のように計算し，$p(r_t = 0|x_1^t)$ が極大になる時刻を変化点と見なす．

ここで，$p(r_t, x_1^t)$ は以下のように再帰的に計算する．

$$\begin{aligned} p(r_t, x_1^t) &= \sum_{r_{t-1}} p(r_t, r_{t-1}, x_1^t) \\ &= \sum_{r_{t-1}} p(r_t, x_t|r_{t-1}, x_1^{t-1}) p(r_{t-1}, x_1^{t-1}) \\ &= \sum_{r_{t-1}} p(r_t|r_{t-1}) p(x_t|r_{t-1}, x_{t-r_t}^{t-1}) p(r_{t-1}, x_1^{t-1}). \end{aligned}$$

$p(r_t|r_{t-1})$ は，例えば，別途ハザード関数 $H(\tau)$ を用いて以下のように計算

する．

$$
p(r_t|r_{t-1}) = \begin{cases} H(r_{t-1}+1) & \text{if } r_t = 0, \\ 1 - H(r_{t-1}+1) & \text{if } r_t = r_{t-1}+1, \\ 0 & \text{otherwise.} \end{cases}
$$

ハザード関数とは，確率密度関数 $f(\tau)$ と生存関数 $S(\tau) = \int_\tau^\infty f(t)dt$ を用いて，$H(\tau) = \frac{f(\tau)}{S(\tau)}$ として求められるものである．時間間隔が指数関数 $f(\tau) = \lambda \exp(-\lambda\tau)$ に従って発生する時は $H(\tau) = \lambda$ としてよい．また，$p(x_t|r_{t-1}, x_{t-r_t}^{t-1})$ は予測分布として計算する．例えば，$p(x;\theta)$ というパラメトリックモデルを用いていれば，ベイズ予測分布の形で

$$
p(x_t|r_{t-1}, x_{t-r_t}^{t-1}) = \int p(x_t;\theta)p(\theta|x_{t-r_t}^{t-1})d\theta
$$

と計算する．

この手法は時系列モデリングとしてノンパラメトリックのものも対象にすることができる．

1.4.6 MDL 変化統計量に基づく変化検知

変化点検知を**データ圧縮**（data compression）という立場から説明する．直感的には，データ系列が与えられた時，これをある時点 t の前後で分けて別のモデルを用いてデータ圧縮した時の総符号長が，分けずに同一のモデルを用いて圧縮した時の符号長よりも有意に小さくできるならば，t が変化点であると考える（図 1.16）．

より正確に記述するために，まず，**符号長**（code length）という概念を導入する．データ列 $x_1^n = x_1, \ldots, x_n$ がある確率関数 $p(\cdot)$ を持つ確率分布に従って生成することがわかっているとする．情報理論に従えば，データを語頭符号化するのに必要な符号長（単位はビット）は

$$
\mathcal{L}(x_1^n) = -\log p(x_1^n)
$$

で与えられる．これは**シャノン情報量**（Shannon information）と呼ばれる量である．ただし，対数の底は 2 とし，小数点以下は切り上げる．語頭符号化とは符号語が互いの語頭にならないような符号のことである．シャノン情報量

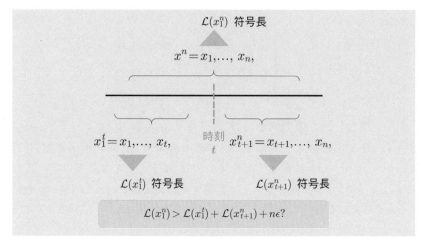

図 1.16　MDL 変化統計量の考え方

は，x_1^n を語頭符号化する際の最も短い平均符号長を達成することがシャノンの情報源符号化定理として知られている[10]．

　しかしながら，実際には θ の値は未知である．そこで，確率分布のクラス $\mathcal{P} = \{p(\cdot\,;\theta)\}$ だけが与えられて（θ は実数値パラメータとする）データを符号化する際の必要な符号長を考える．例えば，以下の符号長が考えられる．

$$
\begin{aligned}
\mathcal{L}_{\mathrm{NML}}(x_1^n) &= -\log \frac{\max_\theta p(x_1^n;\theta)}{\sum_{y_1^n} \max_\theta p(y_1^n;\theta)} \\
&= -\log \max_\theta p(x_1^n;\theta) + \log C_n.
\end{aligned} \tag{1.4}
$$

ここに，

$$
C_n \overset{\text{def}}{=} \sum_{y_1^n} \max_\theta p(y_1^n;\theta). \tag{1.5}
$$

　符号長 (1.4) の意味するところは以下のようである．まずは $\mathcal{P}$ の中でデータに最も当てはめの良い（$p(x_1^n;\theta)$ を最大とする）パラメータ（最尤推定値）を使ってデータを符号化したい．しかし，そのようなパラメータはデータ毎に存在するので，データの確率分布を成さない．つまり，$\sum_{y_1^n} \max_\theta p(y_1^n;\theta) > 1$ となる．そこで，この量で正規化することで確率分布を作り（これを正規化最尤分布と呼ぶ），この分布に基づいて計算した符号長が式 (1.4) であると

見なすことができる．式 (1.4) を**正規化最尤符号長**（normalized maximum likelihood code length：NML 符号長）と呼ぶ．この符号長がクラスの情報のみを使ってデータ圧縮をする場合に，最も短い平均符号長を達成することが知られている[47]．式 (1.5) で定められた正規化項 C_n は，用いる確率モデルのクラスの情報理論的複雑さを示す値であり，**パラメトリックコンプレキシティ**（parametric complexity）と呼ばれる．パラメトリックコンプレキシティは，k 次元パラメトリックな確率モデルに対しては，ある正則条件の下で，n が十分大きいときに以下のように近似的に計算できることが知られている[48]．

$$\log C_n = \frac{k}{2} \log \frac{n}{2\pi} + \log \int \sqrt{|I(\theta)|} d\theta + o(1). \tag{1.6}$$

ここに，$I(\theta) = \lim_{n \to \infty} \frac{1}{n} E\left[-\frac{\partial^2 \log p(X^n; \theta)}{\partial \theta \partial \theta^\top}\right]$ はフィッシャー情報行列と呼ばれる量であり，$\lim_{n \to \infty} o(1) = 0$ である．

そこで，$x_a^b = x_a, \ldots, x_b$ として，クラス $\mathcal{P}$ とデータ列 x_1^n が与えられた時に，**MDL 変化統計量**（MDL change statistics）[59], [62] を以下のように定義する．

$$\Phi_t(x_1^n) = \mathcal{L}_{\mathrm{NML}}(x_1^n) - \{\mathcal{L}_{\mathrm{NML}}(x_1^t) + \mathcal{L}_{\mathrm{NML}}(x_{t+1}^n) + n\epsilon\}. \tag{1.7}$$

ここで，$\epsilon > 0$ は精度パラメータである．符号長関数 $\mathcal{L}_{\mathrm{NML}}$ はそれぞれ式 (1.4) を用いて計算する．MDL 変化統計量は，データ列をある 1 つの確率モデルを用いて一気通貫してデータを圧縮したよりも，時間 t の前後で区切って，それぞれ異なるモデルを用いてデータを圧縮することで，どれくらい圧縮できるかを測るものである．その差が $n\epsilon$ 以上に圧縮できる場合（つまり，$\Phi_t(x_1^n) > 0$ の時は），そこにデータ圧縮上の大きな変化があったと見なし，t を変化点と見なす．そうでない場合（つまり，$\Phi_t(x_1^n) \leq 0$ の時は），変化点がないと見なす．これを **MDL 変化検定**（MDL change test）と呼ぶ．

以上の検定手法は情報理論と統計的モデル選択をつなぐ**記述長最小原理**（Minimum Description Length：MDL 原理）[46], [47] に基づいている．MDL 原理とは，記述長を最も短くするような統計的モデルを選ぶモデル選択原理である．変化検知の文脈では，変化があった場合とない場合ではどちらを選ぶべきかを MDL 原理に基づいて判断する．そして，変化ありを選ぶ度合いを MDL 変化統計量で測っている．MDL 原理を主軸に据えた機械学習の理論

を**情報論的学習理論**（information-theoretic learning theory）[70] と呼ぶ．以降，情報論的学習理論の考え方に基づいた変化検知理論を示す．

　MDL 変化統計量の計算例をいくつか挙げよう．

例 **1.1**（**ガウス分布の MDL 変化統計量**）　確率密度関数が以下で与えられる 1 次元ガウス分布を考える．

$$\mathcal{P} = \left\{ p(x; \theta) = \frac{1}{\sqrt{2\pi}\sigma} \exp\left(-\frac{(x-\mu)^2}{2\sigma^2}\right), \right.$$
$$\left. \theta = (\mu, \sigma^2) \in (-\mu_{\max}, \mu_{\max}) \times (\sigma_{\min}, \sigma_{\max}) \right\}.$$

ここに，$0 < \mu_{\max} < \infty$, $0 < \sigma_{\min}, \sigma_{\max} < \infty$ はハイパーパラメータであるとする．時刻 t における x_1^n に対する MDL 変化統計量は以下のように計算できる．

$$\Phi_t = \frac{1}{2} \log \frac{(\widehat{\sigma}_n^2)^n}{(\widehat{\sigma}_t^2)^t (\widehat{\sigma}_{n-t}^2)^{n-t}} + \log \frac{C_n}{C_t C_{n-t}}.$$

ここに，$\widehat{\sigma}_n^2, \widehat{\sigma}_t^2, \widehat{\sigma}_{n-t}^2$ はそれぞれ，x_1^n, x_1^t, x_{t+1}^n からの σ^2 の最尤推定量である．C_k はパラメトリックコンプレキシティであり，Hirai and Yamanishi [20] によれば，次式で計算される（式 (1.6) を直接使ったものではない）．

$$\log C_k = \frac{1}{2} \log \frac{16|\mu_{\max}|}{\pi \sigma_{\min}^2} + \frac{k}{2} \log \frac{k}{2e} - \log \Gamma\left(\frac{k-1}{2}\right).$$

例 **1.2**（**ポアソン分布に対する MDL 変化統計量**）　以下の確率関数を持つポアソン分布を考える．

$$\mathcal{P} = \left\{ P(X = x; \lambda) = \frac{\lambda^x e^{-\lambda}}{x!}, \ \lambda \in (0, \lambda_{\max}) \right\}.$$

ここに，$0 < \lambda_{\max} < \infty$ はパラメータ λ を指定するハイパーパラメータである．この場合，時刻 t における MDL 変化統計量は以下のように計算できる．

$$\Phi_t = -n \log\left(\frac{\widehat{\lambda}_n^{\widehat{\lambda}_n}}{\widehat{\lambda}_t^{\frac{t}{n}\widehat{\lambda}_t} \widehat{\lambda}_{n-t}^{\frac{n-t}{n}\widehat{\lambda}_{n-t}}}\right) + \log \frac{C_n}{C_t C_{n-t}}.$$

ここに，$\widehat{\lambda}_n$ は x_1^n からの λ の最尤推定量であり，パラメトリックコンプレキシティ C_k は式 (1.6) を用いて以下のように計算できる．

$$\log C_k = \frac{1}{2} \log \frac{k}{2\pi} + \left(1 + \frac{\lambda_{\max}}{2}\right) \log 2.$$

例 1.3（線形回帰モデルに対する MDL 変化統計量） 時間に関する線形回帰モデルを考える．

$$X^n = (x_1, \ldots x_n)^\top = W_n^\top \beta + \epsilon, \quad \epsilon \sim \mathcal{N}(0, \sigma^2 I_n),$$

$$W_n = \begin{pmatrix} 1 & 1 & 1 & \ldots & 1 \\ 1 & 2 & 3 & \ldots & n \end{pmatrix}^\top \in \mathbb{R}^{n \times 2}, \quad \beta \in \mathbb{R}^2.$$

ここで，I_n は $n \times n$ 恒等行列である．よって，この確率密度のクラスは以下で与えられる．

$$\mathcal{P} = \left\{ p(X; \theta) = \frac{1}{(\sqrt{2\pi}\sigma)} \exp\left(-\frac{\|X - W_n^\top \beta\|^2}{2\sigma^2}\right) : \right.$$
$$\left. \theta = (\beta, \sigma^2) \in \mathbb{R}^3, \ n = 1, 2, \ldots \right\}.$$

時刻 t における MDL 変化統計量は以下のように計算される．

$$\Phi_t = \log \frac{\widehat{\sigma}_n^n}{\widehat{\sigma}_t^t \widehat{\sigma}_{n-t}^{n-t}} - \log \frac{R}{\sigma_{\min}^2} - \log \frac{\Gamma(n/2 - 1)}{\Gamma(t/2 - 1)\Gamma((n-t)/2 - 1)}$$
$$+ \frac{1}{2}(n \log n - t \log t - (n-t) \log(n-t)).$$

ここに，$\sigma_{\min}$ と R は $\widehat{\sigma}_i^2 \geq \sigma_{\min}^2$ および $\|\widehat{\beta}\| \leq nR$ を満たすハイパーパラメータである．$\widehat{\sigma}_n^2$ は σ^2 の x_1^n からの最尤推定量であり，$\widehat{\sigma}_t^2, \widehat{\sigma}_{n-t}^2$ も同様に定まる．

　以下，MDL 変化統計量に基づく変化検知の性能を統計的検定の枠組みを用いて評価しよう．2 つの仮説を用意する．t が変化点でないとする帰無仮説を H_0（パラメータ値は θ_0 のままである）とし，t が変化点であるとする対立仮説を H_1 とする（パラメータの値が θ_1 から θ_2 に変わる）（図 1.17）．ただし，$\theta_0, \theta_1, \theta_2$ は全て未知である．MDL 変化統計量による検定を行った場合の 2 つの誤り確率を考える．1 つは**第 1 種の誤り確率**（Type I error probability）であり，これは H_0 が正解であるのに H_1 であると判定する確率である．つまり，変化の誤警報を与える確率である．もう 1 つは**第 2 種の誤り確率**（Type

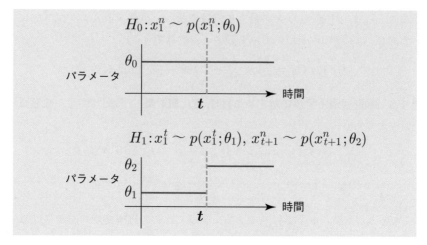

図 1.17　変化点検知と仮説検定

II error probability）であり，これは H_1 が正解であるのに H_0 であると判定する確率である．つまり，変化を見逃す確率である．これらは以下のように評価できる[62]．

定理 1.1（MDL 変化検定の誤り確率[62]）　MDL 変化統計量に基づく仮説検定に対して，第 1 種の誤り確率 $EP1$ と第 2 種の誤り確率 $EP2$ の上界は以下で与えられる．

$$EP1 < \exp\left[-n\left(\epsilon - \frac{\log C_n}{n}\right)\right], \tag{1.8}$$

$$EP2 \le \exp\left[-n\left(d_n(p_{\mathrm{NML}}, p_{\theta_1 * \theta_2}) - \frac{\log C_t C_{n-t}}{2n} - \frac{\epsilon}{2}\right)\right]. \tag{1.9}$$

ここに，

$$d_n(p, q) \stackrel{\text{def}}{=} -\frac{1}{n}\log\left(\sum_{x^n}\{p(x^n)q(x^n)\}^{1/2}\right)$$

は p と q の Bhattacharyya 距離を表し，

$$p_{\mathrm{NML}}(x^n) \stackrel{\text{def}}{=} \frac{p(x^n; \widehat{\theta}(x^n))}{C_n},$$

$$p_{\theta_1 * \theta_2}(x^n) \stackrel{\text{def}}{=} p(x_1^t; \theta_1)p(x_{t+1}^n; \theta_2)$$

である．ここに $\widehat{\theta}(x^n)$ は θ の最尤推定量である．

定理 1.1 は，データ数 n を大きくしていくと，ある $\epsilon, p_{\mathrm{NML}}, p_{\theta_1 * \theta_2}$ の条件の下では，第 1 種，第 2 種誤り確率ともに指数関数的にゼロに収束する．定理 1.1 の結果は，パラメトリックコンプレキシティ C_n が大きくなるほど，また，変化なしと変化ありの分布の差が大きいほど，収束速度を抑制する効果があることを示している．

定理 1.1 の証明 第 1 種の誤り確率を評価する．仮説 H_0 の下で，$\Phi_t(x^n) > 0$ であれば，以下が成立することに注意する．

$$- \log p(x^n; \widehat{\theta}(x^n)) + \log C_n$$
$$> - \log p(x_1^t; \widehat{\theta}(x_1^t)) + \log C_t - \log p(x_{t+1}^n; \widehat{\theta}(x_{t+1}^n)) + \log C_{n-t} + n\epsilon.$$

これは以下のように書き換えられる．

$$p(x^n; \widehat{\theta}(x^n)) < \frac{p(x_1^t; \widehat{\theta}(x_1^t))}{C_t} \cdot \frac{p(x_{t+1}^n; \widehat{\theta}(x_{t+1}^n))}{C_{n-t}} e^{-n\epsilon + \log C_n}. \quad (1.10)$$

この関係を用いることにより，$EP1$ の上界を以下のように計算することができる．

$$
\begin{aligned}
EP1 &= \sum_{x^n \cdots (1.10)} p(x^n; \theta_0) \\
&\leq \sum_{x^n \cdots (1.10)} p(x^n; \widehat{\theta}(x^n)) \\
&< \sum_{x^n \cdots (1.10)} \frac{p(x_1^t; \widehat{\theta}(x_1^t))}{C_t} \cdot \frac{p(x_{t+1}^n; \widehat{\theta}(x_{t+1}^n))}{C_{n-t}} e^{-n\epsilon + \log C_n} \\
&\leq \left(\sum_{x_1^t} \frac{p(x_1^t; \widehat{\theta}(x_1^t))}{C_t} \right) \left(\sum_{x_{t+1}^n} \frac{p(x_{t+1}^n; \widehat{\theta}(x_{t+1}^n))}{C_{n-t}} \right) e^{-n\epsilon + \log C_n} \\
&= \exp \left(-n \left(\epsilon - \frac{\log C_n}{n} \right) \right).
\end{aligned}
$$

次に，第 2 種の誤り確率を評価する．仮説 H_1 の下で，$\Phi_t(x^n) \leq 0$ であれば，以下が成立することに注意する．

$$-\log p(x^n; \widehat{\theta}(x^n)) + \log C_n$$

$$\leq -\log p(x_1^t; \widehat{\theta}(x_1^t)) + \log C_t - \log p(x_{t+1}^n; \widehat{\theta}(x_{t+1}^n)) + \log C_{n-t} + n\epsilon$$

$$\leq -\log p(x_1^t; \theta_1) + \log C_t - \log p(x_{t+1}^n; \theta_2) + \log C_{n-t} + n\epsilon. \qquad (1.11)$$

そこで，$p_{\mathrm{NML}}(x^n) \stackrel{\text{def}}{=} \frac{p(x^n; \widehat{\theta}(x^n))}{C_n}$ とすると，式 (1.11) は以下を導く．

$$1 \leq \left(\frac{p_{\mathrm{NML}}(x^n)}{p(x_1^t; \theta_1) p(x_{t+1}^n; \theta_2)} \right)^{1/2} \exp \left(\frac{1}{2} (\log C_t C_{n-t} + n\epsilon) \right).$$

この関係を用いると，$EP2$ の上界を以下のように計算できる．

$$EP2 = \sum_{x^n \cdots (1.11)} p(x_1^t; \theta_1) p(x_{t+1}^n; \theta_2)$$

$$\leq \sum_{x^n \cdots (1.11)} p(x_1^t; \theta_1) p(x_{t+1}^n; \theta_2) \left(\frac{p_{\mathrm{NML}}(x^n)}{p(x_1^t; \theta_1) p(x_{t+1}^n; \theta_2)} \right)^{1/2}$$

$$\times \exp \left(\frac{1}{2} (\log C_t C_{n-t} + n\epsilon) \right)$$

$$\leq \sum_{x^n} (p(x_1^t; \theta_1) p(x_{t+1}^n; \theta_2))^{1/2} (p_{\mathrm{NML}}(x^n))^{1/2}$$

$$\times \exp \left(\frac{1}{2} (\log C_t C_{n-t} + n\epsilon) \right)$$

$$= \exp \left(-n \left(d_n(p_{\mathrm{NML}}, p_{\theta_1 * \theta_2}) - \frac{\log C_t C_{n-t}}{2n} - \frac{\epsilon}{2} \right) \right). \qquad \square$$

　2段階学習に基づく変化検知の時と同様に，変化は実際にはオンラインでリアルタイムに検知しなければならない．以下に，オンラインで MDL 変化統計量を用いて変化検知を行う方法を示す．ここでは，ウインドウを用意して，その中で MDL 変化統計量を計算し，ウインドウを変化させていく．ここで，ウインドウの幅を固定した場合と可変な場合がある．

　まずは，固定幅のウインドウを用いる方法を示す．ウインドウの中心位置における MDL 変化統計量を計算し，これをその点の変化点スコアとする．そしてウインドウを次第にずらすと，変化点スコア曲線が得られる．スコアの立ち上がりを見ることで漸進的な変化の出現を検知できる（図 1.18）．この方法を**逐次的 MDL**（Sequential MDL：S-MDL）と呼ぶ[62]．この方法ではウイン

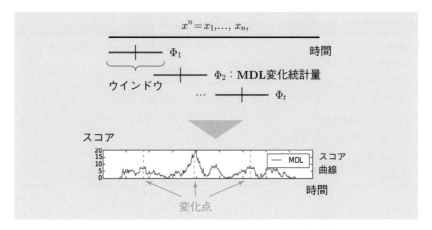

図 1.18 MDL 変化量に基づくオンライン変化検知

ドウの長さをどのように設定するかが問題になる.

各時刻 t で，幅を $2h$ に固定したウインドウ $[t-h+1, t+h]$ に対し時刻 t における MDL 変化統計量を計算し，その時点の変化スコアとする．つまり，時刻 t の変化スコアを以下で計算する.

$$\Phi_t \stackrel{\text{def}}{=} \frac{1}{2h} \left\{ \min_\theta (-\log p(x_{t-h+1}^{t+h}; \theta)) + \log C_{2h} \right\} \tag{1.12}$$
$$- \frac{1}{2h} \left\{ \min_\theta (-\log p(x_{t-h+1}^{t}; \theta)) + \min_\theta (-\log p(x_{t+1}^{t+h}; \theta)) + 2 \log C_h \right\}.$$

ここで，精度パラメータ ϵ は検定を行わないので省略していることに注意する．アラートを上げるための閾値は，例えば，定理 1.1 から，第 1 種の誤り確率 (1.8) の上界をハイパーパラメータ δ で抑えることのできる ϵ の下限値として，

$$\epsilon = \frac{1}{2h} \left(\log C_{2h} + \log \frac{1}{\delta} \right)$$

として設定すればよい.

S-MDL はデータ系列 $\{x_t; t = 1, 2, \ldots\}$ を入力とし，スコア系列 $\{\Phi_t; t = 1, 2, \ldots\}$ を出力とする．これを Algorithm 1.4 にまとめる.

> **Algorithm 1.4　逐次的 MDL 変化検知アルゴリズム (S-MDL)[62]**
>
> **Given:** h: ウインドウ幅, T: データ長, $\mathcal{F}$: モデルクラス, β: 閾値パラメータ
> **for all** $t = h+1, \ldots, T-h+1$ **do**
>   Input $x_{t-h}, \ldots, x_{t+h}$.
>   時刻 t におけるスコア Φ_t を式 (1.12) に従って計算する.
>   **if** $\Phi_t > \beta$ **then**
>   変化点アラートを出す
>   **end if**
> **end for**

S-MDL の計算量はサンプル数 T とウインドウ幅 $2h$ に対して $O(Tf(h))$ である. ここに, $f(\ell)$ はデータ数 ℓ に対して尤度計算に必要な計算量である. 例えば, ガウス分布やポアソン分布などの指数分布族と呼ばれるクラスに属する分布については, $f(\ell) = O(\ell)$ である.

次に, ウインドウ幅をデータに応じて可変とする**適応的ウインドウ法** (adaptive widowing method) を紹介する. Bifet and Gavalda[5] は **ADWIN** という名称の適応的ウインドウ法を提案している. そこでは, 変化点が検知できるまでウインドウをどんどん伸ばし, 変化点のアラートを出した時点で過去のデータを切り落とし, 新しいウインドウを構成する. ADWIN では平均値の変化検知のみを対象にしてきたが, その後, Kaneko et al.[29] によって, 一般の統計的モデルに対して MDL 変化統計量に基づく変化検知へと拡張された. この方法を **SCAW** (Stochastic Comlexity + ADWIN) と呼ぶ.

SCAW では, ウインドウ幅をどこまで伸ばすかが問題になる. まず, 漸近的信頼性を以下のように定義する.

定義 1.1　時系列データに対して変化点系列を出力する変化検知アルゴリズムにおいて, 以下が成立する時, $\mathcal{A}$ は**漸近的信頼性**がある (asymptotically reliable) という. つまり, 全ての $\theta_0 \in \Theta$ に対して,

$$x_1^\infty \sim p(x_1^\infty; \theta_0) \implies \lim_{n\to\infty} |T_\mathcal{A}(x_1^n)| < \infty.$$

ここに, $|T_\mathcal{A}(x_1^n)|$ は x_1^n に対して $\mathcal{A}$ が出力する変化点の総数である.

信頼性の高いアラートを上げるための定理を以下に示す.

定理 1.2（SCAW の漸近的信頼性[29]**）** データが独立に θ_0 をパラメータとする真の分布に従って生起しているとする．SCAW はある $\delta > 0$ に対して，ウインドウ幅 h，MDL 変化統計量の閾値パラメータ $\epsilon_h = \epsilon h$ の間に以下が成り立つならば，漸近的に信頼性がある．

$$\epsilon_h > \log \frac{1}{\delta} + (2+\delta)\log h + \log C_h. \tag{1.13}$$

定理 1.2 の証明 t_k を k 番目の変化点，s_k, u_k を t_k を含む区間 W_k の最も古い時刻と新しい時刻とする．高々 $k-1$ 個しか変化点がない場合は $t_k = \infty$ であるとする．

$$Q_k = Prob[t_k = \infty]$$

と置いて，$Q_k \to 0$ $(k \to \infty)$ が示されればよい．そこで，任意の $t \geq 1$ に対して，縮小するウインドウが存在しない確率を q として，以下の関係に注目する．

$$\begin{aligned}
Q_k &\leq Prob[t_{k-1} < \infty, \ \max_{t \in W_k} \Phi_t(X_{s_k}^{u_k}) > \epsilon_{u_k - s_k}] \\
&\leq Prob[u_{k-1} < \infty, \ \max_{t \in W_k} \Phi_t(X^{u_k - u_{k-1}}) > \epsilon_{u_k - u_{k-1}}] \\
&\leq Q_{k-1} Prob[\max_{t \in W_k} \Phi_t(X^{u_k - u_{k-1}}) > \epsilon_{u_k - u_{k-1}}] \\
&\leq Q_{k-1}(1 - q) \\
&\leq (1 - q)^k.
\end{aligned}$$

そこで，$q > 0$ を証明すればよい．そこで，ウインドウ幅を h として次式が成立する．

$$\begin{aligned}
q &= 1 - Prob[\text{ある時刻 } t \text{ でウインドウが縮小する}] \\
&\geq 1 - \sum_{t=2}^{\infty} Prob[\text{時刻 } t \text{ でウインドウが縮小する}] \\
&\geq 1 - \sum_{t=2}^{\infty} h \exp(-\epsilon_t + \log C_t).
\end{aligned}$$

ここで，最後の不等式を導くのに，MDL 検定の第 1 種の誤り確率の上界を用いた．よって，

$$\sum_{t=2}^{\infty} h \exp(-\epsilon_t + \log C_t) < 1$$

となるように ϵ_t を選べば十分である. $\epsilon_t = \epsilon + \Delta\epsilon_t$ と置いて,

$$\log \sum_{t=2}^{\infty} h \exp(-\Delta\epsilon_t + \log C_t) < \epsilon$$

であるためには,

$$\Delta\epsilon_t = (1 + \delta)\log t + \log C_t + \log h$$

と置くことにより, ϵ はあるハイパーパラメータ δ に対して,

$$\epsilon > \log \frac{1}{\delta} > \sum_{t=2}^{\infty} \frac{1}{t^{1+\delta}}$$

となっていればよい. 上記から

$$\epsilon_t > \log \frac{1}{\delta} + (1 + \delta)\log t + \log C_t + \log h$$

であれば, $q > 0$ となることが示された. ここで $t = h$ として式 (1.13) を得る. □

SCAW を Algorithm 1.5 に示す.

Algorithm 1.5　SCAW アルゴリズム[29]

Given: T: データ長, $\{\epsilon_w\}$: 閾値関数,

$W \leftarrow \emptyset$

for all $t = 1, \ldots, T$ **do**

　　$W \leftarrow W \cup x_t$

　　if $\Psi_t > \epsilon_{|W|}$ **then**

　　　　$\underset{t \in W}{\text{argmax}}\, \Psi_t(W)$ より前のデータを全て切り落とす.

　　end if

　　Output $|W|$.

end for

文献[29] に従って, MDL 変化統計量に基づく変化検知を実際の工場のセンサーデータの解析に適用した例を図 1.19 に示す. データとしては約 200

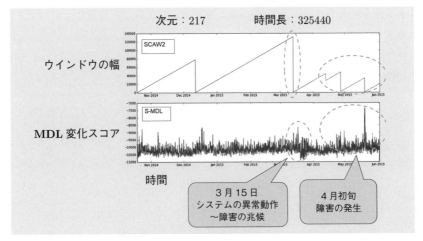

図 1.19 障害予兆検知[29]

ものセンサー監視データの半年分，約 30 万の長さの時系列データを用いた．
図 1.19 の上は SCAW のウインドウの長さと時間のグラフを示す．ウインド
ウの長さが急に短くなったところが変化を検知した時点である．図 1.19 の下
は S-MDL の変化スコア（MDL 変化統計量から $n\epsilon$ を取り去った値）と時間
のグラフを表す．スコアが上昇しているところが変化の開始点である．

　最後の方でいくつかアラートが上がっているが，これらは実際の障害の発生
に対応している．重要なのは，SCAW とも S-MDL ともにその 1 か月以上前
に障害の予兆とも言える変化を検知しているところである．この事例は，MDL
変化統計量によって大きなイベント（＝障害）の予兆を捉えることができる可
能性があることを示している．

 ## 1.5　パラメータ変化検知（漸進的変化検知）

1.5.1　微分的 MDL 変化統計量に基づく変化予兆検知

　変化は突発的に起こるとは限らない．徐々に変化が起こり，いつの間にか大
きな変化に成長している場合がある．これを**漸進的変化**（gradual change）と
呼ぶ．漸進的な変化の開始点を変化予兆点と呼ぶ．以下，Yamanishi et al.[66]
に従って，微分的 MDL 変化統計量に基づいて漸進的な変化予兆点を早期検知

する手法を紹介しよう．今，x の確率関数（または確率密度関数）がパラメータ θ で指定されていて $p(\boldsymbol{x};\theta) = p_\theta(\boldsymbol{x})$ とする．t は離散時間を表すとし，θ の値は時刻 t と共に変化するとして，θ_t と表す．$D(p\|q)$ を確率関数 p と q の Kullback-Leibler（KL）ダイバージェンス：

$$D(p\|q) = \sum_{\boldsymbol{x}} p(\boldsymbol{x}) \log \frac{p(\boldsymbol{x})}{q(\boldsymbol{x})}$$

とする時，時刻 t における 0 次，1 次，2 次の変化度合い $\Phi_t^{(0)}, \Phi_t^{(1)}, \Phi_t^{(2)}$ を以下のように定める．

$$\Phi_t^{(0)} \stackrel{\text{def}}{=} D(p_{\theta_{t+1}}\|p_{\theta_t}),$$
$$\Phi_t^{(1)} \stackrel{\text{def}}{=} \Phi_t^{(0)} - \Phi_{t-1}^{(0)} = D(p_{\theta_{t+1}}\|p_{\theta_t}) - D(p_{\theta_t}\|p_{\theta_{t-1}}),$$
$$\Phi_t^{(2)} \stackrel{\text{def}}{=} \Phi_t^{(1)} - \Phi_{t-1}^{(1)} = D(p_{\theta_{t+1}}\|p_{\theta_t}) - 2D(p_{\theta_t}\|p_{\theta_{t-1}}) + D(p_{\theta_{t-1}}\|p_{\theta_{t-2}}).$$

$\Phi_t^{(0)}$ は時刻 t での変化度合いを表す．$\Phi_t^{(1)}, \Phi_t^{(2)}$ はそれぞれ変化の速度，加速度と見なすことができる．変化が図 1.20 の最上段の図のように起こる場合，$\Phi_t^{(1)}, \Phi_t^{(2)}$ は第 2 段，第 3 段のような図にようになると考えられる．つまり，変化予兆点は KL ダイバージェンスの微分値が大きくなるところに対応するのである．よって，変化予兆検知の鍵は KL ダイバージェンスの微分値に注目することである．

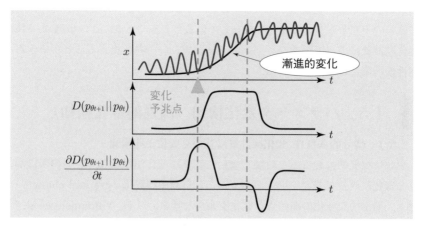

図 1.20　変化予兆検知と KL ダイバージェンス

しかしながら，これらの量はパラメータ値が前もって知られている場合に計算できる量である．真の分布がわからない場合には分布は推定される必要があり，その推定誤差の評価を含む理論的に妥当な量に置き換えなければならない．

そこで，$\Psi_t^{(0)}$ を MDL 変化統計量とし，

$$
\begin{aligned}
\Psi_t^{(0)} &\stackrel{\text{def}}{=} \frac{1}{n}\{L_{\text{NML}}(x_1^n) - (L_{\text{NML}}(x_1^t) + L_{\text{NML}}(x_{t+1}^n))\} \\
&= \frac{1}{n}\left\{ \left(-\log\max_{\theta_0} p(x_1^n; \theta) + \log C_n\right) \right. \\
&\quad \left. - \left((-\log\max_{\theta_1} p(x_1^t; \theta_1) + \log C_t)) + (\log\max_{\theta_2} p(x_{t+1}^n; \theta_2) + \log C_{n-t})\right) \right\},
\end{aligned}
$$

$\Psi_t^{(1)}, \Psi_t^{(2)}, \ldots$ を $\Psi_t^{(0)}$ の 1 階時間差分，2 階時間差分等として定義する．

$$
\Psi_t^{(1)} \stackrel{\text{def}}{=} \Psi_{t+1}^{(0)} - \Psi_t^{(0)}, \tag{1.14}
$$

$$
\Psi_t^{(2)} \stackrel{\text{def}}{=} \Psi_t^{(1)} - \Psi_{t-1}^{(1)} = \Psi_{t+1}^{(0)} - 2\Psi_t^{(0)} + \Psi_{t-1}^{(0)}, \tag{1.15}
$$

$$
\cdots\cdots
$$

$\Psi_t^{(\alpha)}$ を α 次の**微分的 MDL 変化統計量** (differential MDL change statistics：**D-MDL**) と呼び，α 次の D-MDL（$\alpha = 0, 1, 2, \ldots$）と略する．

1 次の D-MDL の統計的意味を明らかにしよう．今，時刻 t または $t+1$ のいずれかに変化点があったと仮定し，どちらかを検定することを考える．つまり，帰無仮説 H_0 と対立仮説 H_1 を以下のように設定する．

$$
\begin{cases}
H_0: & x_1^t \sim p(X^t; \theta_0), \quad x_{t+1}^n \sim p(X^{n-t}; \theta_1), \\
H_1: & x_1^{t+1} \sim p(X^{t+1}; \theta_2), \quad x_{t+2}^n \sim p(X^{n-t-1}; \theta_3).
\end{cases}
$$

ここに，パラメータ値 $\theta_0, \theta_1, \theta_2, \theta_3$（$\theta_0 \neq \theta_1, \theta_2 \neq \theta_3$）は全て未知であるとする．

精度パラメータ $\epsilon_1 > 0$ に対して，検定統計量 h_1 を

$$
h_1(x^n; t, \epsilon_1) \tag{1.16}
$$
$$
\stackrel{\text{def}}{=} \frac{1}{n}\left\{ \left(L_{\text{NML}}(x_1^t) + L_{\text{NML}}(x_{t+1}^n)\right) - \left(L_{\text{NML}}(x_1^{t+1}) + L_{\text{NML}}(x_{t+2}^n)\right) \right\} - \epsilon_1
$$

と定める．$h_1(x^n; t, \epsilon_1) > 0$ ならば H_1 を受理し，そうでなければ H_0 を受理するような検定を **1 次の D-MDL 変化検定**（first order D-MDL change test）と呼ぶ.

$$h_1(x^n; t, \epsilon_1) = \Psi_t^{(1)} - \epsilon_1 = \Psi_{t+1}^{(0)} - \Psi_t^{(0)} - \epsilon_1 \qquad (1.17)$$

であるから，1 次の D-MDL 変化検定は 1 次の D-MDL が ϵ_1 より大きいかどうかを比べていることに相当する.

そこで，1 次の D-MDL 変化検定については，オリジナルの MDL 変化検定の場合と同様にして，誤り確率について以下の定理が成り立つ.

定理 1.3（1 次の D-MDL 変化検定の誤り確率） 1 次の D-MDL 変化検定の第 1 種の誤り確率 $EP1$ と第 2 種誤り確率 $EP2$ の上界は以下で与えられる.

$$EP1 < \exp\left[-n\left(\epsilon_1 - \frac{\log C_t C_{n-t}}{n}\right)\right], \qquad (1.18)$$

$$EP2 \leq \exp\left[-n\left(d(p_{\mathrm{NML}(t)}, p_{\theta_2 * \theta_3}) - \frac{\log C_{t+1} C_{n-t-1}}{2n} - \frac{\epsilon_1}{2}\right)\right]. \qquad (1.19)$$

ここで，C_n は式 (1.5) で与えられるパラメトリックコンプレキシティ，d は Bhattacharyya 距離を表し，その意味は定理 1.1 に従う. さらに，他の記号の意味は以下の通りである.

$$p_{\mathrm{NML}(t)}(x^n) = \frac{\max_\theta p(x_1^t; \theta)}{\sum_{y_1^t} \max_\theta p(y_1^t; \theta)} \cdot \frac{\max_\theta p(x_{t+1}^{n-t}; \theta)}{\sum_{y_{t+1}^{n-t}} \max_\theta p(y_{t+1}^{n-t}; \theta)},$$

$$p_{\theta_2 * \theta_3}(x^n) = p(x_1^{t+1}; \theta_2) p(x_{t+2}^n; \theta_3).$$

本定理は定理 1.1 と同様にして証明できる. 定理 1.3 は，ある適切な ϵ_1 に対して，第 1 種と第 2 種の誤り確率がともに n に関して指数的にゼロに収束することを示している.

次に，2 次の D-MDL の統計的意味を明らかにしよう. 今，変化点が時刻 t または $t-1$ および $t+1$ にあるとする. つまり，以下の 2 つの仮説を立てる. H_0 を帰無仮説，H_1 を対立仮説として，

$$\begin{cases} H_0: \ x_1^t \sim p(X^t; \theta_0), \ x_{t+1}^n \sim p(X^{n-t}; \theta_1), \\ H_1: \ x_1^{t-1} \sim p(X^{t-1}; \theta_2), \ x_t x_{t+1} \sim p(X^2; \theta_3), \ x_{t+2}^n \sim p(X^{n-t-1}; \theta_4). \end{cases}$$

ここで，$\theta_0, \theta_1, \theta_2, \theta_3, \theta_4$ $(\theta_0 \neq \theta_1, \theta_2 \neq \theta_3 \neq \theta_4)$ は全て未知である. H_0 は

時刻 t のみで変化があったことを表し，H_1 は $t-1$ と $t+1$ に変化があり，t は変化の間の過渡期の点であることを表す．精度パラメータ $\epsilon_2 > 0$ に対して，検定統計量 h_2 を

$$h_2(x^n; t, \epsilon_2) \overset{\text{def}}{=} \frac{1}{n} \left\{ \left(L_{\text{NML}}(x_1^t) + L_{\text{NML}}(x_{t+1}^n) \right) \right. \tag{1.20}$$
$$\left. - \left(L_{\text{NML}}(x_1^{t-1}) + L_{\text{NML}}(x_t x_{t+1}) + L_{\text{NML}}(x_{t+2}^n) \right) \right\} - \epsilon_2$$

として定め，$h_2(x^n; t, \epsilon_2) > 0$ ならば H_1 を受理し，そうでなければ H_0 を受理する検定を行う．これを **2 次の D-MDL 変化検定** （second order D-MDL change test）と呼ぶ．ある条件下では h_2 と 2 次の D-MDL には以下の関係が成立する．

$$\Psi_t^{(2)} \approx 2h_2(x^n; t, \epsilon) + 2\epsilon_2. \tag{1.21}$$

これは 2 次の D-MDL 変化検定は 2 次の D-MDL が $2\epsilon_2$ より大きいか否かを判定することに等価であることを示している．

　2 次の D-MDL 変化検定の誤り確率については定理 1.3 と同様にして導くことができる．

定理 1.4（2 次の D-MDL 変化検定の誤り確率）　2 次の D-MDL 変化検定の第 1 種の誤り確率 $EP1$ と第 2 種誤り確率 $EP2$ の上界は以下で与えられる．

$$EP1 < \exp\left[-n\left(\epsilon_2 - \frac{\log C_t C_{n-t}}{n} \right) \right], \tag{1.22}$$
$$EP2 \le \exp\left[-n\left(d(p_{\text{NML}(t)}, p_{\theta_2 * \theta_3 * \theta_4}) - \frac{\log C_{t-1} C_2 C_{n-t+1}}{2n} - \frac{\epsilon_2}{2} \right) \right]. \tag{1.23}$$

ここに，C_n と d の意味は定理 1.3 に従うとし，

$$p_{\text{NML}(t)}(x^n) = \frac{\max_\theta p(x^t; \theta)}{\sum_{y^t} \max_\theta p(y^t; \theta)} \cdot \frac{\max_\theta p(x^{n-t}; \theta)}{\sum_{y^{n-t}} \max_\theta p(y^{n-t}; \theta)},$$
$$p_{\theta_2 * \theta_3 * \theta_4}(x^n) = p(x_1^{t-1}; \theta_2) p(x_t x_{t+1}; \theta_3) p(x_{t+2}^n; \theta_4).$$

であるとする．

　以上の理論により，データストリームに対して 0 次の D-MDL に基づき変

化を検知し，1 次，2 次の D-MDL に基づき変化予兆を検知してアラートを与
えるアルゴリズムを構成することができる[66]．これを**階層的 D-MDL アルゴ
リズム**（hierarchical D-MDL algorithm）と呼ぶ．その概略を以下に示そう．

　まず，0 次の D-MDL に基づき，1.5 節で示した SCAW を用いて，変化点
アラートを上げる．この時，データストリームに対して，ウインドウは変化点
スコアが閾値を超えるまで伸ばしていき，ひとたび閾値を超えたところでリス
タートする．その際，閾値は定理 1.2 に従って，与えられたハイパーパラメー
タ $\delta > 0$ に対し，パラメータが d 次元である場合，

$$\epsilon_w = \left(2 + \frac{d}{2} + \delta\right) \log w + \log \frac{1}{\delta} \tag{1.24}$$

として与えられる．ここに，w をウインドウサイズとして，$\epsilon_w = \epsilon w$ とし
ている．変化点が生じるまでに，1 次と 2 次の D-MDL が閾値を超えた際に
変化予兆アラートを出す．1 次の閾値と 2 次の閾値をそれぞれ $\epsilon_w^{(1)} = \epsilon_1 w$,
$\epsilon_w^{(2)} = \epsilon_2 w$ とする（$\epsilon_1, \epsilon_2 > 0$）．$\epsilon_w^{(1)}$ は以下のように決定する．1 次の D-MDL
変化検定の第 1 種の誤り確率 $EP1$ の上界 (1.18) が与えられたパラメータ値
δ_1 を超えないようにする．すなわち，

$$EP1 < \exp(-\epsilon_w^{(1)} + \log C_t C_{n-t})$$
$$\leq \exp\left(-\epsilon_w^{(1)} + \left(\frac{d}{2}\log\frac{w}{2}\right) \times 2\right) \leq \delta_1.$$

ここで，式 (1.6) より $C_t \approx \frac{d}{2}\log t$ の近似を用いた．これにより，閾値の下限
が設定できる．

$$\epsilon_w^{(1)} \geq d\log\frac{w}{2} + \log\frac{1}{\delta_1}. \tag{1.25}$$

式 (1.25) の右辺をもって 1 次の D-MDL の閾値とする．

　2 次のアラートに対する閾値も同様に設定する．つまり，$\delta_2 > 0$ を与えられ
たハイパーパラメータとして，閾値の下限は式 (1.21) と (1.22) を利用するこ
とで，以下のように求められる．

$$\epsilon_w^{(2)} \geq 2\left(d\log\frac{w}{2} + \log\frac{1}{\delta_2}\right). \tag{1.26}$$

ここで，式 (1.26) の右辺を 2 次の D-MDL の閾値とする．上記をまとめたも
のを Algorithm 1.6 に記す．

Algorithm 1.6   階層的 D-MDL アルゴリズム[66]

Gven: T: データ長, $\{\epsilon_w^{(\alpha)}\}$: 閾値関数 $(\alpha = 0, 1, 2)$,

$\emptyset \leftarrow W$

for all $t = 1, \ldots, T$ **do**

    $W \leftarrow W \cup x_t$

    if $\max_{t \in W} \Psi_t^{(0)} = h_0(x_{\text{start}}^{|W|}, t, 0) > \frac{\epsilon_{|W|}^{(0)}}{|W|}$ **then**

        $\emptyset \leftarrow W$,

        0 次の D-MDL アラートを上げる（変化点アラート）

    end if

    if ある $t \in W$ に対して，$\Psi_t^{(1)} = h_1(x_{\text{start}}^{|W|}, t, 0) > \frac{\epsilon_{|W|}^{(1)}}{|W|}$ **then**

        1 次の D-MDL アラートを上げる（変化速度アラート）

    end if

    if ある $t \in W$ に対して，$\Psi_t^{(2)} = h_2(x_{\text{start}}^{|W|}, t, 0) > \frac{\epsilon_{|W|}^{(2)}}{|W|}$ **then**

        2 次の D-MDL アラートを上げる（変化加速度アラート）

    end if

    Output: $|W|$.

end for

$$\epsilon_w^{(0)} = \left(2 + \frac{d}{2} + \delta\right) \log w + \log \frac{1}{\delta_0},$$

$$\epsilon_w^{(1)} = d \log \frac{w}{2} + \log \frac{1}{\delta_1},$$

$$\epsilon_w^{(2)} = 2 \left(d \log \frac{w}{2} + \log \frac{1}{\delta_2}\right).$$

$\delta_0, \delta_1, \delta_2$: ハイパーパラメータ, d: パラメータの次元

文献[66] に従って，階層的 D-MDL アルゴリズムを COVID-19 の感染爆発（pandemic）の予兆検知に応用した例を示そう．図 1.21 は例 1.1 で扱ったガウス分布をモデルとして当てはめて，日本の事例に適用した場合を示している．各図において，最初の図は新感染者数の時系列データを表しており，2 番目の図が 0 次の D-MDL に対するウインドウ幅の時間的変化を表しており，3 番目と 4 番目の図が 1 次および 2 次の D-MDL で計算された変化予兆スコアの時間的変化を表している．点線でスコアが閾値を超えてアラートを出した時点を示している．変化点は感染爆発そのものの発生に対応し 1 次の D-MDL

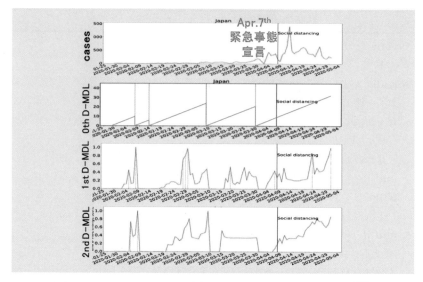

図 1.21 COVID-19 の感染爆発検知：日本，ガウスモデル[66]

の値はその予兆に反応して，より早い時点で高い値を取っている．図 1.21 か
ら実際のソーシャルディスタンシング（Social Distancing：SD）—この場合は
4 月 7 日の緊急事態宣言—の前に数箇所でアラートが上がっているかがわか
る．図 1.22 は，モデルとして，累積感染者数に指数成長モデル（累積感染者
数の対数を取ると例 1.3 で扱った時間的線形回帰になるモデル）であてはめた
場合の結果を示している．変化点および変化予兆点は基本再生産数 R0 の変化
およびその予兆に対応する．1 番目の図は累積感染者数のアルゴリズムへの入
力値を示しており，その他のグラフの意味は図 1.21 と同様である．緊急事態
宣言の前後で変化点が検知され，またそれに先立って変化予兆点が検知できて
いることがわかる．

　文献[66] によると，階層的 D-MDL アルゴリズムを 2020 年 4 月 30 日まで
に累積感染者数が 10,000 以上であった世界 37 か国に対して適用したところ，
ガウスモデルと指数成長モデルのそれぞれに対して 106 点と 54 点の変化点ア
ラート（0 次の D-MDL アラート）が上がっていた．1 次または 2 次の D-MDL
アラート（予兆アラート）はガウスモデルと指数成長モデルで，それぞれ 68

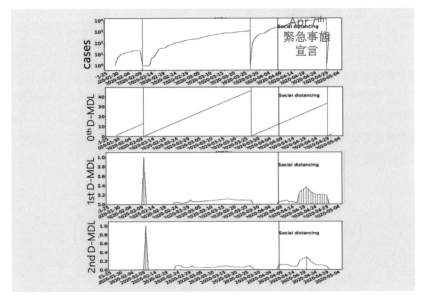

図 1.22 COVID-19 の感染爆発検知：日本，指数成長モデル[66]

点と 26 点であった．ガウスモデルに対しては，最も早い 1 次または 2 次の予兆アラートと変化点アラートの差は 6.25（平均）± 6.04（標準偏差）であった．そのうち，1 次の D-MDL については 6.35 ± 5.91，2 次の D-MDL については 5.56 ± 6.50 であった．これは約 6 日前に感染爆発の予兆検知が可能であったことを示している．

 ## 1.6 潜在構造変化検知（突発的変化検知）

本節では，潜在構造変化検知（モデル構造の変化検知）の手法を紹介する．まずは潜在構造変化検知とは何かについて説明し（1.6.1 項），具体的な手法として，バースト変化検知（1.6.2 項），スイッチング分布（1.6.3 項），Best expert の追跡（1.6.4 項），動的モデル選択（1.6.5 項）を紹介した後，重要な応用としてクラスタリング構造変化検知（1.6.6 項）を取り上げる．発展的トピックとして，MDL モデル変化統計量によるモデル変化検知，およびパラメータと潜在変数を階層的に変化検知する手法について説明する（1.6.7 項）．

1.6.1　潜在構造変化検知とは

　これまでは，生成分布のパラメータが変化する場合の検知を対象としてきた．以下では，モデルの構造が変化する場合を考える．例えば，パラメータの数が変化する，クラスタ数が変化する，といった類の変化である．例えば，k 個のコンポーネントを持つ混合分布の混合数 k は潜在構造である．これが時間と共に変わる場合にその変化を検知することが目標となる（図 1.23）．これを**潜在構造変化検知**（latent structure change detection）と呼ぶ．以下にいくつかの潜在構造変化検知の手法を記す．

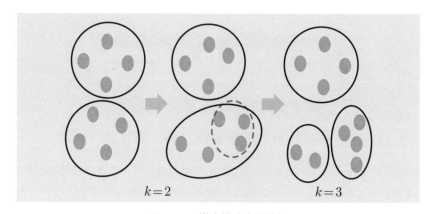

$$k=2 \qquad\qquad k=3$$

図 1.23　潜在構造変化検知

1.6.2　バースト変化検知

　ある事象の出現頻度に注目し，これが急激に多くなるような変化を検知する問題を考える．これは**バースト検知**（burst detection）と呼ばれる問題である．例えば，メールの受信間隔がある時点から急に短くなった時，1 つの情報の塊（バースト）が来たとして，これを検知する問題もバースト検知問題である．以下に，Kleinberg[32] により提案されたバースト検知アルゴリズムを示す．これは注目する事象の出現間隔に注目し，その背景に離散的な「潜在的状態」が存在すると仮定する．そして，状態遷移を推定することによりバースト検知を実現する．

　注目する事象の出現間隔 x の確率密度関数 p を指数分布で表す．

$$p(x;\theta) = \theta \exp(-\theta x).$$

ここに，$\theta > 0$ は出現間隔を特徴付けるパラメータである．これが，離散的な値しか取らないとする．つまり，i を状態のインデックス，$s\,(>1)$ をハイパーパラメータとして，θ は以下で与えられるとする．

$$\theta_i = \theta_0 s^i \quad (i = 0, 1, 2, \ldots).$$

i が大きいほど，高い頻度で x が出現する分布を表す．そこで状態間の遷移に関するコストを以下のように定義する．つまり，t 時刻における状態を i_t と記すと，

$$\tau(i_t|i_{t-1}) = \begin{cases} (i_t - i_{t-1})\log n & \text{if } i_t > i_{t-1}, \\ 0 & \text{otherwise.} \end{cases}$$

そこで，データ系列 $x^n = x_1, \ldots, x_n$ を得た時，以下の目的関数を最小化するような状態系列を求める．

$$\sum_{t=1}^{n}(-\log f(x_t;\theta_{i_t})) + \sum_{t=1}^{n}\tau(i_t|i_{t-1}).$$

第 1 項はデータに対するモデルの対数損失の総和，第 2 項は状態推移のコストの総和を表す．第 1 項と第 2 項は一般にトレードオフの関係があるので，これに基づいて最適な状態系列が求められことになる．上記を最小化する状態列 $(i_1, \ldots, i_n)$ は動的計画法で $O(n^2)$ の計算量で求めることができる．ここで，$i_t \neq i_{t-1}$ であれば，時刻 t において新たなバーストが到来したと考える．

　本手法は国際会議におけるキーワードのトレンド検知等に応用され，学会毎の旬な話題とその発生時期の同定に成功したと報告されている[32]．

1.6.3　スイッチング分布

　時間と共にモデルが変化することの定式化の 1 つとして，**スイッチング分布**（switching distribution）がある．これを以下に示す．m を変化点数，$\boldsymbol{t}$ を変化点系列，$\boldsymbol{M}$ を対応するモデル列とすると，モデル変化は潜在変数 $\boldsymbol{s} = (m, \boldsymbol{t}, \boldsymbol{M})$ によって規定される．Erven et al.[11] は時間的変化を伴うモデルに対するデータの分布としてスイッチング分布 $p_{\text{sw}}(x^n)$ を以下のように定義した．$p(x_i|x^{i-1} : M_i)$ は x_i の x^{i-1} と M_i に基づく予測分布，$p(\boldsymbol{s})$ を $\boldsymbol{s}$

の事前分布として,

$$p(x_i|x^{i-1}:\boldsymbol{s}) \overset{\text{def}}{=} p(x_i|x^{i-1}:M_i)$$

$$(t_i \le t < t_{i+1};\ i = 0, 1, 2, \ldots, m),$$

$$p_{\text{SW}}(x^n|\boldsymbol{s}) \overset{\text{def}}{=} \prod_{i=1}^{n} p(x_i|x^{i-1}:\boldsymbol{s}),$$

$$p_{\text{SW}}(x^n) \overset{\text{def}}{=} \sum_{\boldsymbol{s}} p(x^n|\boldsymbol{s})p(\boldsymbol{s}).$$

そして, 時刻 $n+1$ でモデルが M である事後確率は

$$\pi(M_{n+1} = M|x^n) = \frac{\sum_{\boldsymbol{s}:M_{n+1}(\boldsymbol{s})=M} p_{\text{SW}}(x^n|\boldsymbol{s})}{p_{\text{SW}}(x^n)} \tag{1.27}$$

として求められる. ここに, $M_{n+1}(\boldsymbol{s})$ は $\boldsymbol{s}$ の指定するモデル系列から $n+1$ 時刻目のモデルを取り出す関数である. Erven et al. [11] は, この事後確率を効率的に計算し, これを最大化するような M を時間と共に選択する方式を提案している. そのようにして得られるモデル列が一致性と予測のある種の最適性を同時に持つことが以下のように示されている.

定理 1.5 (スイッチング分布の性能) [11] $\widehat{M}_{n+1}$ を時刻 $n+1$ において事後確率 (1.27) を最大にするモデルとして, M^* を真のモデルとする時, 確率 1 で次式が成立する.

$$\lim_{n \to \infty} \pi(\widehat{M}_{n+1} = M^*|x^n) = 1.$$

また, 真のモデルに対応する予測分布を p^* として, スイッチング分布のリスクを $R_t(p^*, p_{\text{SW}}) \overset{\text{def}}{=} E\left[\log \frac{p^*(X_{t+1}=X|X^t)}{p_{\text{SW}}(X_{t+1}=X|X^t)}\right]$ と定める時, 次式が成立する.

$$\limsup_{n \to \infty} \frac{\sup_{p^*} \sum_{t=1}^{n} R_t(p^*, p_{\text{SW}})}{\sum_{t=1}^{n} h(t)} \le 1.$$

h は $\lim_{t \to \infty} \frac{t h(t)}{(\log t)^2} = 0$ なる関数である.

1.6.4 **Best expert の追跡**

複数の予測器を重み付きで統合してオンライン予測を行う問題を考える．その際に，重みの切り替えという視点からモデルの変化を捉えることができる．各時刻 t でデータの予測値 $\widehat{x}_t$ を出力し，その後に正解 x_t を受け取り，誤差を $L(x_t, \widehat{x}_t)$ として計算する（L は損失関数であり，例えば，2 乗損失であれば $L(x_t, \widehat{x}_t) = \|x_t - \widehat{x}_t\|^2$ である）．これを各時刻について繰り返し，累積予測損失を最小化したい．この予測手法として N 個の予測器（これを expert と呼ぶ）を用意して，それらの予測結果を組み合わせて予測する方法を考える（図 1.24）．ここで，expert はこれまで扱ってきた「モデル」と読み替えてよい．そのような予測手法の代表として，各 expert の予測値の重み付平均を行い，重みを予測損失に関して指数関数的に減衰するように更新するアルゴリズムを考えることができる．これを**集合的予測アルゴリズム**（aggregating algorithm：AGG）[57] と呼び，Algorithm 1.7 に示す．

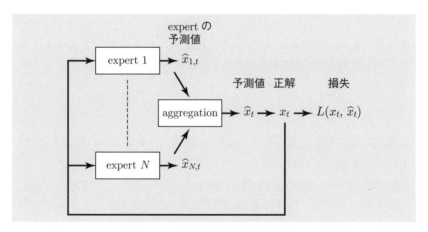

図 1.24 集合型予測アルゴリズム

Algorithm 1.7　集合的予測アルゴリズム[57]

Initialization: $0 < \eta \leq \eta^*$, $\forall i$, $w_{i,1} = \frac{1}{N}$

Iteration:

for all $t = 1, \ldots, n$ **do**

　Prediction:

　$v_i = \frac{w_{i,t}}{W_t}$ $(i = 1, \ldots, N)$, $W_t = \sum_{i=1}^{N} w_{i,t}$,

　$\widehat{x}_t = \mathrm{pred}(\{v_i\}_{i=1}^N, \{\widehat{x}_{i,t}\}_{i=1}^N)$

　Update:

　$w_{i,t+1} = w_{i,t} e^{-\eta L(x_t, \widehat{x}_{i,t})}$

end for

　各時刻 t で，i 番目の expert の予測値を $\widehat{x}_{i,t}$ とし，その重みを $w_{i,t}$ と記す．$\mathrm{pred}(\{v_i\}_{i=1}^N, \{\widehat{x}_{i,t}\}_{i=1}^N)$ は各重みと expert の予測値から予測値を出力する関数である．計算法の詳細は文献[58] または文献[70]（pp:89~96）を参照されたい．AGG の累積予測損失の上界は以下に与えられる．

定理 1.6（集合的予測アルゴリズムの性能）[57]　損失関数 L と η がある条件を満たす時，AGG の累積予測損失の上界は以下で与えられる．

$$\sum_{t=1}^{n} L(x_t, \widehat{x}_t) \leq \min_{1 \leq i \leq N} \sum_{t=1}^{n} L(x_t, \widehat{x}_{i,t}) + \frac{1}{\eta} \log N.$$

　定理 1.6 は，最も予測損失の少ない expert（これを best expert と呼ぶ）のそれよりも高々 $O(\log(\text{エキスパートの数}))$ だけ大きいことを示している．上の結果は，best expert が全過程において 1 つしか存在しないと仮定した結果である．しかし，best expert が時間とともに移り変わる状況下においては，その系列に対する累積予測損失にいかに近付けるかが問題になる．これに対して，Herbser and Warmuth[18] により **Fixed-Share アルゴリズム**（Fixed-Share algorithm）（FS と略する）が提案されている．これは，他のexpert の損失の平均と自身の損失とを固定された $\alpha : (1 - \alpha)$ の比で平均化し，それに対して指数的に重みを減衰させるアルゴリズムである．それにより，特定の expert に重みが集中することなく best expert の推移を追跡できる．これを Algorithm 1.8 に示す．

Algorithm 1.8 **Fixed-Share アルゴリズム**[18]

Initialization: $0 < \eta \le \eta^*$, $0 < \alpha < 1$, $\forall i$, $w_{i,1}^s = \frac{1}{N}$

Iteration:

for all $t = 1, \ldots, n$ do

  for all $i = 1, \ldots, N$ do

    Prediction:

    $v_i = \frac{w_{i,t}}{W_t}$ $(i = 1, \ldots, N)$, $W_t = \sum_{i=1}^N w_{i,t}^s$,

    $\widehat{x}_t = \mathrm{pred}(\{v_i\}_{i=1}^N, \{\widehat{x}_{i,t}\}_{i=1}^N)$

    Update:

    $w_{i,t+1}^m = w_{i,t}^s e^{-\eta L(x_t, \widehat{x}_{i,t})}$

    $w_{i,t+1}^s = (1 - \alpha) w_{i,t}^m + \left(\frac{\alpha}{N-1}\right) \sum_{j \ne i} w_{j,t}^m$

  end for

end for

FS の性能について以下が成立する.

定理 1.7（Fixed-Share アルゴリズムの性能）[18]　FS の累積予測損失は以下を満たす.

$$\sum_{t=1}^n L(x_t, \widehat{x}_t) \le \min_{m, \boldsymbol{t}, e} \left\{ \sum_{j=0}^m \sum_{t=t_j}^{t_{j+1}-1} L(x_t, \widehat{x}_{e(j),t}) \right.$$

$$\left. + \frac{1}{\eta} \left((n-1) \left(H\left(\frac{m}{n-1}\right) + D\left(\frac{m}{n-1} \Big\| \alpha\right) \right) \right) + m \log(N-1) \right\}.$$

ここに, m は expert が変化した回数, $\boldsymbol{t}$ は $\{t_0, \ldots, t_{m+1}\}$ $(1 = t_0 < t_1 < \cdots < t_{m+1} = T + 1)$ は best expert の変化点系列であり, $e = \{e(0), \ldots, e(m)\}$ は expert の系列を示し, 時間区間 $[t_j, t_{j+1} - 1]$ における expert を $e(j)$ とする. $H(x) = -x \log x - (1 - x) \log(1 - x)$ はエントロピー関数, $D(x\|y) = x \log \frac{x}{y} + (1 - x) \log \left(\frac{1-x}{1-y}\right)$ は Kullback-Leibler 距離を表す.

定理 1.7 は best expert が変化する場合でも, Fixed-Share アルゴリズムによってその系列に対応する累積損失に十分近付ける予測ができることを示している.

1.6.5 動的モデル選択

確率モデルの最適な構造を推定する問題は統計学の分野では**モデル選択**（model selection）と呼ばれる．ここで，「構造」とは，確率モデルのパラメータの値ではなく，確率モデルのパラメータの数やグラフ分割構造などのレベルの離散モデルを意味する（図 1.25）．時系列データから変化するモデルの系列を推定する問題を，**動的モデル選択**（Dynamic Model Selection：DMS）[61] と呼ぶ．DMS はモデル選択と変化点検知の双方を含んだ問題である．以下では，MDL 原理に基づく DMS を紹介する．

今，$\mathcal{P} = \{p(X^t; \theta, M) : \theta \in \Theta_M, M \in \mathcal{M}\}$ $(t = 1, 2, \ldots)$ を確率モデルのクラスとする．ここに，$\mathcal{M}$ はモデルの集合を表し，Θ_M はモデル M に付随するパラメータ集合とする．$p(X^t; \theta, M)$ はモデル M と実パラメータ θ によって指定されている確率分布の確率関数あるいは確率密度関数を表す．$p(X|x^{t-1}; M)$ を時刻 t におけるモデル M に付随する予測分布であるとする．例えば，ベイズ予測分布（1.4.5 項参照），SNML 予測分布（1.4.3 項参照）などを用いることができる．

また，時刻 t におけるモデル M_t が M_{t-1} から確率的に遷移すると仮定する．その**モデル遷移確率**（model transition probability）は以下のように，パラメータ α によって指定されているとする．

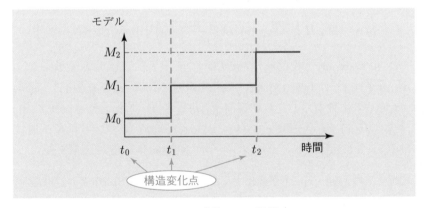

図 1.25 動的モデル選択

$$p(M_t|M_{t-1};\alpha) = \begin{cases} 1 - \alpha & \text{if } M_t = M_{t-1}, \\ \frac{\alpha}{|\mathcal{M}|-1} & \text{if } M_t \neq M_{t-1}. \end{cases} \tag{1.28}$$

$\mathcal{M}$ は M_{t-1} の取り得るモデルの集合である．つまり，同じモデルにとどまる確率が $1 - \alpha$ であり，それ以外のモデルに移る確率が一様に $\frac{\alpha}{|\mathcal{M}|-1}$ である．DMS は，$x^n = x_1, \ldots, x_n$ が与えられた時，以下で定める規準を最小化するモデル系列 $M_1, \ldots, M_n$ を出力する．この規準はデータ系列とモデル系列の符号長の総和である．

$$\sum_{t=1}^{n}(-\log p(x_t|x^{t-1}; M_t)) + \sum_{t=1}^{n}(-\log p(M_t|M_{t-1};\widehat{\alpha}_{t-1})). \tag{1.29}$$

ここに，$\widehat{\alpha}_{t-1}$ はモデル遷移を指定するパラメータ α の x^{t-1} からの推定値であり，ベイズ推定の一種である．これは Krischevsky and Trofimov [35] の推定量を用いて

$$\alpha_{t-1} = \frac{n_{t-1} + 1/2}{t}$$

のように計算する．n_{t-1} は時刻 $t-1$ までのモデル変化回数である．式 (1.29) を**動的モデル選択規準**（Dynamic Model Selection criterion：DMS criterion）と呼ぶ．これは，MDL 原理に基づいてデータ系列の符号長とモデル系列の符号長の総和を最小化するモデル系列が最良であると見なす規準である．データ列を入力とし，DMS 規準を最小化するモデル系列を出力するアルゴリズムを **DMS アルゴリズム**（DMS algorithm）と呼ぶ．これは動的計画法を用いることに $O(n^2)$ の計算量で実行できる．詳しくは文献[70]（7 章，191〜209 ページ）を参照されたい．DMS の性能については総符号長に関して以下の定理が成り立つ．

定理 1.8（DMS アルゴリズムに対する総符号長）[61]　DMS アルゴリズムの出力モデル系列に対する，データの総符号長の上界は以下で与えられる．

$$\min_{m,\boldsymbol{t},M}\left\{\sum_{j=0}^{m}\sum_{t=t_j}^{t_{j+1}-1}(-\log p(x_t|x^{t-1}:M_i)) + nH\left(\frac{m}{n}\right) + \frac{1}{2}\log n + m\right\}$$
$$+ o(\log n).$$

ここに，m はモデルの変化回数，t は変化点系列 $\{t_0, \ldots, t_{m+1}\}$ $(1 = t_0 < t_1 < \cdots < t_{m+1} = n)$．$M = \{M_0, \ldots, M_m\}$ であり，時間間隔 $[t_j, t_{j+1} - 1]$ におけるモデルを M_j とするとする．$H(x)$ はエントロピー関数である．

1.6.6 クラスタリング構造変化検知

多次元時系列データがからオンラインでクラスタリング構造の変化を検知する問題を考える．これは典型的な潜在構造変化検知の問題である．モデルとしてはガウス混合モデルを考える．これは観測変数 X とその対応するクラスタを示す潜在変数 Z の同時確率分布：

$$p(X, Z = i; \theta, K) = \pi_i p(X; \mu_i, \Sigma_i)$$

で指定される．ここに，クラスタ数 K を明示した．$\pi_i = p\,(Z = i)$ であり，$p(X; \mu_i, \Sigma_i)$ は i 番目のクラスタに対応する，平均 μ_i，分散共分散行列 Σ_i のガウス分布を表す．

クラスタリング構造変化検知（clustering structure change detection）とは，クラスタ数 K の変化とデータのクラスタへの割り当て Z の変化の両方を検知する問題である．図 1.26 はユーザ購買層のクラスタが動的に変化する様子を示している．以下では，文献[21] に従って，動的モデル選択（DMS）をガ

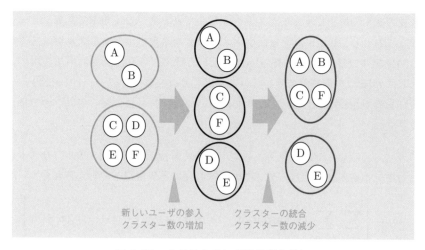

図 1.26 クラスタリング構造変化検知

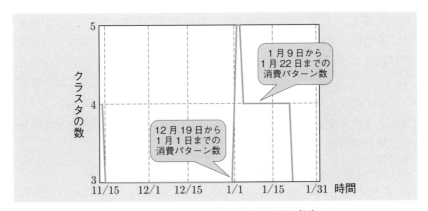

図 **1.27** マーケット構造変化の検知[21]

ウス混合モデルに適用することによるクラスタリング構造変化検知手法を示
す．そこでは，DMS を各時刻でインクリメンタルに実行する．具体的には，
各時刻 t のクラスタ数を K_t として，

$$L(x_t, z_t | x^{t-1}, z^{t-1}; K_t \cdot K^{t-1}) + L(K_t | K^{t-1}; \widehat{\alpha}_{t-1}) \qquad (1.30)$$

を最小にする z_t と K_t を選択する．ただし，z_t は z_{t-1} の値を初期値として
EM アルゴリズムで推定された値に制約される．ここで，第 1 項は x^{t-1}, z^{t-1}
が与えられた下での x_t, z_t の符号長であり，第 2 項は K_t の K^{t-1} が与えら
れた下での K_t の符号長である．後者は遷移確率 (1.28) を用いて計算する．
前者は完全変数モデルに対する正規化最尤符号長を用いる．$\widehat{\theta}(x_t, z_t)$ は θ の
(x_t, z_t) からの最尤推定量として

$$L(x_t, z_t | x^{t-1}, z^{t-1}; K_t \cdot K^{t-1}) = -\log \frac{p(x_t, z_t; \widehat{\theta}(x_t, z_t); K_t)}{\int \sum_z p(x, z; \widehat{\theta}(x, z); K_t) dx}.$$

文献[21] に従って，DMS によりビール購買データを分析した結果を示す．
データとしてはビール購買履歴を用いた（データ提供：博報堂，M-Cube 社）．
データは，2010 年の 11 月 1 日から 2011 年の 1 月末までにわたって，3,185 人
のユーザがいつ，14 種類の銘柄のビールのうちどれをどれだけ買ったのかを記
録したものである．2 週間毎の統計を取り，1 日ずつずらしながら時系列デー
タを構成し，ガウス混合分布の潜在構造変化検知を行った．クラスタ変化の様

子を図 1.27 に示す[21]. 12 月の末から 1 月にかけてクラスタ数の変化が起きている. 最初は, プレミアムビールを買うグループ, 第三のビールを買うグループ, 代表的ブランドのビールを買うグループの 3 つのグループが存在していたが, 年末から年始にかけての広告商戦を反映して, 代表的なビールを買うグループが分化し, 多様な買い方のグループが派生したことが認められた. その結果がクラスタ数変化に反映されている. このように, 潜在構造の変化検知を通じて購買層の傾向の変化を捉えることができる.

1.6.7　MDL モデル変化統計量

1.4.6 項の MDL 変化統計量はパラメータ変化の検定統計量であった. これをモデル変化の統計量に直ちに拡張することができる. 今, 確率モデルのクラスを

$$\mathcal{P} = \{p(X; \theta, M) : \theta \in \Theta_M, \ M \in \mathcal{M}\}$$

とする. ここに, $\mathcal{M}$ はモデルクラス, $M \in \mathcal{M}$ はモデル, Θ_M はモデル M に付随する実パラメータ空間, θ は実数値パラメータである. 与えられたデータ列 $x^n = x_1, \ldots, x_n$ に対して, x^n のモデル M に付随する正規化最尤符号長を

$$L_{\mathrm{NML}}(x^n; M) \overset{\text{def}}{=} -\log \max_{\theta} p(x^n; \theta, M) + \log \sum_{y^n} \max_{\theta} p(y^n; \theta, M)$$

と定める. 時刻 t に対して, $x^n = x_1 \ldots x_n, x_1^t = x_1 \ldots x_t, x_{t+1}^n = x_{t+1} \ldots x_n$ と記す時, **MDL モデル変化統計量** (MDL model change statistics) を以下のように定める.

$$
\begin{aligned}
\Phi_t \overset{\text{def}}{=} &\min_{M_0} \{L_{\mathrm{NML}}(x^n; M_0) + L(M_0)\} \\
&- \min_{M_1, M_2} \{L_{\mathrm{NML}}(x_1^t; M_1) + L_{\mathrm{NML}}(x_{t+1}^n; M_2) + L(M_1, M_2)\} - n\epsilon.
\end{aligned}
$$

ここに, $\epsilon > 0$ であり, $L(M), L(M_1, M_2)$ は以下の不等式

$$\sum_{M \in \mathcal{M}} e^{-L(M)} \leq 1, \qquad \sum_{M_1, M_2 \in \mathcal{M}} e^{-L(M_1, M_2)} \leq 1 \qquad (1.31)$$

を満たす非負の符号長関数である. 式 (1.31) は $L(M)$ や $L(M_1, M_2)$ がそれぞれ, M や M_1, M_2 が一意的に復号化できるように符号化できるための符号

長であるための必要十分条件であり，クラフトの不等式と呼ばれる．

帰無仮説 H_0 および対立仮説 H_1 をそれぞれ，

$$H_0: \quad x^n \sim p(X^n; \theta_0, M_0),$$
$$H_1: \quad x_1^t \sim p(X^t; \theta_1, M_1), \quad x_{t+1}^n \sim p(X^{n-t}; \theta_2, M_2)$$

とする．つまり，H_0 はモデル変化がない，H_1 はモデル変化があることを意味する．ここに，$M_1 \neq M_2$ であり，$\theta_0, \theta_1, \theta_2, M_0, M_1, M_2$ は全て未知であるとする．モデル M_0, M_1, M_2 の下では，パラメータ $\theta_0, \theta_1, \theta_2$ の変化はないとする．

MDL モデル変化検定（MDL model change test）とは，$\Phi_t(x^n) > 0$ ならば H_1 を採択して，t はモデルの変化点であると判定し，$\Phi_t(x^n) \leq 0$ ならば H_0 を採択して，t はモデルの変化点でないと判定する検定である．

パラメータ変化検知に関する MDL 検定の定理 1.1 と同様にして，MDL モデル変化検定の誤り確率に関する定理を導くことができる．

定理 1.9（MDL モデル変化統計量に基づく仮説検定の誤り確率）[59]　MDL モデル変化検定に対して，第 1 種の誤り確率 $EP1$ と第 2 種の誤り確率 $EP2$ の上界は以下で与えられる．

$$EP1 < \exp\left[-n\left(\epsilon - \frac{\log C_n(M_0) + L(M_0)}{n}\right)\right],$$
$$EP2 \leq \exp\left[-n\left(d_n(p_{\mathrm{NML}}, p_{M_1 * M_2}) - \frac{\log C_t(M_1) C_{n-t}(M_2) + L(M_1, M_2)}{2n} - \frac{\epsilon}{2}\right)\right].$$

ここに，

$$d_n(p, q) \stackrel{\text{def}}{=} -\frac{1}{n} \log\left(\sum_{x^n} \{p(x^n) q(x^n)\}^{1/2}\right)$$

は p と q の Bhattacharyya 距離を表し，

$$p_{\mathrm{NML}}(x^n) \stackrel{\text{def}}{=} \frac{\max_\theta p(x^n; \theta, M_0)}{C_n(M_0)},$$
$$p_{M_1 * M_2}(x^n) \stackrel{\text{def}}{=} p(x_1^t; \theta_1, M_1) p(x_{t+1}^n; \theta_2, M_2)$$

である．ここに，$C_n(M_0) \stackrel{\text{def}}{=} \sum_{x^n} \max_\theta p(x^n; \theta, M_0)$ である．

次に，潜在変数モデルの変化検知を考える．この場合は，パラメータ変化，モデル変化，潜在変数変化の 3 つを同時に考えなければならない．Z を潜在変数とする，潜在変数モデル

$$\mathcal{P} = \{p(X, Z; \theta, M) : \theta \in \Theta_M,\ M \in \mathcal{M}\}$$

に対して，**分解型正規化最尤符号長**（Decomposed Normalized Maximum Likelihoood code length：DNML)[65] を

$$L_{\mathrm{DNML}}(x^n, z^n; M) \stackrel{\mathrm{def}}{=} L_{\mathrm{NML}}(x^n | z^n; M) + L_{\mathrm{NML}}(z^n; M)$$

と定める．ここに，$\theta = (\theta_1, \theta_2)$ として，X の分布は θ_1 のみに，Z の分布は θ_2 のみに依存するとする．

$$L_{\mathrm{NML}}(x^n | z^n; M) = -\log \max_{\theta_1} p(x^n | z^n; \theta_1, M) + \log \sum_{y^n} \max_{\theta_1} p(y^n | z^n; \theta_1, M),$$

$$L_{\mathrm{NML}}(z^n | M) = -\log \max_{\theta_2} p(z^n; \theta_2, M) + \log \sum_{w^n} \max_{\theta_2} p(w^n; \theta_2, M).$$

DNML 符号長は x^n と z^n を分離して，それぞれの NML 符号長を計算したものである．モデル選択の精度が高く，計算効率も良いことが知られている[67]．そこで，$x^n = x_1, \ldots, x_n$，$z^n = z_1, \ldots, z_n$ として（z_i は x_i に対応する潜在変数の値 $(i = 1, \ldots, n)$），時刻 t に対する MDL モデル変化統計量を，通常の NML 符号長に基づいて

$$
\begin{aligned}
\Phi_t \stackrel{\mathrm{def}}{=} &\min_{M_0} \{L_{\mathrm{NML}}(x^n, z^n; M_0) + L(M_0)\} \\
&- \min_{M_1, M_2} \{L_{\mathrm{NML}}(x_1^t, z_1^t; M_1) + L_{\mathrm{NML}}(x_{t+1}^n, z_{t+1}^n; M_2) + L(M_1, M_2)\} \\
&- n\epsilon
\end{aligned}
\tag{1.32}
$$

あるいは DNML 符号長に基づいて

$$
\begin{aligned}
\Phi_t \stackrel{\mathrm{def}}{=} &\min_{M_0} \{L_{\mathrm{DNML}}(x^n, z^n; M_0) + L(M_0)\} \\
&- \min_{M_1, M_2} \{L_{\mathrm{DNML}}(x_1^t, z_1^t; M_1) + L_{\mathrm{DNML}}(x_{t+1}^n, z_{t+1}^n; M_2) + L(M_1, M_2)\} \\
&- n\epsilon
\end{aligned}
\tag{1.33}
$$

により定める．ここで，z^n は実際には観測されないので，x^n より推定された値を代入する．

DNML に対しては，

$$\Phi_t = \Phi_t^{X|Z} + \Phi_t^Z + \Delta_t L \tag{1.34}$$

のように分解できることに注意する．ここに，

$$\Phi_t^{X|Z} \overset{\text{def}}{=} L_{\mathrm{NML}}(x^n|z^n; \widehat{M_0}) - (L_{\mathrm{NML}}(x_1^t|z_1^t; \widehat{M_1}) + L_{\mathrm{NML}}(x_{t+1}^n|z_{t+1}^n; \widehat{M_2})),$$

$$\Phi_t^Z \overset{\text{def}}{=} L_{\mathrm{NML}}(z^n; \widehat{M_0}) - (L_{\mathrm{NML}}(z_1^t; \widehat{M_1}) + L_{\mathrm{NML}}(z_{t+1}^n; \widehat{M_2})),$$

$$\Delta_t L \overset{\text{def}}{=} L(\widehat{M_0}) - L(\widehat{M_1}, \widehat{M_2})$$

である．$\widehat{M_0}, \widehat{M_1}, \widehat{M_2}$ はそれぞれ DNML 符号長を時刻 $[1, n], [1, t], [t+1, n]$ において最小化するモデルである．$\Delta_t L$ は時間によらず一定値を取ると仮定すると，Φ_t の変化スコアは $\Phi_t^{X|Z}$ と Φ_t^Z に分離して評価することができる．Fukushima and Yamanishi[14] はこの性質を利用して，モデル変化をデータのパラメータ変化，潜在変数のパラメータ変化に分けて検知する**階層的変化検知**（hierarchical change detection）を提案している．

1.7　潜在構造変化検知（漸進的変化検知）

1.7.1　構造的エントロピーによる構造変化予兆検知

前節で扱った潜在構造変化検知では，構造自体が離散的なものなので，突発的に変わったかのように見える．しかしながら，構造自体も徐々に変化していると考えた方が良い場合がある．例えば，クラスタリング構造の変化では，図 1.23 で示したように，2 つのクラスタから 3 つのクラスタの構造に変化する過渡期に注目すると，クラスタ数を 2 としたらよいのか，3 としたらよいのか，不確定性が生じていると考えられる．その不確定性を定量化したのが「構造的エントロピー」である．

時刻 t に観測されるデータの集団を $\boldsymbol{x}_t$ とし，クラスタ数を k として，**構造的エントロピー**（structure entropy）[22] を以下に定める．

$$H_t = -\sum_k p(k|\boldsymbol{x}_t) \log p(k|\boldsymbol{x}_t).$$

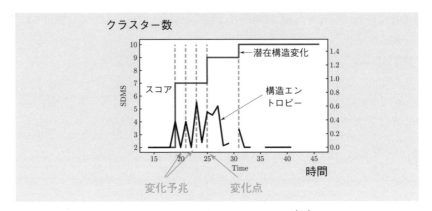

図 1.28 潜在構造変化の予兆検知[22]

ここで，確率 $p(k|\boldsymbol{x}_t)$ は正規化最尤符号長を用いた k の事後確率を表す．つまり，

$$p(k|\boldsymbol{x}_t) = \frac{\exp(-\beta\mathcal{L}_k(\boldsymbol{x}_t))}{\sum_{k'}\exp(-\beta\mathcal{L}_{k'}(\boldsymbol{x}_t))}.$$

ガウス混合分布を用いる場合は，$\mathcal{L}_k(\boldsymbol{x}_t)$ は k 個のクラスターをもつガウス混合分布に対して式 (1.30) によって計算される符号長である．β は温度パラメータであり，β はある範囲に限定される[22]．

　構造的エントロピー $\{H_t\}$ を時間と共にプロットしていくと，その立ち上がりを通じて，どこで迷いが生じたかが見えてくる．再び 1.6.6 項で扱ったビールの購買データを時間範囲を変えて扱おう．図 1.28 はクラスタ数と構造エントロピーの時間変化を示している．構造変化が検知される少し前に，構造エントロピーが 2 箇所で立ち上がっていることがわかる．これはまさに潜在構造変化のスイッチが入った時点であり，潜在構造変化の予兆と見なすことができる．

 1.8　ネットワーク異常検知

　本節では，ネットワークを対象とする異常検知手法を紹介する．ネットワークとは複数のノードがつながれた構造を持つデータであり，一般にグラフとして与えられる．特に，ネットワーク構造が時間と共に変化する場合に，この変化を検知することに焦点をあてる．具体的には，パラメータ変化検知の手法と

して，スペクトラムに基づく方法（1.8.1 項）とネットワーク中心性に基づく方法（1.8.2 項）を紹介する．また，潜在構造変化検知の手法として，グラフ分割構造変化検知（1.8.3 項）と潜在空間空間埋め込みに基づく方法（1.8.4 項）を紹介する．

1.8.1 スペクトラムに基づく方法

複数のノードにて時系列データが観測されているとする．ノードの総数を d とする．$u_i(s)$ を時刻 s における i 番目のノードの観測量であるとする．時刻 t における相関行列 $X(t) = (X_{ij}(t))$ を以下のように定める．

$$X_{ij}(t) = \left| \frac{C_{ij}(t)}{\sqrt{C_{ii}(t)C_{jj}(t)}} \right|.$$

ここに，$C_{ij}(t)$ は時刻 t における相関係数であり，W をウインドウ幅として，ウインドウ毎に次式で計算する．

$$C_{ij}(t) = \frac{1}{W} \sum_{s=t-W+1}^{t} (u_i(s) - \overline{u}_i(t))(u_j(s) - \overline{u}_j(t)),$$

$$\overline{u}_i(t) = \frac{1}{W} \sum_{s=t-W+1}^{t} u_i(s)$$

時系列 $X(t)$ が与えられたところで，ネットワーク異常を検知する方法として，Hirose et al. [24] による，相関行列の固有値ベクトルに基づく方法を紹介する．

$X(t)$ に付随する l 番目の固有値を $\lambda^{(l)}(t)$, 固有ベクトルを $\psi^{(l)}(t)$ とする．

$$X(t)\psi^{(l)}(t) = \lambda^{(l)}(t)\psi^{(l)}(t).$$

ここに，$\lambda^{(l)}(t)$ は降順に並べられているとする．

$$\lambda^{(1)}(t) \geq \lambda^{(2)}(t) \geq \cdots \geq \lambda^{(d)}(t).$$

そこで，固有値ベクトル $\lambda(t)$ を以下のように定める．

$$\lambda(t) \stackrel{\text{def}}{=} (\lambda^{(1)}(t), \lambda^{(2)}(t), \ldots, \lambda^{(d)}(t))^\top.$$

今，$\lambda(t)$ の従う確率分布を独立な d 次元ガウス分布であるとする．

$$p(\lambda|\mu,\Sigma) = \frac{1}{(2\pi)^{d/2}|\Sigma_t|^{1/2}} \exp\left[-\frac{1}{2}(\lambda-\mu_t)^\top \Sigma_t^{-1}(\lambda-\mu_t)\right].$$

よって，時刻 t における固有値ベクトル $\lambda(t)$ に対する外れ値スコア S_t は，時刻 $t-1$ における μ_{t-1} と Σ_{t-1} の推定値を $\widehat{\mu}_{t-1}, \widehat{\Sigma}_{t-1}$ とすると，対数損失として以下のように計算できる．

$$S_t = -\log p(\lambda(t); \widehat{\mu}_{t-1}, \widehat{\Sigma}_{t-1}).$$

$\widehat{\mu}_{t-1}, \widehat{\Sigma}_{t-1}$ の推定は $\lambda(1), \ldots, \lambda(t-1)$ からの最尤推定による．このようにスコアが計算できたところで，Algorithm 1.2 で示したような動的閾値法を用いてアラートを上げていけばよい．

また，X_t の固有ベクトルに注目して外れ値検知を行うこともできる．以下では，Idé and Kashima [128] による方法を紹介する．X_t の第 1 固有ベクトル（最大固有値に対応する固有ベクトル）を u_t とする．ただし，$u_t^\top u_t = 1$ となるように正規化されているとする．長さ W のウインドウを設定して，

$$U(t) = [u_t, \ldots, u_{t-W+1}]$$

を定める．r_t を $U(t)$ の第 1 固有ベクトルでノルムが 1 であるものとすると，r_t にネットワークデータ列 $X_{t-W+1}, \ldots, X_t$ の傾向的な特徴が含まれると考えられる．そこで，時刻 t における u_t の外れ値スコア z_t を以下のように計算する．

$$z_t = 1 - r_t^\top u_t$$

この値がこれまでの傾向を表す r_t と角度が大きくずれている時に，外れ値スコアの値は大きくなる．これは 1.2.5 項で示した方向統計量に基づく方法である．

この場合のスコアは $|z_t| \le 1$ の範囲に束縛されているので，動的閾値法とは別の方法でアラートを上げる方法が提案されている [128]．z_t の分布として以下の確率密度関数を持った確率分布を仮定する．

$$q(z) = \frac{1}{(2\sigma)^{(\nu-1)/2}\Gamma((\nu-1)/2)} \exp\left(\frac{z}{2\sigma}\right) z^{\frac{\nu-1}{2}-1}.$$

ここに，σ, ν は未知パラメータであり，データから推定するものとする．

そこで，$0 < \theta < 1$ を閾値パラメータとして，

$$\int_{z^*}^1 q(z)dz = \theta$$

なる z^* に対して，$z_t > z^*$ ならば，アラートを出す．

Idé and Kashima[128] は σ, ν の推定方法として，モーメント法に基づく方法を提案している．そこでは，

$$E[z] = (\nu - 1)\sigma, \qquad E[z^2] = (\nu^2 - 1)\sigma^2$$

であることを利用して ν と σ について解くと，

$$\nu = \frac{E[z]^2 + E[z^2]}{E[z^2] - E[z]^2}, \qquad \sigma = \frac{E[z^2] - E[z]^2}{2E[z]}$$

であることから，z の1次モーメント $E[z]$ と2次モーメント $E[z^2]$ が推定できればよいことがわかる．そこで，各時刻 t のモーメント $E[z]^{(t)}$, $E[z^2]^{(t)}$ については $0 < r < 1$ を忘却パラメータとして，以下のように忘却的に更新する．

$$E[z]^{(t)} = (1 - r)E[z]^{(t-1)} + rz_t,$$
$$E[z^2]^{(t)} = (1 - r)E[z^2]^{(t-1)} + rz_t^2.$$

上記の固有値ベクトルに基づく方法，並びに第1固有ベクトルに基づく方法は**スペクトルに基づく方法**（spectrum based methods）として括ることができる．

1.8.2 ネットワーク中心性に基づく方法

前項のネットワーク異常検知において，i 番目のノードの変量 u_i は与えられたものとしていた．この変量として，ネットワーク上でのノードの重要性を反映した**中心性**（centrality）を用いることができる．中心性には色々なものが存在する．以下のその例を示そう．今，$A = (A_{ij})$ をネットワークの隣接行列とする．A_{ij} はノード i と j が連結していれば1を，連結していなければ0の値を取る．

- **次数中心性**（degree centrality）[13]

$$u_i(t) = \sum_j A_{ij}.$$

- **接近中心性** (closeness centrality) [13]

$$u_i(t) = \frac{N-1}{\sum_j d(i,j)}.$$

ここに，N は全ノード数，$d(i,j)$ はノード i から j への最小距離とし，パスがない場合は $d(i,j) = N$ とする．

- **固有ベクトル中心性** (eigenvector centrality) [6]

$$Au(t) = \lambda_{\max} u(t).$$

ここに，$\lambda_{\max}$ は A の最大固有値とし，以下，$u_i(t)$ は $u(t)$ の第 i 成分とする．

- **Katz 中心性** (Katz centrality) [30]

$$u(t) = (I - \alpha A)^{-1} \mathbf{1}$$

ここに，I は $d \times d$ の恒等行列，α は与えられた正のパラメータとし，$\mathbf{1} = (1, \ldots, 1)^\top$ とする．

- **ページランク中心性** (page-rank centrality) [8]

$$M = \frac{\alpha}{k_{\text{out}}^{(i)}} A + \frac{1-\alpha}{N} J$$

とし，$M^\top$ の最大固有値に対応する固有ベクトルを $u(t)$ とする．ここに，$k_{\text{out}}^{(i)}$ はノード i から出ていく枝の数であり，J は全ての要素が 1 の $d \times d$ 行列とし，α はパラメータとする．

- **テンポラルネットワーク中心性** (temporal network centrality) [44]

t_n を n 番目のタイプスタンプとし，$A(t_n)$ を時刻 t_n における隣接行列，$\Delta t_n = t_n - t_{n-1}$, C を定数，α, β をパラメータとする．2 つの d 次元ベクトル $w^{(n)}$, $\ell^{(n)}$ は以下の漸化式に従うとし，$u^{(n)}$ をそれらの差として定義する．

$$w^{(n)} = A^\top(t_n)K + Ce^{-\beta \Delta_n}(I + \alpha A^\top(t_n))w^{(n-1)},$$
$$\ell^{(n)} = A(t_n)J + Ce^{-\beta \Delta t_n}(I + \alpha A(t_n))\ell^{(n-1)},$$
$$u^{(n)} = w^{(n)} - \ell^{(n)}.$$

$u^{(n)}$ を時刻 t_n における $u(t_n)$ と見なす．

　　ネットワーク変化検知を上記のような中心性ベクトルの変化検知の問題に帰着させる方法を**ネットワーク中心性に基づく方法**（network centrality based method）と呼ぶ．上で見たように，複数の中心性と変化検知法が存在する中で，何が最良であるかはデータに依存する場合が多く，一概に特定することはできない．そこで，複数の方法と中心性を組み合わせる方法が提案されている[67]．これを以下に示そう．

　　m を変化検知の方法を表すインデックス，i を中心性の種類を表すインデックスとして，(m, i) を採用した時の信頼性を $r^{(m,i)}$，時刻 t においてアラートが上がっていれば 1 をそうでなければ 0 を返す関数を $a^{(m,i)}$ とする．$r^{(m,i)}$ は以下のように，動的閾値法（Algorithm 1.2）と同様の枠組みを用いて計算する．つまり，スコアのヒストグラムを構成して，h 番目のセルの確率関数を $p(h)$，スコアの入っているセルのインデックスを s，アラートの閾値の入っているセルのインデックスを ℓ とする時，

$$S_1 = \sum_{\ell+1}^{N} p(h), \qquad S_2 = \sum_{s+1}^{N} p(h),$$

$$r^{(m,i)} \stackrel{\text{def}}{=} \frac{S_1}{S_2}$$

とする．つまり，$r^{(m,i)}$ はスコアが閾値よりもどれだけ高いかをヒストグラムの確率測度の比で計算しているのである．そこで，複数の方法と中心性を統合したアラートを以下のように定める．M を変化検知の方法の総数，C を中心性の総数，ρ を閾値のハイパーパラメータとして，

$$\widehat{a}(t) = \begin{cases} 1 & \text{if } \dfrac{\sum_{m,j} r^{(m,i)} a^{(m,i)}}{MC} > \rho, \\ 0 & \text{otherwise.} \end{cases}$$

つまり，信頼性で重み付きされた方法と中心性に関する重み付きアラートを最終的な出力とする．

　　Yonamoto et al.[67] は，サッカーにおけるフォーメーションのトレンドの移り替わりの変化検知や，マルウェア検知の問題に対して，上述のような統合的なネットワーク異常検知の手法を適用している．その結果，単一の中心性を使うよりも安定して高い精度の検知を実現できることを示している．

1.8.3 グラフ分割構造変化検知

受信者と送信者のコミュニケーションを表す 2 部グラフを考える．このグラフを排反な部分グラフに分割することを**グラフ分割**（graph partitioning）と呼ぶ．グラフの時系列 $G_1, G_2, \ldots, G_t, \ldots$ が与えられた時，グラフ分割構造の変化を検知して，時間軸方向にセグメント化することを**グラフ分割構造変化検知**（graph partitioning change detection）と呼ぶ．セグメントの系列を $\mathcal{G}^{(1)}, \mathcal{G}^{(2)}, \ldots, \mathcal{G}^{(s)}, \ldots$ と記す．グラフ分割構造変化検知はコミュニケーションの背景にあるイベント出現の早期検知に応用できる．

Sun et al.[52] はグラフ分割が直積型分割で表される場合に，MDL 原理に基づいてグラフ分割構造変化検知を行うアルゴリズム **GraphScope** を提案している．その基本的な考え方は以下の通りである．セグメント $\mathcal{G}^{(s)}$ が与えられている下で，新たに時刻 t のグラフ G_t が入ってきた時，G_t に $\mathcal{G}^{(s)}$ と同じグラフ分割構造を仮定してこれらを符号化した時の符号長を $\mathcal{L}(\mathcal{G}^{(s)} \cup G_t)$ と置く．一方で，別々のグラフ構造を仮定して，$\mathcal{G}^{(s)}$ と G_t のそれぞれを符号化した時の符号長を $\mathcal{L}(\mathcal{G}^{(s)})$ と $\mathcal{L}(G_t)$ とする．この時，MDL 原理に従って

$$\Delta_t = \mathcal{L}(\mathcal{G}^{(s)} \cup G_t) - \{\mathcal{L}(\mathcal{G}^{(s)}) + \mathcal{L}(G_t)\}$$

を計算して，$\Delta_t > 0$ ならばグラフ分割構造変化があったとし，そうでなければなかったと見なす．

以下に符号長の計算方法を示そう．グラフのノードを並べ替えて行と列の直積型に分割したものを考える．行方向の分割インデックスを p，列方向の分割のインデックスを q で表すと，$\mathcal{G}^{(s)}$ の中の (p, q) で指定される部分グラフのセグメントを $\mathcal{G}^{(s)}_{p,q}$ とする．m_p を行のノード数，n_q を列のノード数，t_s をセグメントの始まった時刻，$|E^{(s)}_{p.q}|$ を $\mathcal{G}^{(s)}_{p.q}$ の中の枝の数であるとする．$\mathcal{G}^{(s)}_{p,q}$ のサイズは以下で与えられる．

$$|\mathcal{G}^{(s)}_{p,q}| = m_p n_q (t_{s+1} - t_s).$$

$\mathcal{G}^{(s)}_{p,q}$ の全ての枝の値を符号化するのに必要な符号長は以下のように計算できる．

$$\mathcal{L}(\mathcal{G}^{(s)}) = \sum_{p,q} \left\{ |\mathcal{G}^{(s)}_{p,q}| H\left(\frac{|E^{(s)}_{p,q}|}{|\mathcal{G}^{(s)}_{p,q}|}\right) + f(p,q,s) \right\}.$$

ここに，$f(p,q,s)$ は $E_{p,q}^{(s)}$ 自体の符号長を表し，例えば，

$$f(p,q,s) = \log^* |E_{p,q}^{(s)}|$$

とすることができる．ここで，$\log^* x = \log x + \log\log x + \cdots + \log c$ は正整数 x を符号化するのに必要な符号長であり，和は正の部分のみ取るとし，$c = 2.587$ である[47]．あるいは $\mathcal{G}_{p,q}^{(s)}$ を正規化最尤符号長を用いて計算する場合は，$f(p,q,s)$ は次式のように計算できる．

$$f(p,q,s) = \log \sum_{E_{p,q}^{(s)}} \max_{\theta} \theta^{|E_{p,q}^{(s)}|} (1-\theta)^{|\mathcal{G}_{p,q}^{(s)}| - |E_{p,q}^{(s)}|}$$

$$\approx \frac{1}{2} \log \frac{|\mathcal{G}_{p,q}^{(s)}|\pi}{2}.$$

Sun et. al[53] は，エンロン社の社員のメールのやり取りデータに Graph-Scope を適用して，エンロン社内部のイベントの出現の検知に成功したと報告している．

直積型のグラフ分割構造は，複雑な分割構造を表現するのに，一般にパラメータを多く必要とする．Sato and Yamanishi[50] はグラフ分割構造の背景に木構造を考え，グラフ分割構造変化検知問題を木構造の変化検知問題に還元した（図 1.29）．これを用いると，パラメータ数は直積型よりも削減される場合がある．さらに 2 部グラフの代わりに，枝の値に正整数値を許す場合も扱うことができる．その場合には，分割領域毎にポアソン分布を付随させ，DMS規準を適用して木構造の変化を検知する．この際，GraphScope と同様に，変化点がある場合とない場合の符号長の差の値を変化スコアとする．

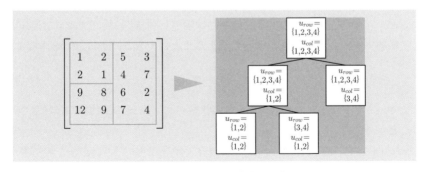

図 1.29 グラフと木構造分割

1.8.4 潜在空間埋め込みに基づく方法

グラフ構造の変化を検知するのに，離散的なグラフ構造を実数値空間に埋め込んでから変化を検知する手法が考えられる．その方が，生のデータを用いて変化検知するよりも，データの特徴を活かして，より精度の高い変化検知ができるからである．これを**埋め込みに基づく方法**（latent space embedding based method）と呼ぶ．この方法の 1 つを Lin et al.[39] を参照して紹介しよう．

一般に**埋め込み**（embedding）とは，低次元の特徴空間（潜在空間）に写像することを意味する．グラフの埋め込みとしては，DeepWalk[45] や Graph AutoEncoder（GAE）[31] などがある．いずれもグラフのノードを連続値空間に写像する．ここでは GAE を用いる．GAE はグラフ畳み込みニューラルネットと呼ばれる符号化器を用いて，グラフの隣接行列を入力として，各ノードの埋め込みベクトルを出力する．$\boldsymbol{n}_i$ を i 番目のノードの潜在空間への埋め込みとすると，$\boldsymbol{n}_i$ と $\boldsymbol{n}_j$ の近さを以下のように測る．

$$d_{i,j} = d(\boldsymbol{n}_i, \boldsymbol{n}_j) = \frac{1}{1 + \exp(-(\boldsymbol{n}_i \cdot \boldsymbol{n}_j))}.$$

ここに，$(\boldsymbol{n}_i, \boldsymbol{n}_j)$ は $\boldsymbol{n}_i$ と $\boldsymbol{n}_j$ の内積を表す．

潜在空間上のランダムウォークとして，以下の推移行列 $M = (M_{ij}) \in \mathbb{R}^{N \times N}$（$N$ はノード数）で指定されるものを考える．

$$M_{ij} = \begin{cases} 0 & \text{if } i = j, \\ \frac{d_{i,j}}{\sum_{k \neq i} d_{i,k}} & \text{if } i \neq j. \end{cases} \tag{1.35}$$

すると，この潜在空間上のグラフの挙動は推移行列 M に従うマルコフ連鎖の定常状態ベクトル $\boldsymbol{\pi} \in \mathbb{R}^N$ によって捉えることができる．$\boldsymbol{\pi}$ は以下を満たす．

$$\boldsymbol{\pi}^\top M = \boldsymbol{\pi}^\top. \tag{1.36}$$

そこで，ネットワークの構造変化を定常状態ベクトル $\boldsymbol{\pi}$ の変化検知に帰着させることができる．

$\boldsymbol{\pi} = (\pi_1, \ldots, \pi_N)^\top$ は $\pi_i \geq 0$（$i = 1, \ldots, N$）かつ $\sum_{i=1}^N \pi_i = 1$ のベクトルであるから，このようなベクトルの空間上のパラメトリックな確率モデルと

してはディリクレ分布を用いる。ディリクレ分布は $\boldsymbol{\alpha} = (\alpha_1, \ldots, \alpha_N)^\top$ をパラメータベクトルとして,確率密度関数が以下で与えられる.

$$p(\boldsymbol{\pi}; \boldsymbol{\alpha}) = \Gamma \left(\sum_{i=1}^{N} \alpha_i \right) \prod_{i=1}^{N} \frac{\pi_i^{\alpha_i - 1}}{\Gamma(\alpha_i)}. \tag{1.37}$$

$\boldsymbol{\pi}$ の分布の変化を捉えるには,1.4.6 項に従い,パラメータ $\boldsymbol{\alpha}$ を未知とするディリクレ分布に関して MDL 変化統計量を計算すればよい.また,逐次的に変化検知を実行するのに,1.4.6 項に示した S-MDL の手法を用いる.以上の流れを図 1.30 に示す.ここで紹介した潜在空間埋め込みに基づく方法を **RWiLS** (Random Walk in Latent Space)[39] と呼ぶ.これをアルゴリズムとしてまとめたものを Algorithm 1.9 に示す.

Algorithm 1.9 RWiLS アルゴリズム[39]

Given: h: ウインドウサイズ,δ: 閾値パラメータ

Input: $\{G_t\}_{t=1}^{T}$: ネットワーク時系列

for $t = 1$ to T **do**

    $\{G_t\}$ を埋め込みにより,ノード位置を計算する.

    ランダムウォークの推移行列を式 (1.35) によって求め,定常状態ベクトル π_t を式 (1.36) の解として計算する.

    for $t = \frac{h}{2} + 1$ to $T - \frac{h}{2} + 1$ **do**

        ディリクレ分布 (1.37) に対する MDL 変化統計量 Φ_t を式 (1.7) に従って求める.

        if 変化統計量 $\Phi_t > \delta$ **then**

            変化アラートを上げる.

        end if

    end for

end for

なお,現在ネットワーク変化検知の研究は盛んに行われており,以下のような手法が存在する.

DynGEM[17]　ダイナミックネットワークの埋め込みを行い,ノードの位置ベクトルのフロベニウス距離で測った時間距離で変化点を検知する方法.

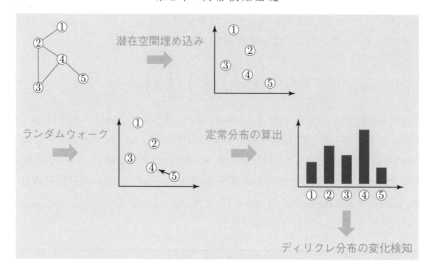

図 1.30　潜在空間埋め込みに基づくグラフ変化検知

DeltaCon[34]　ランダムウォークに基づくノード同志の affinity と呼ばれる
　　近さを計算し，その変化に基づいてネットワーク変化を検知する方法.

SACPD[43]　ノード次数の累積分布に基づき，ウインドウベースの変化検
　　知を行う方法.

LAD[25]　ネットワークの隣接行列のラプラシアンの特異値に基づき，ウイ
　　ンドウベースの変化検知を行う方法.

　上記の各手法については詳細は割愛するが，興味を持った読者はそれぞれの
参考文献を参照して頂きたい. これらの方法と比較した Lin et al.[39] の実験
結果を以下に示そう.

　人工データとして 1,000 ノードのネットワークを 5 つのブロックを持つ確率
的ブロックモデルと呼ばれる関係データセットを用いた. これが長さ 100 の系
列として得られている. 期待次数 d_{exp} が以下のように変化するとする.

$$d_{\mathrm{exp}} = \begin{cases} 10 & \text{if } t \leq 50, \\ 10 + \Delta d_{\mathrm{exp}} & \text{if } t \geq 51. \end{cases}$$

表 1.2　ネットワーク変化検知の性能比較[39]

$\Delta d_{\exp}$	0.01	0.1	1	10
DynGEM	0.4900	0.3940	0.6007	0.6200
EEC	0.5053	0.5096	0.6165	0.7755
DeltaCon	0.4616	0.6143	0.4313	0.7636
SACPD	0.5084	0.5740	0.7280	0.7276
LAD	0.5206	0.5631	0.5208	0.5948
RWiLS	**0.8660**	**0.9706**	**0.9700**	**0.9687**

　評価指標としては，t^* を真の変化点として，検知された変化点 t のベネフィットを以下で定める．

$$b(t) = \max\left\{1 - \frac{t - t^*}{\tau}, 0\right\}.$$

閾値を δ とする時のベネフィットの総数を B_δ とし，誤警報の総数を F_δ として，$\frac{B_\delta}{\sup_\delta B_\delta}$ と $\frac{F_\delta}{\sup_\delta F_\delta}$ の δ を変化させることにより得られるグラフの AUC（Area Under Curve）を計算する．AUC が大きいほど変化検知の性能が高い．RWiLS を上述の DynGEN，DeltaCon，SACPD，LAD と比較した実験結果を表 1.2 に示す．EEC とあるのは 1.8.1 項で取り上げた，Hirose et al. [24] によるスペクトラムに基づく手法である．RWiLS が他手法を圧倒的に凌駕していることがわかる．

 ## 1.9　ま　と　め

　本章では異常検知手法の基礎を解説した．異常検知を大きく外れ値検知と変化検知に分けて，前者ではパターンに基づく手法と復元に基づく手法に分類して解説した．後者ではパラメータ変化検知と潜在構造変化検知（モデル変化検知）の観点と，突発的変化検知と漸進的変化検知の観点から分類して論じた．ネットワーク構造を持つデータの変化検知についても触れた．ここで紹介した手法は，本書の他の章でもしばしば用いられている．応用の章を読み進めていく上で，改めて本章に立ち返ると理解が深まるだろう．

　異常検知の基礎手法を 1 つの書物の中で紹介するに当たって，できるだけ広い範囲の多様な技術を紹介したいという立場と，できるだけ統一的な視点でま

とめ上げたいという 2 つの立場が相克する．本章では，前半は，やや広めに基本手法をカバーすることを心がけ，後半から MDL 原理に基づく機械学習の立場（情報論的学習理論）を主軸に据えてまとめた．後者については，1.4.3 項（2 段階学習に基づくオンライン変化検知），1.4.6 項（MDL 変化統計量に基づく変化検知），1.5 節（漸進的変化検知），1.6 節（潜在構造変化検知），1.8.3 項（グラフ分割構造変化検知），1.8.4 項（潜在空間埋め込みに基づく方法）において，一貫して MDL 原理に基づく解説を試みた．MDL 原理は「記述長を最小にするモデルが最良のモデルである」という極めてシンプルな原理である．その普遍性と哲学が異常検知の底流を成していることを読みとってもらいたい．

　異常検知手法は，今後ますます発展していくであろう．その中にあって，特に重要な今後の課題を 2 つ挙げたい．1 つは「異常の予兆検知」である．異常は既に起こった後で検知するのでは手遅れになる場合がある．予兆の段階でこれを検知することの意義は大きい．本章でも 1.5.1 項にて「微分的 MDL 変化統計量に基づく変化予兆検知」を，1.7.1 項にて「構造的エントロピーによる構造変化予兆検知」を扱った．前者は変化の予兆を微分情報から捉える方法であり，後者はそれを不確実性から捉える方法である．予兆を定量化する方法は今なお発展途上であり，ここでは紙数の関係で取り上げられなかったさまざまな方法論が存在する．異常の予兆検知は，**予兆情報学** (sign informatics) として 1 つの情報学の新たな学問体系として成長していくものと期待できる．

　もう 1 つは，「異常の説明と解釈」である．これは単に異常を精度良く検知するだけでなく，「なぜこれは異常と言えるのか？」を説明可能にする技術である．AI の分野でも**説明可能な AI**（explanable AI）の重要性が取り沙汰されている．分類や予測が上手くいくからといって，その理由を説明できなければ信頼性を失う．異常検知においても，その数学的な原理を明らかにするのみならず，検知された異常を前後の文脈や履歴をもとに説明されなければならない．そのような技術が，将来，機械学習における潜在空間埋め込みの理論やトレーサビリティの技術と結び付きながら発展していくことが期待できる．

　本書の内容に興味を持った読者の中に，上記課題に果敢に挑戦する方が現れ，本分野が大きく推進することを願ってやまない．

金融時系列と株式所有 ネットワークの変化点検知 2

　本章では金融分野における変化点検知の応用例を紹介する．計量ファイナンスでは変化点検知以外に金融時系列全体を1つの定常な長期記憶過程としてモデル化することがある．そのため本書では変化点検知分析に入る前に金融時系列分析の基本をおさらいし，金融時系列を変化点モデルとしてモデル化するか1つの定常な長期記憶過程としてモデル化するかの議論を紹介する．その後にS&P500の株価のデータを対象に変化点検知の応用例を紹介する．次に単一の金融時系列ではなく複数の金融時系列（株式銘柄）を対象にしたポートフォリオ問題を概説し，複数金融時系列の変化点検知による分析を紹介する．最後にコーポレートガバナンスにおける大株主の重要性を概説し，その後に株式所有ネットワークの変化点検知による分析を紹介する．本章で扱う最初の2つのデータは公開されている．本書で紹介した他の方法も試すことを推奨する．

2.1　単一金融時系列の変化点検知

2.1.1　金融時系列分析の基本

　図2.1に1928年1月から2021年3月までのS&P500の株価時系列を掲載した．S&P500とは代表的な500銘柄の株価の合成によって作られる株式指数のことである．図2.1を見ると全体的には成長トレンドがあることがわかる．明確なトレンドがある時系列データをそのまま分析することは困難なことが多い．そのため**対数収益率（リターン）**

$$r_t := \log\left(\frac{X_t}{X_{t-1}}\right) \tag{2.1}$$

に注目することが多い（図2.2）．ここで X_t は時点 t における株価である．リターンの時系列を見ると値動きが激しい時期とそうでない時期が交互に出現し

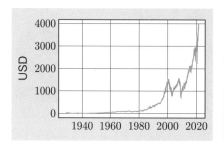

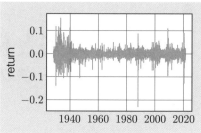

図 2.1　S&P500 の株価　　　　図 2.2　S&P500 のリターン

ていることがわかるが，この値動きはどのような時系列モデルとして捉えるの
が正しいか？　例えば 1 つの複雑な定常時系列過程が全体を支配していると考
えた方が良いか？　それとも簡単な時系列モデルが非定常に時期によってパラ
メータを変えながらいくつか出現していると考えた方が良いか？

　仮に 1 つの複雑な定常時系列過程が全体を支配していると考えた場合は，し
ばしば時系列に長期間にわたる相関構造が存在することを仮定することにな
る．次節で詳しく解説するが，長期間にわたって相関構造を持つ時系列モデル
は**長期記憶過程**と呼ばれる．変化点検知の前に定常な長期記憶過程の立場から
見た金融時系列分析を解説する．

2.1.2　長 期 記 憶 過 程

　時系列過程の記憶は自己相関関数によって定義付けられる．定常過程 X_t の
自己相関はラグ k に対して

$$\rho_k := \frac{E[(X_t - \mu)(X_{t+k} - \mu)]}{\sigma^2} \tag{2.2}$$

で定義される．ここで μ と σ^2 は X_t の平均と分散である．長期記憶過程にお
いて自己相関関数はべき乗にゆっくり減衰するものとされている[105]．これは
すなわち自己相関関数のラグに対する累積和が発散することと同等である．逆
に長期記憶過程の反意語である短期記憶過程とは自己相関関数が指数的に早く
減衰する時系列過程のことである．長期記憶過程の時とは反対に自己相関関数
のラグに対する累積和が有限であることと同等である．

　短期記憶過程の方が初等的である．そのためまず簡単な短期記憶過程の例と

して ARMA$(1,1)$ 過程（Auto Regressive Moving Average process）[♠1]を考察する．時系列モデルとしては

$$X_t := \phi X_{t-1} + \theta \epsilon_{t-1} + \epsilon_t \tag{2.3}$$

で定義されるものである．ここで ϵ_t はホワイトノイズ，ϕ と θ はパラメータであり $|\phi| < 1$ によって X_t が定常過程になることが保証される．簡単な計算によって導出できるが[105]，ARMA$(1,1)$ 過程の自己相関関数は

$$\rho_1 = \frac{(1 + \phi\theta)(\phi + \theta)}{1 + \theta^2 + 2\phi\theta}$$
$$\rho_k = \phi\rho_{k-1} = \phi^{k-1}\rho_1 \tag{2.4}$$

と表現することができる．$\phi > 0$ なら自己相関関数は単純に減衰するが，$\phi < 0$ なら正の値と負の値を交互に取りながら減衰していくことになる．この振動の部分は無視し最後の式の絶対値に注目すると，$|\rho_k| = |\phi^{k-1}\rho_1| = \exp(-|\log|\phi||(k-1))\rho_1$ になり，$|\phi| < 1$ とすれば指数関数的に相関が減少していくことがわかる．つまり ARMA$(1,1)$ は短期記憶過程である．細かい点ではあるが，$|\phi|$ が定常性と非定常性の境界 (1) に近付けば近付くほど ARMA$(1,1)$ 過程でも疑似的に自己相関が長く続く様子は作り出すことはできる（$|\log|\phi||$ が 0 に近付くため）．そのため定常性と非定常性の境界では両者の区別は付きづらくなる．

逆に長期記憶過程に従うものとしては ARFIMA$(1,d,1)$ 過程（Autoregressive Fractionally Integrated Moving Average process）[♠2]が挙げられる．まず次のラグ演算子 L を定義する．

$$L\epsilon_t := \epsilon_{t-1} \tag{2.5}$$

さらに次の関数

$$\phi(x) := 1 - \phi_1 x, \quad \theta(x) := \theta_1 x \tag{2.6}$$

を用いると（ϕ_1 と θ_1 はパラメータ）ARFIMA$(1,d,1)$ 過程は次のように簡潔に定義できる．

[♠1]日本語では自己回帰移動平均モデルと呼ばれる．

[♠2]日本語では自己回帰分数積分移動平均モデルと呼ばれる．

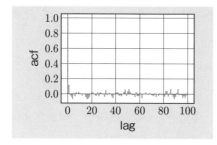 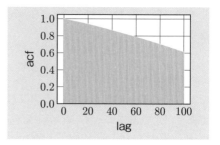

図 2.3　ARMA の標本自己相関　　図 2.4　ARFIMA の標本自己相関

$$\phi(L)(1-L)^d X_t = \theta(L)\epsilon_t \tag{2.7}$$

ここで ϵ_t はホワイトノイズである．定常性を満たすためには $-\frac{1}{2} < d < \frac{1}{2}$ である必要がある．ここでは結果だけを紹介するが，ARFIMA$(1, d, 1)$ の自己相関関数はガンマ関数 $\Gamma(x) := \int_0^\infty t^{x-1}e^{-t}dt$ を用いることで

$$\rho(k) \sim \frac{1-2d}{\pi^{1-2d}}\Gamma(1-2d)\sin(d\pi)k^{2d-1} \tag{2.8}$$

と表現できる[105]．ここで重要な点は k^{2d-1} である．ARMA 過程と異なりラグに対して相関がべき乗に減衰していくことを示している（図 2.4）．この点が ARFIMA$(1, d, 1)$，延いては ARFIMA(p, d, q) 過程が長期記憶過程と呼ばれる所以である．

　ここで改めて本章の最初（図 2.2）に示したリターンの標本自己相関関数を分析したい．図 2.5 にある通り素早く自己相関が減衰していく様子が確認できる．つまりリターンについては短期記憶過程に従うようである．しかしながらリターンの絶対値

$$|r_t| := \left|\log\left(\frac{X_t}{X_{t-1}}\right)\right| \tag{2.9}$$

を計算して自己相関関数を描いたものが図 2.6 である．図 2.6 を見ればわかる通り長く相関が持続していることがわかる．リターンの絶対値は値動きの振れ幅を近似的に表現している．一般的に値動きの振れ幅は**ボラティリティ**と呼ばれる．市場が荒れた時期には，このボラティリティが激しく変動し，逆に静かな市場と言われる時期には沈静化するといったように，ボラティリティは市場

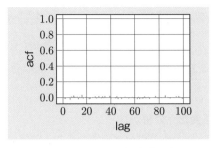

図 2.5　リターンの標本自己相関

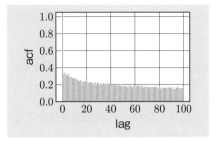

図 2.6　絶対値リターンの標本自己相関

の荒れ具合を捉えた指標である[♠3]．値動きが激しい時期は市場が荒れた日が続き，逆に沈静化している時は静かな市場が続くように，ボラティリティはトレンドを示すことがよく知られている．この傾向のことを**ボラティリティクラスタリング**と呼ぶ．この傾向を考慮しボラティリティのモデルとして考案されたのが GARCH（Generalized Autoregressive Conditional Heteroscedasticity）モデルである[♠4]．GARCH(p, q) モデルは少なくとも 2 次モーメントが有限で $E(\epsilon_t|\epsilon_s, s < t) = 0$ を満たす ϵ_t の分散 $\sigma_t^2 := \mathrm{Var}(\epsilon_t|\epsilon_s, s < t)$ に対して

$$\sigma_t^2 = \alpha_0 + \alpha(L)\epsilon_t^2 + \beta(L)\sigma_t^2 \tag{2.10}$$

と定義される．ここで $\alpha(L) := \Sigma_{i=1}^q \alpha_i L^i$, $\beta(L) := \Sigma_{j=1}^p \beta_j L^j$ であると定義する．また，σ は定義通り厳密には標準偏差を表すが，本節の説明上は $|r_t|$ を近似的に表しているものとして考えてもらって構わない．式によってわかる通り，GARCH モデルはある時刻のボラティリティがその前の時刻に依存するという性質を持っている．この性質によってボラティリティクラスタリングを表現している．しかしながら前述の ARMA モデルと同様に自己相関関数の評価によって，GARCH モデルが短期記憶過程であることがよく知られている[105]．

そこで ARFIMA モデルと同じロジックで開発されたのが FIGARCH（Fractionally Integrated GARCH）モデルである．参考までに掲載すると

[♠3]ボラティリティの測り方は標準偏差，日中リターンの 1 分または 5 分毎の値の 2 乗和，日中価格の高値-底値，ブラック–ショールズの公式を用いて逆算したものなど色々ある．
[♠4]日本語では一般化分散不均一モデルと呼ばれる．

$$\phi(L)(1-L)^d\sigma_t^2 = \alpha_0 + (1-\beta(L))(\epsilon_{t-1}^2 - 1) \tag{2.11}$$

である．定常性を満たすために $0 < d < 1$ に限定する．FIGARCH は
ARFIMA 同様に長期記憶を持つ過程として金融時系列分析では使われること
がある[88]．

2.1.3 定常な長期記憶過程か非定常な変化点分析か

　定常な長期記憶過程と真逆の発想に基づくものが変化点検知である．前項で
も少し言及したが，長期記憶は時系列モデルが長期記憶過程に従っていなかっ
たとしても観測されることがある．例えば前述の通り ARMA の自己相関関数
からわかる通りランダムウォーク（ARMA(1,0) モデルで $\phi = 1$ の場合）は非
定常モデルではあるが，自己相関関数の累積和が無限であるため，長期記憶過
程と判定できる．また，他にも最初の 100 時点はあるパラメータの短期記憶過
程から生成されており，その次の 100 時点は異なるパラメータの短期記憶過程
から生成される非定常な時期列に関しても長期記憶と見間違えることができる
長い相関が観測されることがある．

　金融時系列を定常な長期記憶過程として見るか非定常な変化点を含むモ
デルとして見るかについてはノーベル経済学賞も受賞したことで有名な
Granger[99] が晩年に興味深い論文を発表している．Granger は図 2.2 同様
に，1928 年 1 月から 2000 年 5 月までの S&P500 の株価データを変化点を含
む AR(1) モデル（ARMA(1,0) モデルと同等）で分析した．Granger は変化
点検知の結果を用いて全体の時系列データをいくつかに分割し，分割した後で
リターンの絶対値の自己相関を分析すると相関は著しく短くなり長期記憶とは
呼べないと報告した．つまり，簡単な時系列モデル（AR(1) モデル）が時期に
よってパラメータを変えながらいくつか出現していると主張した．同様の分析
結果は高名な計量経済学者である Perron[95] も報告している．

　定常な長期記憶過程でモデル化すべきか変化点を含む非定常な時系列モデル
でモデル化すべきかは古くから議論されている．前述の Granger 自身も 1990
年代は前者で分析した論文も発表しており[81]，前述の論文は 21 世紀に入って
から発表したものである．モデル選択の枠組みで両者を峻別しようとする研究
も存在する．Yau[103] は帰無仮説を変化点モデルに対立仮説を長期記憶過程に

設定し，金融時系列は帰無仮説が棄却されないと結論付けた[94]♠5．はウェーブレットスペクトルを用いて分類問題として両者を見分ける方法を提案した．Norwood[94] は株の銘柄間の相関構造のデータには長期記憶があると結論付けている．他にも Granger が行ったように[99] テストデータでの予測誤差を用いて判定することもある．しかし Norwood[94] や Beran[74] も指摘する通り統計情報だけを用いてどちらのモデルが良いか最終的な解答を導くのは難しそうである．

一般的に社会科学において正しいモデルが何かを科学的に議論することは困難である．しかし投資家など分析者や利用者のニーズに適したモデルを選ぶことは可能である．ここでは投資家の観点から考える．金融の世界では日次リターンの予測は不可能されている♠6．これを前提にするならば予測問題を構成するよりは，例えば過去データを市場がパニックに陥っている時に焦点を当てていくつかの時期に分けて分析を行ったり，現在のマーケット状況の振舞いが変わった時を一早く察知することで投資戦略の再考を促したりできるモデルの方が役立つかもしれない．こうした分析を１つの定常な長期記憶過程で行うことは困難である．そのため本節では単一銘柄の分析も，複数銘柄の精度行列の分析も，株式所有ネットワークの分析も全て変化点検知の立場から行う．長期記憶過程をもっと勉強されたい読者は少し古いが和書なら松葉[105]，洋書なら Beran, Linton[74], [88] を参照されたい．

2.1.4 S&P500 インデックス全期間の変化点検知

本項では 1.4.5 項で解説した**ベイジアンオンライン変化点検知**（Bayesian Online Change Point Detection, 以後 BOCPD）を使ってリターンの変化点検知を試みる．各セグメントの時系列モデルについては Granger 同様に短期記憶過程のモデルである AR(1) を用いる．Granger[99] が行った分析と本項で行う BOCPD をもとにした分析は大枠では変わらないが，BOCPD はベイズ統計学の枠組みでモデルを記述することでオンライン（過去から未来に向

♠5帰無仮説は検定法の検出力が非常に高くない限り基本的には棄却するものなので[87]，この論文については Norwood[94] にあるような批判も可能である．

♠6前述の通りボラティリティは予測可能である．またリターンも日中などもっと短いタイムスケールなら可能であるが，日次レベルになると裁定機会はマーケット参加者によって取りつくされるとされる．

かって）で変化点を検出できる特徴がある．前項で述べた投資家視点での変化点検知を踏まえる意味でも BOCPD を用いる．データについて Granger は 1928 年 1 月から 2000 年 5 月までを分析対象にしたが，折角なのでデータを更新し 2021 年 3 月までの分析を行う．前述の通りこのデータはオープンデータである．そのため関心のある読者はさらにデータを更新して分析することを推奨する[7]．また，BOCPD の実装については Knoblauch [84] のコードが使いやすいため，それを用いる．ハイパーパラメータの設定は基本設定に従う[8]．

　リターンの値の分布は裾野が長い分布に従うことがよく知られている．BOCPD をモデルとして拡張し裾野の長い分布に対応させることも可能だが，ここでは原著者と同じように $\hat{r}_t := \Phi^{-1}(t_4(r_t))$ で変換し，さらに平均を差し引き標準偏差で割ることで正規化する．ここで，Φ は標準正規分布の累積分布関数であり，t_4 は自由度 4 の t 分布の累積分布関数である．

　図 2.7 に BOCPD が検出した変化点の全てを縦線で記載した．全部で 61 点ある．平均的には約 1 年半に一度の頻度で変化を検出しているが，縦線が頻発しているところがあることからわかる通り市場が慌ただしく変化している時期もあるようである．参考までに図 2.8 に BOCPD が推定した 1 つ前の変化点からの経過時間（run length）分布を掲載した．縦軸が経過時間に対応しており，色が濃いところは確実に経過時間がある値だとアルゴリズムが高確率で推定しているところであるが，逆に薄い時期はアルゴリズムとしても判断に迷っているところになる．変化点は 1.4.5 項で解説した通り経過時間の事後確率を極大化する点を変化点とした．

　全体の様子だけを見てもあまり面白くない．次に個別にいくつか時期を分けて分析結果を考察する．図 2.9 は世界恐慌に対応している時期のものである．世界恐慌というと 1929 年 10 月下旬から始まった大暴落が有名だが[9]，実際としてはその頃から始まり数年以上続いた経済状況のことを指す．そのため 1928 年 10 月 29 日，1929 年 9 月 30 日，1929 年 12 月 24 日，1930 年 4 月

---

[7]データについては Python 環境なら pandas_datareader や yfinance というモジュールを用いることによって容易に取得可能である．S&P500 のシンボルは^GSPC である．

[8]https://github.com/alan-turing-institute/bocpdms

[9]最初の暴落は 1929 年 10 月 24 日（木）（ブラックサーズデー）に起き，その後も数週間にわたって大きく値下がりした．

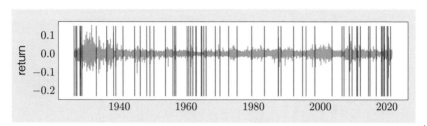

図 2.7 BOCPD で発見した変化点（61 時点）

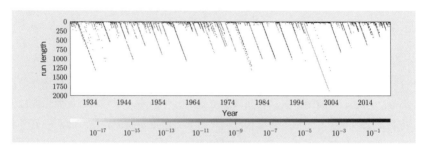

図 2.8 経過時間分布

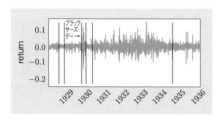

図 2.9 世界恐慌

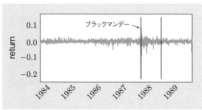

図 2.10 ブラックマンデー

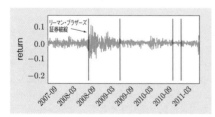

図 2.11 サブプライムローン

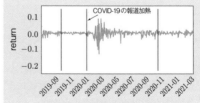

図 2.12 COVID-19

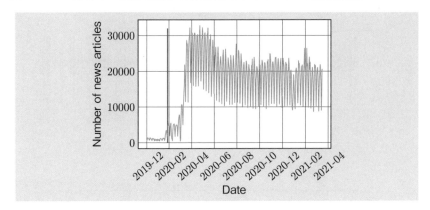

図 2.13　COVID-19（感染症全般）関連の英語ニュース数

29 日と他の時期に比べて変化点が多く検出されているのは納得の行くところ
である．図 2.7 の縦軸の表示範囲は全て統一してある．そのため世界恐慌は他
の時期と比べて暴落から正常な状況に戻るまで混乱が長引いたことが一目でわ
かる．図 2.9 に関して興味深い点は 1934 年 7 月 30 日に変化点を検出してい
るところである．世界恐慌発生時の米国大統領であるフーバー大統領は彼の政
治的思想もあいまって政府の介入を極端に嫌った．そのため経済状況が悪化し
ても大きく政策を打ち出すことはなかった．それに対して 1933 年 3 月に就任
した後任のフランクリン・ルーズベルト大統領は，金の買いだめ傾向を封じる
ために 1933 年 4 月に大統領令 6102 号を発し，翌年の 1934 年 1 月 30 日に
は金準備法を可決させて金の法定価格を切り上げるなど，直ちに金融の安定化
に取り掛かった♠10．これらの政策の結果，米国の金保有量とマネーサプライ
が増大し米国はようやく世界恐慌から抜け出すきっかけをつかんだと言われ
る♠11．無論，あくまで S&P500 のリターン分析に過ぎないため深読みしすぎ

♠10 フーバー大統領が歴史上評価されていない米国大統領として上位にランク付けされる傾
向があるのに対して，フランクリン・ルーズベルト大統領は最も評価される大統領の方によく
ランク付けされる．この違いを生み出した 1 つの要因が世界恐慌時の対応の違いである．米
国大統領人気ランキングについては英語の Wikipedia に複数の調査結果がまとめて掲載され
ているため関心のある読者はそちらを参照されたい（英語 *Wikipedia : Historical rankings
of presidents of the United States*）．また，他の暴落期と比較すると明白だが，世界恐慌
は金融政策を間違えると恐慌が長引くことをわかりやすく示している．
♠11 Romer [96] は欧州の政情不安定化も金が米国に戻ってくる遠因だったと指摘している．

るのは危険だが，そうした効果が株式市場にも及び市場が安定化した時点として 1934 年 7 月 30 日が検出されたと考えると，この変化点も不思議ではないと考えられる．

同様にブラックマンデーと呼ばれる急激に株価が下落した日がその 58 年後の 10 月 19 日に生じた（図 2.10）．変化点検知では，その次の日である 1987 年 10 月 20 日に変化点を検出していることがわかる．株価の動乱が静まりだした時期としては 1988 年 8 月 2 日と推定されている．図 2.11 に示したサブプライムローンの時期の時系列に関しては 2008 年 9 月 19 日（金）に変化点が検知されていることが興味深い．サブプライムローンの時期についてはリーマン・ブラザーズ証券の破綻をきっかけに信用不安が走ったと言われており，そのリーマン・ブラザーズ証券の倒産が確定したのが同じ週の月曜（2008 年 9 月 15 日）だからである．

最後に COVID-19 期におけるリターンの分析結果を見ていく．2019 年 8 月から 2021 年 3 月の時期に 3 つの変化点を検出している（図 2.12）．最初の 2019 年 7 月 17 日は COVID-19 前なのでよいとして，次に変化があった日付が 2020 年 1 月 27 日となっている．実はこの日付は英語の新聞報道の中で COVID-19 が大きく騒がれることになりだしたタイミングと重なっている．図 2.13 にダウ・ジョーンズ社のデータベース Factiva が配信している世界中のニュースのデータセットの中から英語で感染症に関するもののうち，単語数が 501 以上のニュース記事総数の時系列を掲載した．このデータセットの特徴は単に Factiva が配信しているニュースだけでなく各種報道機関ニュース（英語に絞ると約 1600 社）も含まれていることである．縦線が 2021 年 1 月 27 日に対応しているが，そのあたりから COVID-19 関係のニュースが跳ね上がっていった様子が見て取れる．次に変化があると推定されたのが 2020 年 11 月 9 日である．これについては何かが引き起こしたというよりは他の時期同様に単に市場が落ち着いてきたと見ることができるが，米国大統領選挙やワクチン開発など，その他の要因により市場に変化が生まれたと見ることもできる．

COVID-19 の例に顕著だが金融時系列の情報だけを用いて変化点の考察には限界がある．あくまでも COVID-19 という外生的要因があったから市場のボラティリティが上昇したわけであって，金融時系列が持つ内生的な動きによってのみ発生したと考えるのは無理がある．こうした外生的なイベントは他

にも自然災害やテロ，クーデターなどが挙げられる．このように金融時系列の背後で内生的なダイナミクス以外に外生的なイベントによる非定常性があるとするならば変化点モデル用いて分析することに違和感はないことが納得できると思う．

　ただし，金融時系列には内生的な値動きがないわけではない．既に説明したボラティリティクラスタリングや GARCH も良い例である．また，日中の値動きを捉えた高頻度データでは内生的な値動きを捉えることで予測ができることも知られている．そのため高頻度データを対象に値動きを内生成分と外生成分の組合せでモデル化して，その比率を推定する研究もある[102]．こうした手法はフラッシュクラッシュ（アルゴリズミックトレーディングによって必要以上の内生的ダイナミクスが生じることで株価が極端な動きをすること）の前兆を捉える可能性があるという期待がある．興味のある方は Wheatley[102] を参照されたい．

　最後にリターン平均値とボラティリティの推移を確認したい．図 2.14 に変化点によって分割した後の各時期のリターンの平均値を掲載した．暴落が起きている時期は変化点が頻発しているため見づらいが，全般的には少し 0 より高い水準で推移していることがわかる．図 2.15 に同様に変化点によって分割後の各時期のリターンのボラティリティ（ここは単にリターンの標準偏差で計算した）を掲載した．暴落時にボラティリティが上昇しがちな点は直観通りだと思う．また 1981 年前後に特徴的に表れているが，この時期はリターンの平均値はさほど大きく変わっていない．それに対してボラティリティは一貫して上昇している．通常こうしたボラティリティの変化による変化点は検出が平均値のシフトに比べて難しいとされるが，BOCPD は比較的上手に検知できていることがわかる．最後に Granger[99] 同様に図 2.16 に変化点によって分割後のある時期の絶対値リターンの自己相関を掲載した．図 2.6 と比較すると明確だが，長期記憶と呼べるような長い自己相関はなくなっていることがわかると思う．これによって Granger[99] や Perron[95] が指摘した事実が改めて本項でも確認できたと言える．

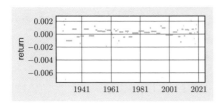

図 2.14　リターンの平均値の推移

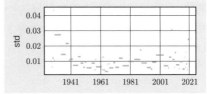

図 2.15　ボラティリティ（標準偏差）の推移

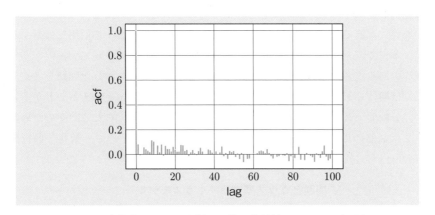

図 2.16　変化点によって分割した後の絶対値リターンの自己相関

 ## 2.2　**複数金融時系列の精度行列の変化点検知**

2.2.1　**複数銘柄とポートフォリオ問題**

X_T^i を銘柄 i の時点 1 から T までのリターンのデータ $x_{1:T}^i$ を表したベクトルとする．銘柄 i の期待リターンを $\mu_i = E[X^i]$ と表す．X_T^d を d 個の銘柄のリターンの時系列を列方向にスタックした行列とし，リターン行列と呼ぶ．同様に期待リターンをスタックしたベクトルを μ と表すことにする．リターン行列の中には前節同様に各銘柄の平均リターンと分散の情報が含まれるが，前節とは違いリターン行列の分散共分散行列（Σ）の中には銘柄間の共分散の情報も含まれる．

リターン行列から推定した銘柄毎の平均リターン（μ）と分散共分散行列（Σ）の情報は投資に役立てることができる．マーコウィッツの**ポートフォリオ構成**

問題[76], [92] とは達成したい期待リターン（ρ）に対してリスク（分散）を最小化する銘柄の購入割合（w）を計算する問題のことである[♠12]. マーコウィッツのポートフォリオ構成問題は次の式によって表される.

$$\widehat{w} = \mathrm{argmin}_{w \in R^d}\, w^\top \Sigma w \quad s.t. \quad w^\top 1_d = 1, \quad w^\top \mu = \rho \tag{2.12}$$

ここでベクトル w は各銘柄の購入割合である.

　平均リターンの計算は容易であるが，分散共分散行列（精度行列の逆行列）は銘柄数に対して十分に時点数を確保することが困難であるため一筋縄ではいかない. 本節では 4 章で詳しく解説する graphical LASSO を活用し分析するが，本書で紹介したもの以外にもさまざまな推定法が考案されている[76], [86]. 興味のある読者はそちらも参照されたい. また，ポートフォリオ問題を考える際には期待リターンと分散共分散行列は時間によらず一定と考えることが多いが，分散共分散行列の構造自体が変化することも当然考えられる. そのため本章では前節の単一金融時系列の変化点検知の多変量版として分散共分散行列（精度行列の逆行列）の変化点検知を試みる.

2.2.2　$d > N$ 問題とガウス型グラフィカルモデル

　まずいくつか仮定を導入する. 前節の単一金融時系列の分析と同様に $1 : T$ までの時系列データは K 個の重ならないセグメントに分割されるものとする. 各セグメントにおいてリターン行列は多変量正規分布

$$X_k \sim MVN(\mu_k, \Sigma_k) \tag{2.13}$$

に従うとする. 多変量正規分布は 4.2.3 項で詳細に解説するように指数族の分布であるため情報は完全に十分統計量である μ_k と Σ_k に保持される. よってこれらのパラメータが表現している複数銘柄のリターンの水準と分散共分散構造の変化点検知を試みることで前節と同様の分析が可能になる.

　多変量正規分布に注目する理由はもう 1 つある. 多変量正規分布においては分散共分散行列の逆行列（精度行列 $\Lambda := \Sigma^{-1}$）の値が 0 より有意に異なる箇所が $X_k^{1:d}$ の条件付き非独立の情報を反映する. つまり精度行列において有意に $\Lambda_{ij} \neq 0$ になる銘柄ペア i, j については条件付き非独立

[♠12]マーコウィッツもノーベル経済学賞を受賞している.

$$X_i \not\perp X_j | X_{k:k \neq i,j} \qquad (2.14)$$

が成立する．これは大変便利な性質で多変量正規分布の下では精度行列が有意に 0 と異なるペアを結ぶことでコンパクトに変数間の条件付き非独立の情報を表現できる．つまり，後述するようにネットワークとしてコンパクトに可視化できるのである．このようにして多変量データから無向グラフを構成したもののことを**ガウス型グラフィカルモデル**（Gaussian graphical model）と呼ぶ[132]．

　精度行列の推定は分散共分散行列の逆行列を推定する話に過ぎないため，銘柄数よりも時点数の方が圧倒的に多いのであれば（$d \ll N$），単に標本分散共分散行列

$$S = \frac{1}{N} \sum_{i=1}^{N} (X^i - \mu_i)(X^i - \mu_i)^\top \qquad (2.15)$$

を推定して逆行列を取るだけでガウス型グラフィカルモデルは構成できる．これは最尤推定値に対応する．しかし $d \ll N$ が成立しない（特に $d > N$）の場合 S は正定値性を満たさなくなり最尤推定値は役立たない．実際リターン行列の分散共分散構造に対して変化点検知を行うと銘柄数や変化点の位置によっては，$d \ll N$ の条件を満たすことが非常に困難になる．そのため 4.5 節で詳しく解説する通り正則化項を含んだ尤度関数を極大化する**グラフィカルラッソ**（graphical LASSO）問題として捉えることが多い．推定法については数学的導出を含め 4.5 節で詳しく解説するのでそちらを参照されたい．本節の精度行列は graphical LASSO によって推定されたものとする．

　さて，この時点でいくつか疑問点が浮かんだ賢明な読者もいるかもしれないので 2 点補足したい．まず本節で解説している枠組みではリターン行列は変化点を含んでいるものの各セグメント内ではリターンは独立同一分布に従うものとしてモデル化している．これは前節の単一の金融時系列に対して AR(1) モデルを用いて時系列構造を明示的に考慮した状況とは大きな違いである．しかしながら係数の低い AR(1) モデルと独立同一分布モデルではわずかな違いと見ることもできる．また図 2.5 で見た通り各セグメントの標本自己相関関数を見る限りでは，さほど複雑な時系列構造があるわけでもなさそうである．よって本分析の際には単に独立同一分布に従うものとして扱う．もう 1 点が多変

量正規分布の仮定である．前節でもデータを変換したことから明白なようにリターン行列そのものを多変量正規分布として捉えるにはリターン分布の裾野の長さを無視することになるので無理がある．よって前節で単一の金融時系列の際も変換を導入したようにリターン行列を多変量正規分布に変換する必要がある．この方法が次項で紹介するノンパラノーマル変換である．

2.2.3 ノンパラノーマル

ノンパラノーマル変換とは多変量データを多変量正規分布に変換する際に使われる手法である．ノンパラノーマル変換できるランダム行列をノンパラノーマル分布に属すると呼ぶ．正確な定義は次の通りである．

定義 2.1 ランダムベクトル $X = (X_{1:d})$ に対して，ある単調増加関数 $\{f_j\}_{j=1}^d$ を用いて変換した後のランダムベクトル $(f_1(X_1), \ldots, f_d(X_d))$ が多変量正規分布に従う時に $X = (X_{1:d})$ をノンパラノーマル分布に従うという．つまり $\exists f_{1:d} \quad s.t. \quad (f_1(X_1), \ldots, f_d(X_d)) \sim MVN(\mu, \Sigma)$ が満たされる時に $X \sim NPN(\mu, \Sigma, f)$ と書き，X はノンパラノーマル分布に従うという[90]．

ノンパラノーマル変換の良さは条件付き独立の情報が保持されることである．つまり X がノンパラノーマル分布に従い $X \sim NPN(\mu, \Sigma, f)$，$f_i$ が微分可能であれば $\Lambda_{ij} = 0 \Leftrightarrow X_i \perp\!\!\!\perp X_j | X_{ij}$ が成立する．

それでは関数 $\{f_j\}_{j=1}^d$ はどう定めればよいか．これについては色々あるが[90] ここでは最も基本的な変換法である経験的累積分布関数を用いた方法を紹介する[89]．多変量正規分布に変換するには前半の単一金融時系列分析の時と同様に累積分布関数を通じて正規分布に変換する方法が考えられる．つまりで Φ を標準正規分布の累積分布関数とした場合に

$$h_j(x) = \Phi^{-1}(F_j(x)) \tag{2.16}$$

を用いるということである．ここで F_j の推定値として直感的なものが次元毎の経験分布

$$\widehat{F_j}(x) = \frac{1}{N} \sum_{i=1}^{N} 1_{X_j^i \leq x} \tag{2.17}$$

である．これを直接用いると推定バリアンスが高いことがわかっているので，次のようにある値よりも上と下は切断する分布を定義することにする．

$$F_j(x) = \begin{cases} \delta_N & \text{if} \quad \widehat{F_j}(x) < \delta_N \\ \widehat{F_j}(x) & \text{if} \quad \delta_N \leq \widehat{F_j}(x) \leq 1 - \delta_n \\ 1 - \delta_N & \text{if} \quad \widehat{F_j}(x) > 1 - \delta_N \end{cases} \tag{2.18}$$

この切断を定めるパラメータ δ_n を高くするとバイアスが増え，低くすると推定バリアンスが増えることになるというトレードオフがあることがわかっている．最適なパラメータ設定はさまざまな決定の仕方があるが，Liu[89] では

$$\delta_N = \frac{1}{4N^{1/4}\sqrt{\pi \log N}} \tag{2.19}$$

を用いることを推奨している．これらを用いてノンパラノーマル変換

$$f_j(x) = \mu_j + \sigma_j h_j(x) \tag{2.20}$$

を定義する．ここで μ_j と σ_j はそれぞれ平均と標準偏差である．この変換を用いた後で graphical LASSO の問題に落とし込むのが本節のアプローチである．繰り返しになるが，この変換は条件付き独立の情報が保全されるのがポイントである．

2.2.4 精度行列の変化点検知

前項で変換した時点 1 から N までのリターン行列の変化点検知を試みる．ここでは Londschien[91] の検知法を採用する．各セグメント内ではリターン行列は $(\mu_k, \Sigma_k := \Lambda_k^{-1})$ の多変量正規分布に従うとする．変化点の集合は

$$\alpha^0 := \{0, N\} \cup \{k : (\mu_k, \Sigma_k) \neq (\mu_{k+1}, \Sigma_{k+1})\} \tag{2.21}$$

で表す．ここで $L_N((u,v))$ を時点 u から始まり v で終わるセグメント内の損失関数とし負の対数尤度を用いて計算する．単に損失関数を最小にする変化点を導出したければ全ての時点において変化点が起きていると考えればよい．そのためセグメントの長さの最小値をコントロールするパラメータ δ を導入して，各セグメントは δN より必ず長くなるようにし，全体の損失関数にペナルティ項 γ を導入する．以上を全て考慮すると変化点検知の問題は

$$\alpha^0 = \text{argmin}_{\alpha \in A_{N,\delta}} \sum_{j=1}^{|\alpha|-1} L_N((\alpha_{j-1}, \alpha_j]) + \gamma \tag{2.22}$$

で表現される．この問題は動的計画法を用いることで $O(N^2)$ で計算すること
ができるが，計算量軽減のためバイナリ分割を行うこともできる．そのために
ある分割 (u, v) において分割点 s を新たに発見した場合のゲインを

$$G_N^{(u,v)}(s) := L_N((u, v]) - (L_N((u, s]) + L_N((s, v])) \tag{2.23}$$

とする．これらの表記を用いるとセグメント (u, v) の中で新たに変化点を検知
する問題は

$$\alpha_{(u,v]} := \mathrm{argmax}_{s \in \{u+\delta N, \dots, v-\delta N\}} G_N^{(u,v]}(s) \tag{2.24}$$

と書ける．この考え方は 1.4.2 項と 1.4.6 項で解説した発想とよく似たもので
ある．

1 つの変化点を探す場合は $\alpha_{(0,N)}$ を解き，ゲイン $G_N^{(0,N)}$ が γ より大きけ
れば変化点を無事検知したことになる．複数の変化点を探す場合は過去から
未来に向かって条件が満たされる分割を再帰的に探すことになる．損失関数
$L_N((u, v))$ は graphical LASSO によって推定された精度行列を用いて評価す
る．graphical LASSO 時のペナルティ項 λ については分割長の逆数のルート
にスケールするものとする．つまり $\lambda = \sqrt{\frac{N}{v-u}} \lambda_0$ と設定する．ハイパーパラ
メータの設定法については Londschien [91] を参照されたい．

2.2.5 S&P500 構成銘柄の精度行列の変化点検知

本項では S&P500 の構成銘柄のうち 2010 年 6 月 16 日から 2021 年 3 月
30 日まで 1 日もかけることなく株価を取得できる 450 銘柄に絞って分析す
る♠13．総取引日数は 2717 日なのでリターン行列は 450 × 2716 になる．こ
のリターン行列に対してノンパラノーマル変換をかけた後に前項の変化点検知
の手法を適用する．結果としては 6 個（2013 年 4 月 8 日，2014 年 5 月 6 日，
2015 年 6 月 19 日，2016 年 9 月 16 日，2017 年 10 月 16 日，2020 年 1 月 15
日）変化点が検知される．本章の前半で推定した S&P500 インデックスの分
析では同時期に 13 個（2010 年 12 月 6 日，2011 年 2 月 23 日，2011 年 12 月

♠13S&P500 の構成銘柄は https://github.com/datasets/s-and-p-500-companies
のものを利用した．本節ではこのティッカーシンボルをもとに yfinance でダウンロー
ドしたものを分析している．変化点検知の実装は Londschien [91] らが公開している
https://github.com/lorenzha/hdcd を用いた．

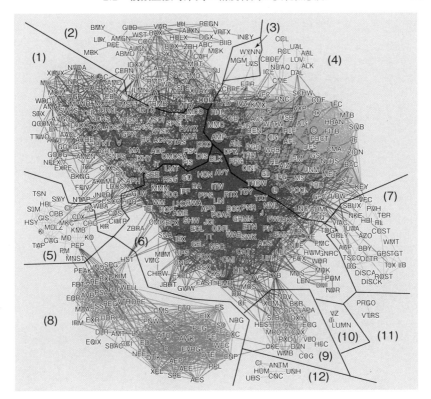

図 2.17 各時期のエッジの総和

22 日, 2014 年 4 月 21 日, 2014 年 9 月 23 日, 2016 年 7 月 12 日, 2018 年 1 月 29 日, 2018 年 5 月 14 日, 2018 年 10 月 11 日, 2019 年 1 月 8 日, 2019 年 10 月 17 日, 2020 年 1 月 27 日, 2020 年 11 月 9 日) 変化点が検出されている. 単一金融時系列の分析と比べると精度行列の変化を引き起こしたイベントが何であるかを明確に論じるのが難しい部分があるが, サブプライムローン問題の時期や COVID-19 の時期 (2020 年 1 月 15 日と 2020 年 1 月 27 日) など明確に似ているところもあることがわかる. これ以外にどのような変化が含まれているかはガウス型グラフィカルモデルの強味を生かしてネットワークとして可視化するのがよさそうである.

　まず全体的な推定結果を見るために各セグメントで推定されたガウス型グラ

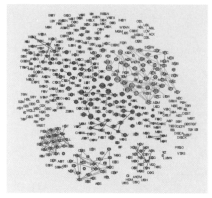

図 2.18   2010-6-16〜2013-4-8

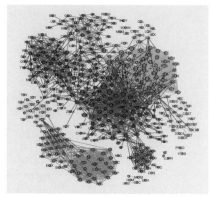

図 2.19   2016-9-16〜2017-10-16

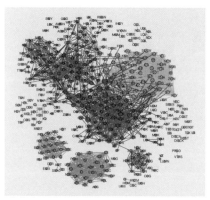

図 2.20   2017-10-16〜2020-1-15

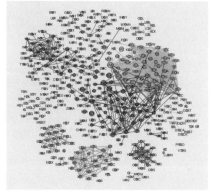

図 2.21   2020-1-15〜2021-3-31

フィカルモデルの累計値を描画したネットワークを確認する（図 2.17）. ここでエッジの重みは精度行列の絶対値の総和になっている. 色分けは標準的なコミュニティ抽出法であるモジュラリティ最大化を用いて計算して[75], 位置はNowack の対数ばねモデルによって決定したものである[93]. 各ノードの上に書いてある記号は銘柄のティッカーシンボルを表している♠14.

　このネットワーク図において左下の (8) には送発電など関わるエネルギー系

♠14 "ticker MSFT"などと検索すれば MSFT に対応する企業名を確認できる. また, カラー版は著者のホームページ（rhisano.com/）で確認可能である.

の会社が多いことがわかる（EVRG：Evergy Inc，EIX：エジソン・インターナショナル）．また，(8) に分類されているもう 1 つの塊は不動産投資信託の銘柄が多い（PEAK：Healthpeak Properties Inc，O：リアルティ・インカム）．その左上の (5) の塊にはペプシコ（PEP）やフィリップモリス（PM）などの食料品やたばこが 1 つのコミュニティを構成している．そしてその上にある大きい (1) の塊ははいわゆる IT 企業（GOOG：Google，AMZN：Amazon，AAPL：Apple）がかたまっている．さらに上の方の (2) にいくと先端医療系の企業がいる（ALGN：Align Technology，EW：Edwards Lifesciences）．IT の右に位置する (4) のコミュニティには金融系が多い（GS：ゴールドマンサックス，C：シティグループ，MS：モルガンスタンレー）．その下の (6) のコミュニティには重工業が多いように見える（GE：ゼネラル・エレクトリック，CAT：キャタピラー）．ことほどさように業種毎に株価が連動していることが確認できると同時に業種が近いコミュニティ間の銘柄が連動している様子も確認できる（医療と製薬，重工業と資源など）．

　次に各時期における推定結果を見ていきたい．図 2.18〜2.21 に各セグメントの結果を描画した．それぞれ 2010 年 6 月 16 日から 2013 年 4 月 8 日まで，2016 年 9 月 16 日から 2017 年 10 月 16 日，2017 年 10 月 16 日から 2020 年 1 月 15 日まで，2020 年 1 月 15 日から 2021 年 3 月 31 日に該当しているものである．この図を見てぱっと気付く点が何も同じ業種であろうと常に連動しているわけでもないことである．無論 (9) の資源の業界のようにどの時期を見ても比較的安定しているところもある．しかしながら全体的にその傾向が強いわけではなさそうである．また，左の (8) にあるエクイニクス（EQIX）はデータセンターの企業である．これが不動産投資信託の銘柄のコミュニティに近いところにいるのは一見すると不思議であるが，図 2.20 においてデジタル・リアルティ（DLR）と連動しているからである．このデジタル・リアルティはデータセンター業にも参入しているためエクイニクスの競合であるのは間違いないのであるが♠15，その反面，社全体としては不動産投資管理会社であるためその他の不動産投資信託の銘柄と連動するのである．同様にアパレルメーカーであるギャップ（GPS）とラルフローレン（RL）は図 2.19 において連動してい

♠15エクイニクスはデジタル・リアルティの取引先の 1 つでもあるようである．

ると判定されているが，常に連動しているわけではないためコミュニティとしては別のものに所属している[16]．このように実際のリターンの相関から出した相関構造は大枠では業界毎に分かれるが，個別事情もあるため分析することで初めて見えることもある．また，安定して連動してる銘柄ペアもあればある時期だけ連動するものもある．

　最後にポートフォリオ問題に対して本節から得られた分析を適用する方法について補足する．全期間を分けずに精度行列を推計するものと比べて本節の分析のように妥当な期間に分けることで持続するエッジにのみ関心を絞ることが可能になる．また，他にも本節で紹介した枠組みの発展として Wang[101] のようにオンラインで（過去から未来に向かって）株式のガウス型グラフィカルモデルを推定・更新する方法も考案されている．しかしこれらの方法はどちらも新規銘柄が出てくる可能性を考慮していない．Google は 2004 年に上場した企業であり，図 2.17 で Google の右上に位置する Fortinet（FTNT）は 2009年に上場した企業である．こうした新規銘柄を無視してよいのであればポートフォリオ問題は楽なのであるが，新興株の方が勢いがある場合もある．本節では比較的分析期間を長くするために 450 銘柄に絞ったが，もしかしたら一番収益性があるのはそもそも分析すらしなかった残りの 50 銘柄の中にあったのかもしれない．ことほどさようにポートフォリオ問題をもとに現実的に投資しようとするとそうした泥臭い事情にも気を付けなければいけない．しかし，そうした計算をする際にも本節で学んだ $d > N$ 状態での精度行列の推定や変化点検知から学べる知識はあると思う．これらの知識を出発点として読者も現実のポートフォリオ問題に挑戦してみるのもよいのかもしれない．

2.3　株式所有ネットワークの変化点検知

2.3.1　株式所有とコーポレートガバナンス

　コーポレートガバナンス（企業統治）とはステークホルダー（利害関係者）にとって望ましい企業経営を経営者に規律付けるための仕組みである．コーポレートガバナンスと一言でいっても米国と日本では事情が少々異なる．米国

---

[16]図 2.19 に見られるが，ベストバイ（BBY）など家電量販店もこのコミュニティに属している．

におけるコーポレートガバナンスは主として株主の利益（シェアホルダーバリュー）を最大化することを主な目標としている．株主利益最大化を目標に社外取締役を通じた株主による経営者の監視や経営者報酬に関するインセンティブスキームなどさまざまな制度が作られてきた．

それに対して日本では従業員や取引先などステークホルダー全体の利益を最大化することを重要としてきた．株式を売却してしまえば縁が切れてしまう株主の利益を最大化するだけでは社会にとって望ましくない乖離が生じる可能性がある．そのためステークホルダー全体の利益（ステークホルダーバリュー）を最大化しようとするものである．数値目標としては企業成長に焦点を当てることが多い．こうした考えを背景に日本ではメインバンク制や系列企業システム，株の持ち合い構造など米国とは異なる独自のシステムが作られてきた．

しかし，日本型コーポレートガバナンスは金融グローバル化によって変化を余儀なくされている．日本企業に対する海外投資家の株式所有比率が増えた結果，日本では国際標準（グローバルスタンダード）に合わせるための制度変更が進行している．具体的には機関投資家による企業経営への参画（スチュワードシップ・コード）や上場規則（コーポレートガバナンス・コード）[♠17]の導入などが挙げられる．コーポレートガバナンスの議論に関心がある読者は和書なら花崎[104]．本格的に学びたいならノーベル経済学賞も受賞した Tirole の教科書[100] を参照されたい．

本節では米国型のコーポレートガバナンスを念頭に説明するが，日本と米国共に株主は基本的には 1 株あたり 1 票の議決権を持つことになる[♠18]．株式を全体 5% 以上保有すると大株主に分類される．米国ではさらに 10% 以上保有すると法律的にインサイダー規制の対象にもなる．

こうした大株主の存在はコーポレートガバナンスにとって良いとする研究がある[98]．大株主の側から見れば企業経営が上手くいくことは自らの利害にも直接関係することである．そのため企業経営を監視し経営陣に適切なアドバイスをすることはコストを払ってでも実行するメリットがある．大株主が企業に対して影響を及ぼせる行動は大きく分けて発言（voice）と退出（exit）に区別できる．発言とは直接経営陣と面談して意見を述べることや株主総会で株主提

♠17東京証券取引所が定めた上場規則は 2015 年 6 月に全上場企業に対して適用が始まった．
♠18日本の場合は会社法 308 条で定められている．

案を提出することによって行われる．退出とは株式の売却のことである．大株主が大量に株式を売却するとしばしば価格が下落することになる．それは経営者の側から見れば株式による資金調達を困難にし，株価の低迷が続けば経営責任を取らされることになる．これらの強制力をもって大株主は経営者に対して企業経営の改善を促すことができるのである．この強制力の有効性は反対の小口の株主が多数を占めている状況と比較するとより明解に理解できる．小口の株主が多数を占めている場合，それぞれの株主はしばしば他の株主がコストを払って適切に企業を監視しているだろうという判断をし，まじめに企業経営を監視しなくなる．いわば社会的手抜きによってフリーライダーになり下がってしまうのである．その結果，経営者側から見れば株主は名ばかりの軽視できる存在になり，社会にとっての望ましい価値とは別に好き放題に経営できるようになるのである．ことほどさように株式の大規模所有とコーポレートガバナンスは密接に関係している．

　株式所有の情報は株主と株式それぞれをノードとし（株式を発行している企業が株主になることもある），株式所有を重み付きエッジ（割合で定義）とすることで**株式所有ネットワーク**として表現できる．図 2.22 は 2016 年 10 月時点の米国株所有ネットワークである．これは Reuters から購入したデータセットにある全株式保有レコードのうち，(1) 米国株の保有レコード，(2) 企業名はドメイン（ウェブサイト）が同じなら 1 つにまとめ，(3) 0.01% 以上の保有記録が 3,000 以上存在しているオーナーと銘柄に制限した後に 5% 以上の保有レコードをエッジとすることで構築した重み付きネットワークである．小さいノードはその大半が他の企業の大株主になっていない株式である．

　図 2.22 を見ればわかる通り一部の投資信託やファンド，資産運用会社（フィデリティ，バンガード，ブラックロック）がほぼ全ての株式を保有しているという状況が発生している（ノードの大きさは出次数に比例している）．これは非常に珍しい状況で Davis によると近い状況が起きたのは世界恐慌よりもさらに前の時代（1890 年～1912 年）である[78]．この時期は JP Morgan を始めとしたニューヨーク系の銀行がほぼ大半の株を保有するという状況が生じていた．しかし 1910 年代に入ってから独占禁止（反トラスト）の観点からそうした銀行に対する風当たりが強くなってきた．米国における重要な反トラスト法の 1 つであるクレイトン法が制定されたのもこの時期である（1914 年）．ま

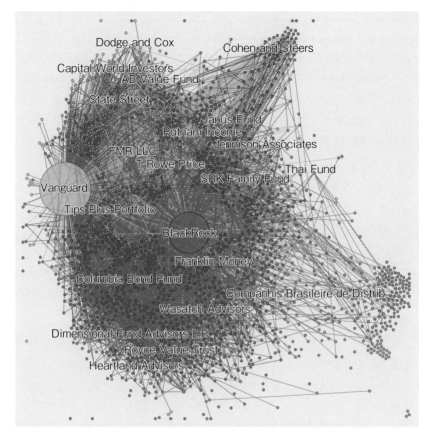

図 2.22 2016 年 10 月の所有ネットワーク

た,「狂騒の 20 年代(roaring twenties)」とも呼ばれる 1920 年代に入ると一般層が株を保有することが増えてきた♠19. それに伴い銀行の大規模保有傾向は薄れていった. 20 世紀の後半は世界的に一般層の株式所有が減少し,機関投資家の株式所有が増加する傾向にはあったが,それにしても図 2.22 の状況は異常である.

　Davis は 2008 年に発表した論文でこうした状況♠20を 1910 年代の状況が金

♠19そして世界恐慌に至る.

♠20Davis は正確にはフィデリティなどの投資信託を対象に議論している. それに対して本節では Fichtner[79] と同様にパッシブインデックスファンドを議論の対象にしている.

融資本主義（finance capitalism）と呼ばれていたことにあやかって新金融資本主義（new finance capitalism）と呼んだ[78]．後述するが 2008 年時点ではフィデリティ投資信託が支配的で，こうしたあくまでも一時的な傾向かもしれないと Davis は述べていたが[78]，その傾向は図 2.22 の通り 2016 年時点では変わっていないようである．それではこの傾向はいつ始まったのであろうか．本節では 1997 年から 2016 年までの約 20 年分の株式所有データとネットワークの変化点検知を通じてこの論点を分析する．

2.3.2　ネットワークの変化点検知

　本項では**ラプラシアン異常検知**[83] という手法を用い株式所有ネットワークを分析する．この手法は，1.7 節で詳しく解説したネットワーク異常検知の手法と同様にスペクトラムに注目して変化点検知を行うものである．異なる点は1.7.1 項では相関行列に注目していたのに対し本項では**グラフラプラシアン**に注目することにある．株式所有ネットワークの時点 t における隣接行列を A_t とし，D_t を各ノードの重み付き次数を対角に記した行列とする．この時グラフラプラシアンは

$$L_t := D_t - A_t \tag{2.25}$$

で定義される行列である．グラフラプラシアンのスペクトラムにはネットワークに関する多くの情報が含まれている[77]♠21．

　各時点のネットワークのグラフラプラシアンの上位 K 個の特異値をそのネットワークの埋め込みベクトル v_t とする．この埋め込みベクトルを規格化した後に過去のネットワーク埋め込みベクトルの情報をまとめることでコンテキスト行列

$$C := [v_{t-l}, v_{t-l+1}, \ldots, v_{t-1}] \tag{2.26}$$

を定義する．ここで l は過去に遡る幅を定めるウインドウである．このコンテキスト行列をさらに特異値分解して左の特異値ベクトルを計算することで過去の挙動から予想される時点 t の埋め込みベクトル $\widehat{v_t}$ を計算する．

　異常スコアは時点 t の実際の埋め込みベクトル v_t とコンテキスト行列から予想されたものを比較することで計算する．具体的に異常スコア Z は

♠21ネットワーク上での拡散問題やラプラス作用素とも関係する．この関係については Shalizi[97] を参照されたい．

$$Z = 1 - v_t^\top \widehat{v_t} \tag{2.27}$$

で計算する．これによって各時点における異常スコア $Z_1, \ldots, Z_t$ は計算できる．変化点スコア

$$\widehat{Z_t} = \min\{Z_t - Z_{t-1}, 0\} \tag{2.28}$$

は式の通り時点間の異常スコアの変化値とする．この手法の良さは（時間・空間）計算量の少なさにある．特に疎なネットワーク（疎行列）に対して上位 K 個の特異値は素早く計算する方法がいくつも確立されている．そのため大規模ネットワークであっても簡易に計算できる利点がある．ハイパーパラメータである K については 50 とした．

2.3.3 米国株式所有ネットワークの変化点検知

図 2.23 に検出された変化点の全てを掲載した．破線で記したものが l の値を半年に設定した短期の変化を表しており実線は l の値を 2 年にした長期の変化を捉えている．アラートがたった時をまとめると 2004 年 7 月，2006 年 1 月，2006 年 4 月，2012 年 1 月である．まず，データの初期における株式所有ネットワークを確認したい．図 2.24 にある通り 1997 年 1 月時点では，所有の一極集中はまだ起きているように見えない．確かにフィデリティ（FMR LLC）は大きいが，他の時期と比べるとまだ存在感は薄い（ノードの大きさは前述の通り次数に比例している）．次に最初の変化点が検出された 2004 年 7 月に注目したい（図 2.25）．この時期の真中の少し右上に注目するとブラック

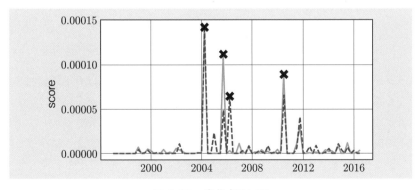

図 **2.23** 変化点スコア

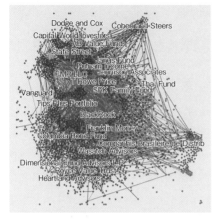

図 2.24　1997 年 1 月

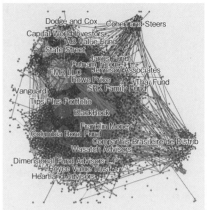

図 2.25　2004 年 7 月

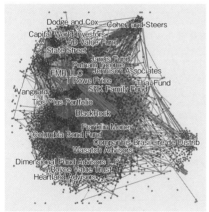

図 2.26　2006 年 1 月

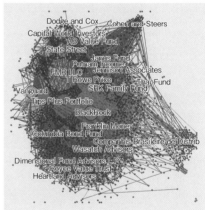

図 2.27　2012 年 1 月

ロックが台頭していることがわかる．もう 1 点変化があるのは右下の銘柄（ブ
ラジル系企業でニューヨーク証券取引所に上場しているものが多い）に対する
所有がなくなっていったことである．2006 年 1 月期の株式所有ネットワーク
はその直前のものと比較してバンガードが明確に存在感を出すようになってい
る（図 2.26）．他にもフィデリティが大きくなってきていることも特筆に値す
る．そして最後の 2012 年 1 月においてはブラックロック，バンガードがます

ます存在感を増した時期であると特徴付けられる（図 2.27）．ことほどさように ラプラシアン変化点検知はキープレイヤーの台頭のタイミングを変化点とし て検出しているようである．

　比較的単純なメソッドを適用しているため見た目通りの簡単な変化を検出し たという印象を受けるかもしれないが，この分析結果は非常に興味深い．なぜ なら一般的に株式所有が一部のパッシブインデックスファンドに集中するよ うになったのは 2008 年の世界金融危機以降と説明されることが多いからであ る[79]．しかし，この分析結果によるとそのはるか前からフィデリティからブ ラックロックへの大規模所有の移行は始まっており，2008 年前後は比較的変 化は少ない．また，ブラックロック，バンガードの 2 社が本格的に存在感を増 すようになったのは 2012 年からのことのようである．もちろん 2012 年は世 界金融危機（2008）年より後であるため，世界金融危機以降という言い方は決 して間違えてはいないが，変化点検知を試みることで，定量的に動的な関係変 化が生じたタイミングを捉えられたことは特筆に値する．

　参考までに所有の一極集中度合いの時間変化に関する分析結果も合わせて掲 載した．図 2.28 は各時点の株式所有の経験累積分布関数を両軸対数プロット で描画したものである．最も線が薄いのが 1997 年 1 月であり最も線が濃いの

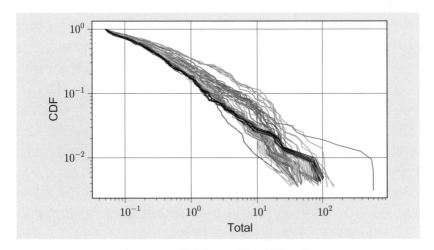

図 2.28 株式所有の総和の累積分布

が2016年10月である．経験累積分布関数を両軸対数プロットとした場合は
その傾きがゆるやかになればなるほど一極集中度合いが高い（ジニ係数が高
い，べき指数で説明するなら低い）ことになる．見てわかる通り時間が経つに
つれ累積分布関数の傾きはゆるやかになっている．つまり，一極集中度合いが
高まっていることが見て取れる．

　最後にコーポレートガバナンスについて補足する．独占は公正な市場競争を
阻むものではあるが，一部の企業が多数の企業の大株主になること自体は必ず
しも悪いことではない時がある．実際19世紀末から20世紀の初頭において
JP Morganを始めとした銀行が大株主になっていた時代では，鉄道や重工業
において不要な競争が起きないように上手く調整弁としての役割を果たしてい
たとの見方もある[78]．また，市場の評価という観点からもJP Morganが保
有していた銘柄はそれだけで人気がありプレミアムが付いていたとの話さえあ
る[78]．

　そうはいっても銀行である19世紀末から20世紀の初頭のJP Morganとは
わけが違うかもしれない．特にブラックロックやバンガードは積極的に経営に
口出ししていくタイプのアクティブファンドとは異なり，S&P500に代表され
るようなインデックスの構成銘柄をまねて購入するパッシブインデックスファ
ンドである[79]．そうしたパッシブインデックスファンドが大規模に株式を保
有している企業全てを詳細に把握して，退出ではなく発言を通じて各企業に注
文を付けることは難しい．できるとしたら企業に不祥事があった際に後だし的
に退出することかもしれないが，冒頭で説明したようなコーポレートガバナン
スの重要性を踏まえると社会にとって現状が望ましいのかは疑問が残るかもし
れない．

　冒頭で述べたように株式所有はコーポレートガバナンスと深く関係する．ま
た，近年では近年の企業は経営責任もESG（環境・社会・ガバナンス）などコ
ンプライアンス（法令順守）や環境の観点から幅広く責任を求められるように
なってきている．大規模所有ネットワーク分析はコーポレートガバナンスの一
側面でしかない．しかしコーポレートガバナンスの重要性など社会的背景も踏
まえると株式所有ネットワークを変化点分析を通じてモニターすることが一層
興味深いものに感じられると思う．

2.4 ま と め

　本章では変化点検知の応用例として株価と株式所有ネットワークを対象にした分析を紹介した．変化点検知や異常検知を金融や経済データに適用する際には自然科学や工学で応用する時と比較すると少し事情が異なることがある．例えば投資家が変化点検知や異常検知を適用する際にはフォルスアラーム（誤って変化点や異常を検知すること）がある程度あっても問題はない．あまりにも高頻度で変化点や異常値を検知されると面倒かもしれないが，市況が変化したタイミングを逃すよりは，ある程度誤りが含まれていたとしても投資戦略を見直すきっかけをつかむことは重要だからである．それに対して政府や中央銀行が変化点検知や異常検知を適用する場合は事情が異なる．公的機関が変化や異常があるという見方をしているという事実だけでも投資家や一般人に影響を与える可能性がある．また，投資家などのプロであればフォルスアラームを適度に無視できるかもしれないが，一般人は過剰に反応し，逆に真に重要な変化点や異常を見過ごしてしまうことがあるかもしれない．ことほどさように変化点検知や異常検知を金融や経済データに適用する場合は適用例によってどの程度フォルスアラームが許容されるかは異なる．実データを分析する際はそうした個別事情も踏まえて分析することが求められる．

　近年デジタル化が進む中でさまざまなデータをリアルタイムで入手できるようになってきている．これは株価や為替のデータなど従来からあったデータのみならず，GPS データや SNS データなどその種類も多様である[22]．こうしたデータをリアルタイムで分析することで誰よりも早く異常や変化を検知することができるようになるかもしれない．それは社会問題や需要変化の早期発見につながるためその経済的価値は容易に想像できると思う．そのため変化点検知や異常検知は今後ますます重要になると考えられる．本章は比較的標準的なデータを用いて一般的な分析を解説したものであるが，願わくば本書を読んだ読者が執筆陣が思いも付かなかったような新規性のあるデータに対して，革新的な技術を適用する研究やビジネスが生まれることを期待したい．

---

[22]金融の世界ではこうして新たに分析可能になったデータのことをオルタナティブデータと呼ぶ．

変化検知の教育分野への応用 3

　本章では，変化検知の教育分野への応用について紹介する．近年，教育分野への ICT 環境整備が進み，**デジタル学習環境**を利用した教育が行われるようになった．デジタル学習環境とは，授業や科目などをコースとして管理し，出欠管理や教材の配布，課題の提出，小テストの実施などを行う学習管理システム（learning management system，あるいは e-learning system と呼ばれることもある）[106], [107] に代表される教育システムである．学習者は情報端末（タブレットやノート型 PC など）を利用してデジタル学習環境にアクセスし，教材へアクセスしたり，課題に取り組んだり，テストを受験したりする．アナログ環境（ここではデジタル環境を利用しない学習環境をアナログ環境と呼んでいる）と違い，デジタル環境を利用することで，システムには学習の過程やその成果がアクセスログあるいは成果物データとして記録されるようになる．このようなデータは**学習活動データ**，あるいは**教育データ**と呼ばれ，近年ではデータに基づく教育・学習の分析や評価，改善などへの利用が期待されている．

　本章では，デジタル学習環境に収集される学習活動データや，学習活動データの活用事例について概説した後に，変化検知の適用事例について解説する．また，異常検知に基づくデジタル教材の閲覧行動パターン分析についても解説する．

3.1　クリックストリームデータの変化検知

3.1.1　デジタル学習環境に収集される学習活動データ

　デジタル学習環境とは，学習管理システム[106], [107] やデジタル教材配信システム[108] などに代表される ICT を活用した学習環境の総称である．これらの学習環境には，ユーザ，つまり学習者や教師がシステムにアクセスをして，

何らかの活動を行う度にその記録が残される．このようなログは，学習活動データと呼ばれることが多いが，システム利用の一連の履歴情報という観点から**クリックストリームデータ**と呼ばれることもある．

　学習管理システムに記録されるクリックストリームデータは，例えば，システムへのログイン，学習コースへのアクセス，コース内でデジタル教材を開くなどの活動に基づくものであるが，これらの学習活動は比較的疎な時間間隔で記録される．一方，デジタル教材配信システムでは，デジタル教材を開く，ページを遷移する，ページ内にメモを残す，ページをブックマークする，ページ内の文字にハイライトするなど，比較的密な時間間隔で学習活動が記録される．いずれのシステムに記録される学習活動ログもクリックストリームデータという点では共通であるが，学習管理システムの場合は授業期間全体を通しての学習活動分析や，週毎の活動分析などの比較的長い期間を想定した分析に利用されることが多い．一方，デジタル教材配信システムの場合は，長期間の分析にも利用できるが，それに加えて，授業時間中などの特定の時間帯に焦点を絞っての分析にも利用できる．その理由は先述したようにクリックストリームデータの時間密度に起因する．つまり，学習活動を分析するためには，ある程度まとまった量のデータが要求されるため，各種分析技術を適用する前にデータの量や時間密度についても十分に検証，検討を行っておく必要がある．

3.1.2 学習活動データ分析の基本

　クリックストリームデータからの変化検知の詳細については次項以降で解説することとし，ここでは学習活動データを分析する際の基本処理技術や，その結果を応用した分析事例について簡単に紹介する．表 3.1 は，デジタル教材配信システムに記録されるアクセスログの一例である．利用者を識別するコード（User），教材を識別するコード（Material），教材操作により生じたイベント内容（Operation），イベントが生じた教材内のページ番号（Page No.），イベントが発生した日（Date），イベントが発生した時刻（Time）などから構成される．学習管理システムに記録されるアクセスログも基本的には同様の構成である．デジタル教材配信システムの場合は，同一教材に対する同一利用者のイベントを追跡することで，教材の閲覧状況を知ることも可能である．例えば，表 3.1 の 2 行目のイベントは，利用者 "X" が教材 "Material A" のページ "1"

表 3.1　デジタル教材配信システムに記録されるクリックストリー
　　　　 ムデータの例

User	Material	Operation	Page No.	Date	Time
X	Material A	OPEN	1	2014/10/15	9:01:09
X	Material A	NEXT	1	2014/10/15	9:01:12
X	Material A	NEXT	2	2014/10/15	9:03:20
X	Material A	NEXT	3	2014/10/15	9:05:19
X	Material A	PREV	4	2014/10/15	9:07:08
X	Material A	NEXT	3	2014/10/15	9:10:30
X	Material A	CLOSE	4	2014/10/15	9:10:43
Y	Material A	OPEN	1	2014/10/15	9:00:10
Y	Material A	NEXT	1	2014/10/15	9:00:12
Y	Material A	CLOSE	2	2014/10/15	9:10:20
Y	Material B	PREV	25	2014/10/29	10:05:35
Y	Material C	NEXT	2	2014/11/19	8:52:47
Z	Material D	NEXT	9	2014/11/12	9:31:30

で次のページへ移動するためのボタン "NEXT" を押したということを意味し
ており，その時刻は "2014 年 10 月 15 日の 9 時 1 分 12 秒" である．次の行の
イベントも同様の記録であるが，イベントが生じたページ番号がページ "2" で
あることがわかる．したがって，これらの連続するイベントの時間差分を計算
すると，この利用者は，2 分 8 秒間にわたり，教材のページ "2" を閲覧してい
たと見なすことができる．

　図 3.1 は，閲覧時間の集計結果例である．先に述べた方法で，ある教材の
ページ毎の閲覧時間を計算し，それを教材全体で集計することで，教材の閲覧
時間を把握することが可能である．このグラフでは横軸を利用者として，利用
者毎の閲覧時間を表示しているが，あるコースを受講している利用者で集計を
したり，あるいはページ毎の閲覧時間に分解して集計したりすることも可能で
ある．閲覧時間の他にも，ページに記録されたブックマークやハイライト，メ
モの総数などについても簡単な集計処理により利用者に結果を提示することも
可能である．

　クリックストリームデータを利用した別の事例を紹介する．図 3.2 は，ク

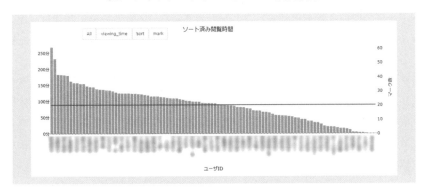

図 3.1 ある教材に対する閲覧時間の利用者毎の集計結果例. 横軸
は各利用者, 縦軸は閲覧時間に対応.

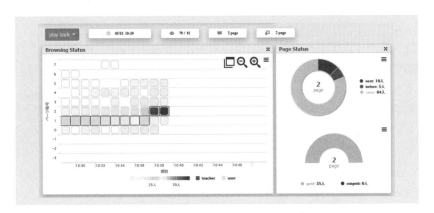

図 3.2 学習ダッシュボード. 授業で利用された教材のアクセス
状況を分析し, ページ毎のアクセス人数を分単位でヒート
マップとして可視化（左）. 教師の説明ページと利用者の閲
覧ページの差異から, 先を見ている利用者, 同じページを
見ている利用者, 前のページを見ている利用者の割合を表
示（右上）. ページに対する反応ボタン（「わかった」「わか
らない」）の割合を表示（右下）.

リックストリームデータをリアルタイム分析し, 教材の閲覧状況をヒートマッ
プとして提示する学習ダッシュボード[109], [110] の例である. 授業で利用され
ている教材にアクセスしている受講者（利用者）の教材へのアクセス状況から,

ページ毎の閲覧者数を集計することが可能である．閲覧者を単位時間毎（例えば 1 分毎など）に集計すれば，授業進行中であっても利用者全体の状況を把握することが可能になる．

　クリックストリームデータから得られるさまざまな学習活動の履歴データを活用した他の事例には，学習活動の可視化分析[111]，成績予測[112]，要約教材生成[113], [114]，関連教材推薦[115] などさまざまあるが，それらの詳細については他書や文献に委ね，以降ではクリックストリームデータの変化検知に焦点を絞って紹介する．

3.1.3　クリックストリームデータからの変化検知の流れ

　教育分野においてクリックストリームデータから変化検知を行うことは，各学習者の学習時の活動の変化が，他の学習活動や学習成果にどのように関係しているのかを分析する際に有用である．例えば，学習活動が極端に減少した事象を発見できれば，その前後の授業の実施状況や当該学習者の他のコースでの学習活動状況などを調査し，原因の特定を行いやすくなる可能性がある．また，学習活動が何らかのきっかけで増加する傾向を発見できれば，どのような介入が学習活動の向上に寄与するのかなどの効果検証を行うことも可能になる．

　本章で紹介する変化検知手法の概要は次のように整理できる．まず，各学習者の学習活動，すなわちクリックストリームを確率モデルで表現する．その際に，変化が生じていないと仮定したモデル「変化なしモデル」と，ある時点で変化が生じていると仮定したモデル「変化ありモデル」をそれぞれ用意しておく．次に，最尤法に基づいて各モデルに適合するパラメータの推定を行う．これらのモデルは学習者毎に生成され，どちらのモデルがより学習者の学習活動を表現できているかどうかを検証することで，変化なしモデルか変化ありモデルのいずれかのモデル選択を行い，変化ありモデルが選択された場合を変化と捉える．

　N を学習者の数，i をある特定の学習者を識別する記号，$t = 1, 2, \ldots, T$ を離散時間と定義する．t は例えば日毎，時間毎などの時間スケールで自由に設定可能な離散時間表現であるが，以降では簡単のため特に断りがない限りは日毎の時間スケールとして話を進める．X をあるコースで観測されたクリックストリームデータとすると，期間 T までに観測された全学習者のクリックスト

リームデータは，$x_{i,t}$ を要素に持つ $N \times T$ のサイズの配列で表現できる．ここで，$x_{i,t}$ は，学習者 i について第 t 日目に観測されたクリックイベント数である．ただし，$1 \leq i \leq N$，$1 \leq t \leq T$ である．$x_{i,t}$ を用いたクリックストリームのモデル化手法については，3.1.5 項で紹介する．

ここでは，モデルを識別する記号 M を導入し，変化なしモデル $M = 1$ と変化ありモデル $M = 2$ の選択方法について説明する．モデル選択には，**ベイズ情報量規準**（Bayesian Information Criterion：BIC）を利用する．BIC_{iM} を学習者 i に対する各モデル（変化なしモデルの場合は $M = 1$，変化ありモデルの場合は $M = 2$）のベイズ情報量規準と定義すると，各 BIC は，

$$BIC_{iM} = -2l_{iM} + p_M \log D \tag{3.1}$$

により計算される．ここで，p_M，D はそれぞれ，隠れパラメータ数，学習者あたりの観測データ数を表す．また，l_{iM} はモデル M，学習者 i に対するパラメータの最尤推定値を代入した**対数尤度**である．

モデル選択は，各学習者 i 独立に行われ，BIC_{iM} が小さい方が最適なモデルとして選択される．すなわち，$BIC_{i2} < BIC_{i1}$ の時，変化ありモデルが選択されるため，クリックストリームデータ中に学習活動の変化が生じたと見なされる．

変化ありの場合と変化なしの場合の情報量または情報量規準を比較して変化検知を行う点では，本書の 1.4.2 項と 1.4.3 項で扱った変化検知手法と同様である．合わせて参考にされたい．

3.1.4 ポアソン分布によるクリックストリームデータのモデル化

学習者 i の第 t 日目のクリックイベント数 $x_{i,t}$ をモデル化するために，**ポアソン分布**を導入する．ポアソン分布の平均 $\lambda_{i,t}$ の対数を，各 t において計算される学習者全体のクリックイベント数の平均 μ_t と，各学習者 i に依存するクリックイベント数 α_i の 1 次関数として表す．

$$\log \lambda_{i,t} = \mu_t + \alpha_i. \tag{3.2}$$

図 3.3 は，日毎に学習者全体の平均クリックイベント数を可視化したグラフである．破線はテストが実施されたタイミングを示しており，テスト実施前に

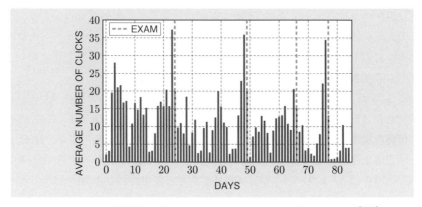

図 3.3 学習者全体の日毎の平均クリックイベント数. 図は文献[116] から引用.

クリック数が増加する傾向がわかる.

$x_{i,t}$ に対するポアソン分布は,

$$P(x_{i,t}|\mu_t, \alpha_i) = \frac{\lambda_{i,t}^{x_{i,t}} e^{-\lambda_{i,t}}}{x_{i,t}!} \tag{3.3}$$

で表すことができる. クリックイベントの観測 $x_{i,t}$ が, 各日, 各学習者について条件付き独立を仮定すると, 全観測に対する**尤度関数**は,

$$L(\mu, \alpha|X) = P(X|\mu, \alpha) = \prod_{i=1}^{N} \prod_{t=1}^{T} \frac{\lambda_{i,t}^{x_{i,t}} e^{-\lambda_{i,t}}}{x_{i,t}!} \tag{3.4}$$

となる.

ここで, X は前述しているように $x_{i,t}$ を要素に持つ $N \times T$ のサイズのクリックストリームデータである. $\mu = \mu_1, \dots, \mu_T$, $\alpha = \alpha_1, \dots, \alpha_N$ のパラメータは, このクリックストリームデータから推定される. 最尤推定に基づいて, まず, 第 t 日目の学習者全体の平均クリックイベント数 $\widehat{\mu}_t$ を次式により求めておく.

$$\widehat{\mu}_t = \log\left(\frac{1}{N}\sum_{i=1}^{N} x_{i,t}\right), \quad 1 \le t \le T. \tag{3.5}$$

次に, 式 (3.2) の各学習者 i に対して, ポアソン回帰モデルの当てはめを行い, 各学習者のクリックイベント数 α_i を推定する. その際に, $\widehat{\mu}_t$ をオフセット値

として利用する.

3.1.5 変化なしモデルと変化ありモデル

変化検知を行うために，各学習者に対して変化なしモデルと変化ありモデルをそれぞれ当てはめる．変化なしモデルについては，前節の式 (3.2) がそれに対応する．一方，変化ありモデルは，観測期間 $1 \leq t \leq T$ のどの時点（変化点）τ_i でクリックイベント数に変化が生じていたのかどうかを次式でモデル化する.

$$\log \lambda_{i,t} = \mu_t + \alpha_{i1}\mathbf{I}(t < \tau_i) + \alpha_{i2}\mathbf{I}(t > \tau_i). \tag{3.6}$$

ここで，$\mathbf{I}$ は，引数の区間でのみ 1 を取る指示関数である．α_{i1} と α_{i2} は，それぞれ変化点 τ_i 前後の各学習者 i に依存するクリックイベント数である．第 $T-1$ 日目までの各 t に対して，$\alpha_{i1}, \alpha_{i2}, \tau_i$ の 3 つのパラメータを推定するために，次の**対数尤度関数**を導入する.

$$l(\alpha_{i1}, \alpha_{i2}, \tau_i, \mu) = \sum_{t < \tau_i} \log P(x_{i,t}|\mu_t, \alpha_{i1}) + \sum_{t > \tau_i} \log P(x_{i,t}|\mu_t, \alpha_{i2}). \tag{3.7}$$

パラメータ推定は，3.1.4 項で紹介した変化なしモデルの時と同様の手順で 2 段階に分けて行う．すなわち，第 1 段階では，全学習者のデータから平均クリックイベント数を獲得し，第 2 段階で各学習者 i に対して，尤度が最大となるパラメータの値を推定する．なお，式 (3.1) の隠れパラメータ数は，変化なしモデルの場合は $p_1 = 1$，変化ありモデルの場合は $p_2 = 3$ となる.

文献[116] では，ポアソン分布の代わりに第 t 日目にクリックイベントが生じたかどうかのバイナリモデルを生成する方法や，モデルの精度検証，学習成績との関係分析結果なども報告されているので，参考にされたい.

3.1.6 オンライン処理による変化検知

前項までに紹介したクリックストリームデータの変化検知は，蓄積されたデータに対して一括処理をする方法であった．学期や年間を通して記録されたデータに対して事後処理として変化が生じた時期があったかどうかを検証する目的には向いているが，現在進行中の授業中など，より細かい時間間隔で観測をしながら逐次的に変化検知をすることは難しい.

本項では，モデルの厳密性には欠けるが，オンラインで（つまり，逐次的

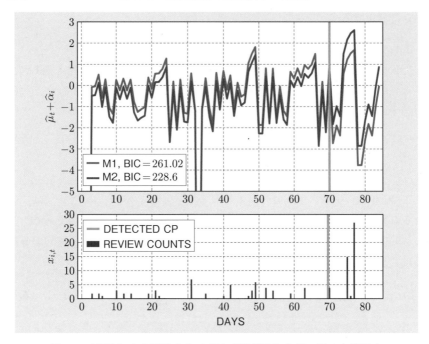

図 3.4　BIC により変化ありモデルが選択された例．図の上段はあ
　　　　る学習者 i のモデル当てはめを行った結果．下段はクリッ
　　　　クイベント数．第 70 日目付近で変化検知がなされている．
　　　　図は文献[116] から引用．

に）モデルパラメータを更新しながら変化検知を行う方法[117] を紹介する．式
(3.3) で，オンラインでパラメータ更新が必要になるのは，学習者 i の時刻 t に
おけるクリックイベント数 $x_{i,t}$ とポアソン分布の平均 $\lambda_{i,t}$ である♠1．

　　学習者 i の時刻 t におけるクリックイベント数 $x_{i,t}$ については，t が非常に
短い時間間隔を想定する必要があり，十分な観測が得られない場合は，観測値
が乱高下する可能性が高いため，時刻 t を起点として過去 M 区間のクリック
イベント数の平均値を採用する．また，$\lambda_{i,t}$ については，パラメータを更新す
るための学習率 ρ を導入し，次式で時刻毎に更新を行う．

♠1 前項までは t は日毎の時間スケールとしていたが，ここではオンライン処理のため時間，
分単位での時間スケールを想定している．

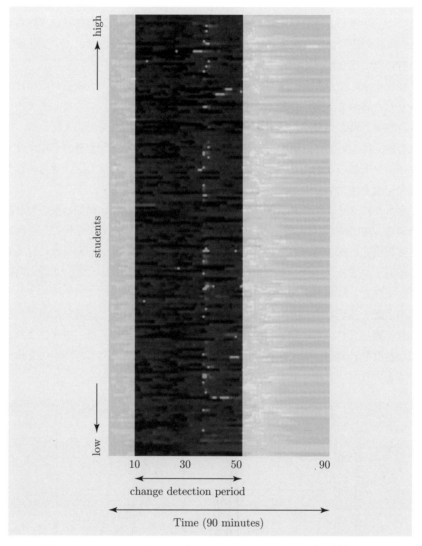

図 3.5 クリックストリームデータからのオンライン変化検知結果
例. 横軸は時間, 縦軸は利用者に対応. 利用者はクイズの
スコアが高い順に上から配置. 図中の青色の点が変化とし
て検知された時間帯. 図は文献[117] から引用.

$$\lambda_{i,t+1} = \rho x_{i,t} + (1 - \rho)\lambda_{i,t}. \tag{3.8}$$

ここで，学習率 ρ は経験則に頼ることが多いが，オンライン処理という観点から，現在の観測値をパラメータ $\lambda_{i,t}$ にできるだけ早く反映させた上で変化検知を行いたい場合は，比較的大きめの値（0.5 以上）に設定する.

　変化が生じたかどうかは，時刻 t における確率を計算し，その値が事前に設定をした閾値を下回るかどうかを検証することで判断する. つまり，モデルにより想定されるクリックイベント数を大きく逸脱する場合を変化と捉える. 閾値の設定については，経験則で設定されることが多い. 各学習者の平均クリックイベント数の 5 割や 6 割などを下回る場合を変化と見なすなど，運用時に変化の定義を検討することが多い.

　図 3.5 にクリックストリームデータからのオンライン変化検知結果の例を紹介する. 90 分の授業で得られるクリックストリームデータに対して，逐次的に変化検知処理を適用した結果である. 横軸が時間，縦軸が各利用者に対応している. つまり，各行が 1 人の利用者の変化検知結果に対応する. 赤色の時間帯が変化として検知された時間帯である. 図 3.6 は，時間毎の変化検知された利用者数を集計した結果である. 授業開始から約 30 分ほど経過した頃から検知数が増加していることがわかる. 集中力の低下や他の介入などさまざまな要因が推察されるが，変化検知ではそのような要因を探るためのきっかけを検知するという点で有用である.

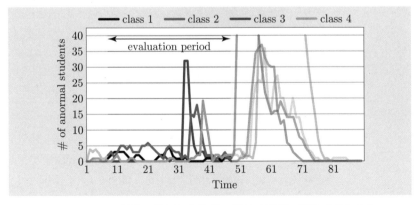

図 3.6　4 つの授業で適用した結果. 横軸は時間，縦軸は検知された人数に対応. 図は文献[117] から引用.

3.2 デジタル教材閲覧行動の異常検知

アナログ学習環境では，試験の点数や課題の評価によって，学習状況を把握していたが，デジタル学習環境の登場によって学習者の学習の様子をアナログ学習環境よりも細かい粒度で収集・把握できるようになり，学習者に応じたきめ細かい学習サポートを提供することが期待される．例えば，講義中に居眠りをしていて試験の点数が悪かった学習者と講義中の教員の説明を聞いていたが理解が追い付かず試験の点数が悪かった学習者に対して，異なる学習サポートを提供することができる．このような柔軟な対応を行うためには，学習者の閲覧行動を特徴付ける表現を設計することが必要になる．本節では，1コマの講義時間中に大多数の学習者と異なる教科書閲覧行動をした学習者を異常検知の観点から特徴化する方法について述べる．

3.2.1 デジタル教材の閲覧行動

3.1.1項で述べたように，デジタル教材閲覧システムから収集されるクリックストリームデータは，表3.1のように，ユーザID，ユーザが行った操作，操作が行われたページ番号，操作が行われた時間が基本となる．これらの操作ログには，直接的にユーザがどのような順番で教科書のページを読んでいったのかを示すページ遷移は記録されていないが，収集された操作ログをもとに，容易にユーザのページ遷移を計算するできる．表3.1にユーザXのMaterial Aについてのクリックストリームデータを示している．ユーザXは教科書のページ1を開き，すぐさま次のページ2に遷移し，そこから2分8秒ページ2を閲覧していることがクリックストリームデータ間の順序と時間差を計算することでわかる．したがって，ユーザXは「教科書を開く（ページ1）→ページ2→ページ3→ページ4→ページ3→ページ4→教科書を閉じる」という一連のページ遷移を計算することができる．また，ユーザYのMaterial Aについてのページ遷移について着目すると，「教科書を開く（ページ1）→ページ2→教科書を閉じる」となる．

上記のように閲覧ページの遷移をクリックストリームデータから計算することができるが，このままでは，ユーザ毎にページ遷移の回数が異なりユーザ間

で比較しにくい．そこで，ある時間幅（タイムスロット）を設けて，その時間幅の期間でどのページをユーザが読んでいたのかを特徴化することで，ページ遷移についての系列長をそろえる．9：00 から 9：11 の間で 1 分間のタイムスロットを考えた場合，ユーザ X は，1 分目（9：00～9：01）はページ外（ページ 0），2 分目（9：01～9：02）はページ 2 を読んでいたと考えられる．2 分目の場合，ページ 1 とページ 2 を読んでいたことになるが，あるタイムスロットに複数のページでのクリックストリームデータが記録される場合は，最も長い滞在時間を示したページをそのユーザが読んでいたページとする．なお，次の 3 分目（9：02～9：03）には，クリックストリームデータは記録されていないため，ページ遷移は起こっていないとして，ページ 2 を継続して閲覧していると考えられる．したがって，9：00 から 9：11 の 11 分間では，ユーザ X のページ遷移の別表現として (0,2,2,3,3,4,4,3,3,3,3) を得ることができる．タイムスロットの選び方によって，同一のクリックストリームデータからであっても，表現は異なる．また，タイムスロットの長さによっては，閲覧していたとしても，2 分目の例のようにページ 1 を閲覧していたことにならない．タイムスロットの長さは短いほど閲覧情報の欠落は少ないが，閲覧情報の欠落とリアルタイム処理速度とのトレードオフを考慮する必要がある．実用上のタイムスロットの長さについては，文献[119] を参照されたい．

3.2.2　クラス全体の閲覧ページ遷移パターン

　教員が教科書の内容を説明して，学習者が各自でデジタル教科書閲覧システムを用いる講義の場合，学習者は教員の説明するページを追う形でページ遷移が進むことが考えられる．この時，多くの学習者は類似したページ遷移を取ることが考えられ，多くの学習者とは異なるページ遷移を行った学習者は少数派であり，注目すべき対象として区別できる．ただし，それらの少数派のページ遷移が学習においての良い行動であるかの判断を付けることはできない．また，前述の仮定は，教員の講義の方法や学習者の特性によって成り立たない場合もあるので，ページ遷移の傾向についての事前の確認が必要である．

　上記のように，学習者の閲覧行動を特徴付ける場合，講義内での大多数の学習者の閲覧ページ遷移がどのようになっているかを把握する必要がある．大多数の学習者の閲覧ページ遷移を基準とすることで，そこから「外れた」閲覧

ページ遷移をした学習者を注目すべき対象として検知できる．多くの学習者は
類似したページ遷移を取るといっても，閲覧ページの遷移のタイミングによっ
ては，閲覧ページは前後することが考えられる．例えば，ある時刻において，
各学生が閲覧しているページは，教員の説明しているページを中心として前後
のページに集中しているという状況である．このような場合，各学生が閲覧し
ているページの分布をガウス分布によって近似することを思い付くかもしれな
い．全ての時刻においてガウス分布によって閲覧ページの分布を精度良く近似
できればよいが，教員があるページを説明中に異なるページを参考にするよう
に指示した場合，参考のページを閲覧する学習者もいれば，後で見ようとその
場では閲覧しない学習者もいるかもしれない．講義の説明などその他の要因に
よって閲覧ページの分布をガウス分布などのある決まった分布で近似すること
が難しいことが想定される．

　何らかの確率分布を設定することが難しい場合の解決策として，**カーネル密
度推定法**を利用することが挙げられる．カーネル密度推定法では，これまで観
測したデータ点の集合から確率密度を推定する手法である．まず，簡単にカー
ネル密度推定法の考え方をつかむために，図 3.7 に 1 次元データに対して，
カーネル密度推定を適用した場合を示す．図 3.7 の横軸はデータ点が持つ値，
縦軸がそのデータの観測されやすさ（確率密度値）である．また，図中の青色
のデータ点が観測データ点，黒色のデータ点が確率密度値を推定したいデータ
点とする．×印のデータ点に着目すると，その近傍には観測データが多く配置
されている．一方で，○印のデータ点の近傍には，×印のデータ点に比べて，
観測データが少ない．このような状況下で，カーネル密度推定を適用すると，
×印のデータ点における確率密度値は高く，○印のデータ点における確率密度
値は低く推定される．直観的には，青色のデータ点がたくさん観測されている
箇所の近傍は，同様に観測されやすいだろうということになる．

　次に，図 3.7 の場合におけるカーネル密度推定法による確率密度の計算を式
(3.9) に示す．

$$P(x) = \frac{1}{n} \sum_{i=1}^{n} \frac{1}{\sqrt{2\pi\sigma^2}} \exp\left(-\frac{(x-x_i)^2}{2\sigma^2}\right). \tag{3.9}$$

ここで，n は観測データの総数，σ はカーネル密度推定の平滑パラメータに相

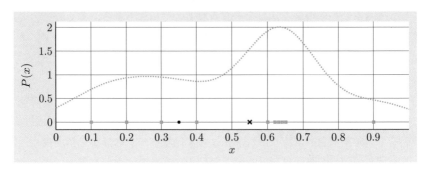

図 3.7　1 次元データに対するカーネル密度推定の例．図中の青色
　　　　のデータ点が観測データ点，黒色のデータ点が確率密度値
　　　　を推定したいデータ点を意味する．

当する．式 (3.9) によると，求めたい確率密度のデータ点 x の近傍に観測デー
タ点が存在している場合，総和内の項が大きくなる．したがって，近傍に観測
データ点が多く存在している場合，確率密度値が大きくなる．つまり，よく観
測されるデータ点の近傍では，同様に観測されやすいという前述の説明に対応
している．

　この手法の利点として，事前に何らかの確率分布を仮定する必要がなく，任
意の確率分布の推定に適用できることが挙げられる．また，データの次元数に
対して，制限はなく，観測データ点のみを保持するだけで適用可能である．た
だし，観測データの総数に依存して計算コストが増大するため，即応性が求め
られるアプリケーションでは計算コストの削減を考慮することが必要となる場
合がある．

　さて，閲覧ページの分布推定に対してカーネル密度推定法を適用することを
考えた場合，学習者の閲覧ページの遷移を観測データとして，学習者が各時刻
でどのページを多く読んでいたのかを推定することに相当する．ただし，ペー
ジ番号は離散値であるため，各時刻で各ページの閲覧者数を集計したヒストグ
ラムを考えればよい．そこで，本節の閲覧ページ分布推定においては，講義時
間を 1 分単位で区切った時刻とページ番号においてのページ閲覧者数のヒスト
グラムを計算する．ここで，ある教材 l において，タイムスロット t でページ
p を閲覧していた人数に関する 2 次元ヒストグラムを $h_l(t,p)$ とする．例えば，

教材番号 1 のタイムスロット $t = 3$ にページ $p = 5$ の閲覧人数は $h_1(3, 5)$ ということになる．この時，各学生の閲覧ページの遷移 r に沿ったヒストグラムの合計値を考える．ただし，講義間での学習者の合計，講義時間の長さや教材数の違いを正規化するための項を加えた式 (3.10) を示す．

$$a_i = \frac{1}{\sum_l \sum_t \sum_p h_l(t, p)} \sum_l \sum_t h_l(t, r_{i,l}(t)). \qquad (3.10)$$

$r_{i,l}(t)$ は教材 l においてタイムスロット t で学習者 i が閲覧していたページを意味する．例えば，ユーザ i のページ遷移の表現 $r_{i,l} = (0, 2, 2, 3, 3, 4, 4, 3, 3, 3, 3)$ の場合，$r_{i,l}(1) = 0$ となる．式 (3.10) によると，大多数の学習者が同時に閲覧しているページでは，その他のページよりも $h_l(t, p)$ が大きな値を持つ．したがって，大多数の学習者が閲覧しているページを各タイムスロットで閲覧していた学習者の a は大きくなり，一方で少数派の閲覧ページの遷移における a は比較的小さな値となる．つまり，a の値が小さいほど，異常な閲覧パターンと考えることができ，大多数の学習者の閲覧ページ遷移とは異なる閲覧ページ遷移を行う学習者を区別することができる．

3.2.3 学習行動のスコア化

前項では，閲覧ページの分布を考えることで，大多数の学習者とは異なる閲覧ページ遷移を行う学習者を区別することができた．ところで，学習者がデジタル教科書閲覧システムを利用して，教科書の各ページを読むこと以外に，各ページに対してマーカを引いたり，メモを残したりすることができる．3.1.1 項で述べたように，これらの自発的な学習行動も操作ログとしてデータベースに記録される．そこで，その他の学習行動も加味して，学習者の閲覧行動を特徴付けることを考える．

ここでは，デジタル教科書閲覧システムをどのぐらい利用していたのかについて着目する．「次のページに進む」や「前のページに戻る」といった教科書を読む際に必ず行う操作以外のマーカに関わる操作，メモに関わる操作，ブックマークに関わる操作の操作数を学習者毎に数え上げる．ただし，操作数の合計は講義内容や教員の指示の影響により偏りが生じることがあるため，操作数の合計値をそのまま利用するのではなく，操作数の相対値に基づいてスコア化する．表 3.2 に示すように，各教材で学生の操作数を 25 パーセンタイル点，50

表 3.2 操作数のスコア化

操作数（x パーセンタイル点）	$x < 25$	$x < 50$	$x < 75$	$x \leq 100$
操作数スコア b	0	$\frac{1}{3}$	$\frac{2}{3}$	1

パーセンタイル点，75 パーセンタイル点で区切り，それぞれの区間で操作数スコア b を割り当てる．

式 (3.10) の閲覧ページ遷移に基づくスコア a と操作数に関するスコア b の 2 種類を組み合わせて，学習者の学習行動の特徴付けを考える．前述の通り，教員が教科書の各ページを説明する座学形式である場合，多くの学生は教員の説明しているページを閲覧すると考えられ，それらの学生は説明を聞きながら自発的にメモなどを残す学生やただ説明を聞いている学生に分けられる．このような場合に，教員の説明しているページを閲覧しているかを主に評価し，加点としてマーカ等のその他の操作を補助的に評価したい場合，下記の式 (3.11) が学習行動のスコアの式として考えられる．

$$s_i = a_i(1 + b_i). \tag{3.11}$$

式 (3.11) に示したスコアは，学習者 i が大多数の学習者と同様の閲覧行動をとり，マーカ等のその他の学習行動を積極的に行った時に高くなる．一方で，大多数の学習者の閲覧ページ遷移とは異なる閲覧ページ遷移を行う学習者や特にその他の操作を行わなかった学習者は相対的に低い値を取る．このようにして，学習者の講義中の行動をスコア化し，分析に利用することができる．また，今回の方法では操作の種類については区別していないが，操作の種類や出席などの状況を利用したスコア化の方法も提案されている．その他の方法については文献[118] を参照されたい．

3.2.4 閲覧行動の分析

図 3.8 に，ある講義のページ閲覧遷移に対して，ページ閲覧分布をヒートマップによって可視化したものを示す．講義時間前半では，閲覧の集中しているページが時間の推移に応じて推移していることが確認できる．また，各時刻で閲覧が集中しているページ以降のページにはほとんど閲覧している学習者はおらず，閲覧が集中しているページ以前のページには，分散して閲覧している学習者が確認できる．

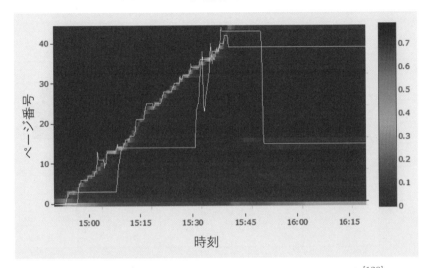

図 3.8　講義時間中の閲覧行動に関するヒートマップ．図は文献[120] から引用．

式 (3.11) で計算されるスコアに基づいて，学習者がどのように学習していたのかの確認を行う．図 3.8 に，s が最大値と最小値を示した学習者のページ閲覧の様子を図中の青線と白線でそれぞれ示す．青線に対応する学習者は大多数の学生と類似したページ閲覧遷移を示し，白線の学習者は大多数の学習者が閲覧しているページとは異なるページを閲覧していたことがわかる．式 (3.11) に従うと，大多数に従わない閲覧遷移を示す白線の学習者の s は低いスコアとなり，スコアに基づいて，抽出できることが確認できた．このようなページ閲覧の分布をリアルタイムで表示するシステムへの転用も可能であり，白線の学習者が居眠りをしているかもしれないなどの警告や学習支援の戦略を練ることに利用できる．

　ただし，先に述べたように，本節で述べたスコアによって，学習者の学習行動の良し悪しを議論することはできない．今回の学習者の行動に基づくスコアと各講義回の終わりの小テストの点数などの成績との相関は見られなかった．しかし，スコア付けによって，学習者の行動を定量化し，テストの点数と合わせて分析することによって，学習者の行動に応じた学習支援が期待できる．例として，図 3.9 にテストの点数と本節で述べた学習行動スコアに関する散布図

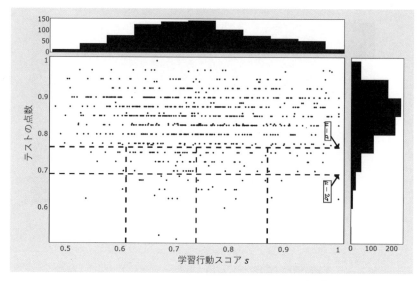

図 3.9　テストの点数と学習活行動スコア．図は文献[120] から引用．

と各軸のヒストグラムを示す．今回の学習行動スコアからテストの点数を推定することは困難であることが予想されるが，学習行動スコアが高い学生，つまり，講義時間中に特異な振舞いのなかった学生でテストの点数が低い場合と学習行動スコアが低い学生で，テストの点数が低い学生を区別することができる．それぞれの学生のさらなる事後分析のきっかけや授業後の課題や補助教材の提示などの授業サポートの方針の決定への応用が期待できる．

3.3　ま　と　め

　本章では，変化検知の教育分野への応用について紹介した．デジタル学習環境に蓄積される学習活動データは，学習者の状況を把握，学習成果と学習活動の関係分析などさまざまな観点で利用できる．本章では，学習者がシステム操作時やデジタル教材閲覧行動時にシステムに記録されるクリックストリームデータを利用した変化検知について紹介した．各学習者に対して，学習時の活動の変化を捉えることで，学習活動の変化と学習成果の関係を分析したり，学習改善の介入を行うきっかけを発見したりすることにつながる．

　教育分野におけるデータの利活用は，科学的根拠に基づいたデータ駆動型教育の実現に向けて近年注目が高まっている．実用展開を見据え，学習活動データの分析結果を学習支援システムの利用者が解釈しやすいように，生じた変化への意味付けや効率的な情報提示など解釈性を高める研究も必要になる．学習活動データの基本構造は，他分野の時系列データと類似性も高いため，他分野の手法の応用がしやすい．より精度の高い変化検知手法や，新たな観点での変化検知手法などの研究開発と実用展開が進むことを期待する．

分散分権型環境での機械学習とリスク管理

4

異常検知モデルの実際の適用において常に問題となるのは，異常事例の数が一般に極めて少ないという点である．この点への実用的な対処策として，異なるデータ源，例えば，複数の異なる会社で収集された分散データを統合しモデルを学習する，という方法が考えられる．そのようなシナリオにおいては，データプライバシーを保護しつつ学習を行うにはどうすべきか，データ源同士に分布のずれが存在し得る場合にどうモデルを構築すべきか，という2つの問題が生ずる．データの所有者が複数いるとすれば，全体の学習機構は中央集権的ではなく分権的であることが望ましい．この「分散分権」という設定においては，「分散台帳」とも称されるブロックチェーン技術との関係が興味深い．本章では，分散分権型の学習問題の定義を与えたのち（4.1 節），その要請を満たす異常検知モデルの例を与える（4.2 節）．次いでビットコインの目指した世界を道しるべとしつつ（4.3 節），合意形成の理論（4.4 節）とその具体的なモデル（4.5 節）について述べる．

4.1 分散分権型の学習問題

本章で興味を持つ**分散分権型**（decentralized）機械学習の問題設定について，類似の問題との対比において簡単に見ておこう．

本章で考えるのは，図 4.1 のようにネットワークに接続された S 個のデータ生成源 $s = 1, \ldots, S$ があり，それぞれデータ集合 $\mathcal{D}^1, \ldots, \mathcal{D}^S$ を保持しているという状況である．各データ生成源のことを参加者（member）と呼び，図のような S 人の参加者の集まりを系（system）と呼ぶことにする．分散分権型学習の問題設定は

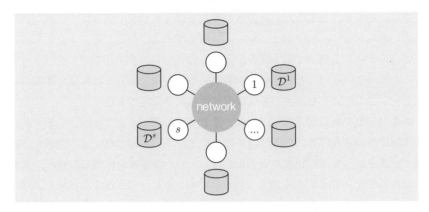

図 4.1 分散分権型の機械学習の場面設定

- 学習における計算は中央のサーバを必要とせず参加者の手元で行うこと.
- 学習の結果,個々の参加者が個別の状況に応じて一般には異なるモデルを得ること.
- 参加者のデータやモデルは他の参加者には共有されないこと.

という3点を特徴とする.

　第1の点は,いわば参加者に**民主主義**(democracy)を保証することである.全ての参加者は同格で,ネットワークを介して互いに通信することができる.社会基盤としてのネットワークおよびルータ,したがって共有されたクロックの存在は仮定されるが,例えば全員からデータを集めて確率的勾配法を回すようなサーバは存在しない.

　第2の点は,いわば参加者に**多様性**(diversity)を保証することである.図の設定であれば学習の結果は S 個の一般には異なるモデルである.「モデル」とは一般に,データに内在するパターンを表現した確率分布のことを指す.もしデータに入力ベクトル x とラベル y の対が保存されていれば,x を与えた時にラベル y の値を予測するための条件付き確率分布 $p(y \mid x)$ を求めることが目標になる.これは分類または回帰問題の解に対応する.一方,ラベル情報が与えられていない場合は,確率分布 $p(x)$ を求めることが問題になる.これは密度推定の問題であり,後で詳しく論ずる.

　第3の点は,参加者に**プライバシー**(privacy)を保証することである.こ

ここでは，話を単純化するため，悪意の参加者は存在せず，彼らは「正直だが好奇心にあふれる（honest but curious）」存在であると仮定する．すなわち，あえて偽のデータを使って系全体の学習を妨害したり，共謀してプライバシーを破ったり，といったことを行う参加者はいないものとする．これは企業間のコンソーシアムのような形態であれば十分現実的な設定である．

　本書の主題である異常検知の場合，それぞれのデータ集合 $\mathcal{D}^1, \ldots, \mathcal{D}^S$ が正常状態において取得されたと仮定されることが多い．第 1 章で述べた通り，訓練データを使って正常状態のモデルを作り，新たな標本を観測した時に，典型的には異常度 $-\ln p$ がある値を上回れば（もしくは，確率値がある値を下回れば）異常と判定するわけである．確率分布の学習のためには正常標本だけあればよく，異常標本は必要ないが，異常検知モデルの構築のためには，異常度に適切な閾値を付す必要がある．そしてそのためには，なるべく多くの異常事例を収集することが必要である．しかし異常の発生は一般に歩留まりなど重大なビジネス上の情報に直接関係し，機密扱いになることが普通である．異なる企業間ならもちろんのこと，同一の企業の支社間や事業所間ですら，データが完全に共有されるという想定は非現実的である．したがって参加者には，他人からの情報収集と，自分のデータの機密保持との間でトレードオフが存在する．

　分散学習（distributed learning）や**連合学習**（federated learning）の場合，S 個のデータ集合を何らかの意味で連携させて単一のモデルを構築することを目標とするのが通例である．分散分権型の場合，やはり S 個のデータ集合を何らかの意味で連携させるが，今回の場合は中央のサーバの存在を前提にすることはできないため，各データ生成源において別個のモデルを学習することになる．つまり学習の目標は単一のモデルを得ることではなく，S 個の一般には異なったモデルを得ることである．機械学習の用語ではこれは**マルチタスク学習**（multi-task learning）とも呼ばれる．言うまでもなくマルチタスク学習はシングルタスク学習を特別な場合として含む．この意味で，本章での設定は，通常の意味での分散学習・連合学習の一般化になっている．

4.2 多様性を保証するための異常検知モデル

前節で，分散分権型学習は，民主主義，多様性，プライバシーという 3 つ制約条件を持つ学習の問題であることを述べた．まず全体像をつかむため，民主主義制約とプライバシー制約がないとして，多様性を保証するためにはどういう学習方法が可能かを考えてみる．

ラベルなしのデータが与えられる教師なし密度推定の設定において，各参加者は次のようなデータ集合を持っているとする.

$$\mathcal{D}^s = \{\boldsymbol{x}^{s(1)}, \ldots, \boldsymbol{x}^{s(N^s)}\} \tag{4.1}$$

それぞれの測定値は M 個の実数値から成るとする．すなわち，s 番目の参加者は N^s 個の M 次元ベクトルを保持している．以下，第 s 番目の参加者の観測値を表す確率変数を $\boldsymbol{x}^s \in \mathbb{R}^M$ とし，その実現値を上記のように上付きのカッコを付けて区別する．例えば $\boldsymbol{x}^{s(n)}$ は，s 番目の参加者の持つデータ集合における第 n 番目の標本である．また，混乱がない限り，$p(\cdot)$ という記号を一般に確率密度関数を表す記号として使う．例えば $p(\boldsymbol{\theta}_k)$ と $p(\boldsymbol{\pi}^s)$ は異なる分布を表しているので注意されたい．学習の目標は，個々の参加者の観測値について $\boldsymbol{x}^s$ が従う確率分布を求めることである．

なお，以下に述べる共同辞書学習では，ノイズを含むセンサの測定値のようなデータに内在する複雑性が高いような状況を想定している．これは性別や疾病履歴のような単純で，それ自体を「読める」データとは異なり，データの全てのビットを厳密に管理することよりも，全体の傾向，すなわち確率分布を学習することの方にむしろ興味があるということである．人間が情報を「読める」のは確率分布という集合体からであって，個々の標本の個々の桁の数値ではない．確率分布を正確に学習することは機械学習では教師なし学習と言われ，一般に難しい．難しいからこそ，他の参加者と協業する必要がある．

4.2.1 確率モデルの設定

多様性を保証するための最も単純な方法は，各参加者がまったく別のモデルに従うとするものである．しかしこれではそもそも共同して学習を行う意味がない．そこでここでは，S 人の参加者が K 個の確率モデルを共有していると想定し，以下のような混合モデルを考える．

$$p(\boldsymbol{x}^s \mid \boldsymbol{\Theta}, \boldsymbol{z}^s) = \prod_{k=1}^{K} f(\boldsymbol{x}^s \mid \boldsymbol{\theta}_k)^{z_k^s} \tag{4.2}$$

$$p(\boldsymbol{z}^s \mid \boldsymbol{\pi}^s) = \prod_{k=1}^{K} (\pi_k^s)^{z_k^s}, \tag{4.3}$$

ここで，$\boldsymbol{z}^s \in \{0,1\}^K$ は「s 番目のモデルが K 個の要素のどれから来たのか」を表現する指示ベクトルで，$\sum_{k=1}^{K} z_k^s = 1$ のようにいわゆる one-hot 式に定義される．$\mathrm{Cat}(\cdot \mid \boldsymbol{\pi}^s)$ は確率値 $\pi_1^s, \ldots, \pi_K^s$ をパラメータとするカテゴリカル分布を表す．もちろん $\sum_{k=1}^{K} \pi_k^s = 1$ を表す．$\boldsymbol{\Theta} \triangleq \{\boldsymbol{\theta}_1, \ldots, \boldsymbol{\theta}_K\}$ は K 個の要素のモデルパラメータをまとめたものである．なぜこれが混合モデルを表しているかは，$\boldsymbol{z}^s$ でモデルを周辺化してみるとわかる．すなわち

$$\sum_{\boldsymbol{z}^s} p(\boldsymbol{x}^s \mid \boldsymbol{\Theta}, \boldsymbol{z}^s) p(\boldsymbol{z}^s \mid \boldsymbol{\pi}^s) = \sum_{k=1}^{K} \pi_k^s f(\boldsymbol{x}^s \mid \boldsymbol{\theta}_k) \tag{4.4}$$

が成り立つ．ただし $\boldsymbol{z}^s$ での和というのは，$(1, 0, \ldots, 0)^\top, \ldots, (0, \ldots, 0, 1)^\top$ のような K 種類の指示ベクトルにわたる．もしも $K = 3$ なら $(1,0,0)^\top, (0,1,0)^\top, (0,0,1)^\top$ という 3 つである．この式から π_k^s が，「参加者 s のモデルにおいて，第 k 番目のデータ生成パターンが採用される確率」という意味を持っていることがわかる．例えば，ひとつのデータ生成パターンしか持たないような場合，ひとつの k において π_k^s の値が 1 になり，他は 0 である．このモデルにおいては，混合重み $\boldsymbol{\pi}^s$ が s に依存しているという事実が多様性を表現する鍵になっている．異なる s 毎に混合重みが違うので，式 (4.4) は，確率変数 $\boldsymbol{x}^s$ についてのそれぞれ異なる分布になる．それぞれの s において，訓練データ $\mathcal{D}^s$ に必ずしも含まれない新しい観測値を得たとすると，この分布に照らして確率が高いか低いかで正常か異常かを判断できることになる．これを可能にするためにはパラメータ $\{\boldsymbol{\pi}^s\}_{s=1}^{S}, \{\boldsymbol{\theta}_k\}_{k=1}^{K}$ をデータから定めなければならない．

　話を一般的にするため，$\boldsymbol{\Theta} \triangleq \{\boldsymbol{\theta}_1, \ldots, \boldsymbol{\theta}_K\}$ は

$$p(\boldsymbol{\Theta}) = \prod_{k=1}^{K} p(\boldsymbol{\theta}_k) \tag{4.5}$$

という事前分布を持つと考える．また，混合重み $\boldsymbol{\Pi} \triangleq \{\boldsymbol{\pi}^1, \ldots, \boldsymbol{\pi}^S\}$ について

は，ディリクレ分布を事前分布として設定する．

$$p(\mathbf{\Pi} \mid \gamma) = \prod_{s=1}^{S} p(\boldsymbol{\pi}^s) = \prod_{s=1}^{S} \frac{\Gamma(K\gamma)}{\Gamma(\gamma)^K} (\pi_1^s \cdots \pi_K^s)^{\gamma-1} \tag{4.6}$$

これらの事前分布はモデルに特段の偏見を導入するものというよりは，数値計算を円滑にし解の性質を改善するためのものである．後で見る通り，$p(\boldsymbol{\theta}_k)$ は M 次元の測定値の間の非本質的な関係を捨象するのを助け，$p(\boldsymbol{\pi}^s)$ は K 個の要素の間の不釣り合いに起因する数値的不安定性を除去する役割を持つ．

4.2.2 対数尤度の式と $\{\pi^s\}$ についての解

さて，観測モデル (4.2) とそれに付随する事前分布を式 (4.3) と式 (4.5)〜(4.6) において設定したので，最大事後確率（Maximum A Posteriori：MAP）推定の枠組みで点推定を行うことを考えよう．要素割り当ての指示ベクトル $\mathsf{Z} \triangleq \{z^{s(n)}\}$ は非観測変数なので，MAP 推定においてはこれを周辺化したものを最大化することになる．対数尤度は結局

$$L_0(\mathbf{\Pi}, \mathbf{\Theta}) \triangleq \ln \left\{ p(\mathbf{\Pi})p(\mathbf{\Theta}) \sum_{\mathsf{Z}} \left[\prod_{n,s} p(\boldsymbol{x}^{s(n)}|\mathbf{\Theta}, z^{s(n)})p(z^{s(n)}|\boldsymbol{\pi}^s) \right] \right\},$$
$$\tag{4.7}$$

のようになる．

この対数尤度は，s という参加者を区別する添え字がある以外は通常の混合モデルと同じである．混合モデルに対する通常の処方箋に従い，Jensen の不等式を用いて L_0 の下限 L を導き，その下限を最大化することでパラメータ推定を行うことを考える．Jensen の不等式を Z の和に対して適用することで

$$L_0(\mathbf{\Pi}, \mathbf{\Theta}) \geq L(\mathbf{\Pi}, \mathbf{\Theta}) \triangleq \mathrm{c.} + \ln[p(\mathbf{\Pi})p(\mathbf{\Theta})]$$
$$+ \sum_{\mathsf{Z}} Q(\mathsf{Z}) \sum_{s,n} \ln[p(\boldsymbol{x}^{s(n)}|\mathbf{\Theta}, z^{s(n)})p(z^{s(n)}|\boldsymbol{\pi}^s)], \tag{4.8}$$

を得る．ただし c. はパラメータに依存しない定数で，Jensen の不等式により導入された新しい分布を $Q(\mathsf{Z})$ と書いた．

MAP 推定を完全に実行するためにはもちろん $\{f(\boldsymbol{x}^s|\boldsymbol{\theta}_k)\}$ と $\{p(\boldsymbol{\theta}_k)\}$ の具体的な関数形を与えなければならない．しかし $Q(\mathsf{Z})$ と $\{\pi^s\}$ についてはこの

時点で形式的な解を求めることができる. まず $Q(\mathsf{Z})$ について考えよう. 対数周辺化尤度 (4.8) の式の形を見ると, s, n について和の形になっており, 各 (s, n) について独立に考えることができる. そこで $Q(\mathsf{Z}) = \prod_{s=1}^{S} \prod_{n=1}^{N^s} q(\boldsymbol{z}^{s(n)})$ と置き, L を最大化するように $q(\boldsymbol{z}^{s(n)})$ を決める. この前提で尤度の下限を書き直してみると

$$
L(\boldsymbol{\Pi}, \boldsymbol{\Theta}) = \mathrm{c.} + \ln p(\boldsymbol{\Theta}) + \sum_{s=1}^{S} \sum_{k=1}^{K} (\gamma - 1) \ln \pi_k^s
$$

$$
+ \sum_{s=1}^{S} \sum_{n=1}^{N^s} \sum_{k=1}^{K} \sum_{\boldsymbol{z}^{s(n)}} q(\boldsymbol{z}^{s(n)}) z_k^s \ln \left[\pi_k^s f(\boldsymbol{x}^s \mid \boldsymbol{\theta}_k) \right] \tag{4.9}
$$

のようになる. これを最大化する $q(\boldsymbol{z}^{s(n)})$ を, 規格化条件を満たすように定めたい. これは $q(\boldsymbol{z}^{s(n)})$ という関数にわたる最適化問題になるので難しく聞こえるが, 指示ベクトル $\boldsymbol{z}^{s(n)}$ は K 通りの値しか取らないので, 要するに K 個の確率値を定める問題である. ある特定の (s, n) に着目して, $K = 3$ で考えてみよう. $k = 1, 2, 3$ の時の確率をそれぞれ $r_1^{s(n)}, r_2^{s(n)}, r_3^{s(n)}$ とすると, $L(\boldsymbol{\Pi}, \boldsymbol{\Theta})$ において関係する部分は

$$
r_1^{s(n)} \ln \left[\pi_1^s f(\boldsymbol{x}^s \mid \boldsymbol{\theta}_1) \right] + r_2^{s(n)} \ln \left[\pi_2^s f(\boldsymbol{x}^s \mid \boldsymbol{\theta}_2) \right] + r_3^{s(n)} \ln \left[\pi_3^s f(\boldsymbol{x}^s \mid \boldsymbol{\theta}_3) \right]
$$

となる. 規格化条件 $\sum_{l=1}^{3} r_l^{s(n)} = 1$ をラグランジュ係数 λ を使って取り込むと, 最適条件は

$$
\frac{\partial}{\partial r_k^{s(n)}} \left[\sum_{l=1}^{3} r_l^{s(n)} \ln \left[\pi_l^s f(\boldsymbol{x}^s \mid \boldsymbol{\theta}_l) \right] - \lambda \sum_{l=1}^{3} r_l^{s(n)} \right] = 0
$$

となる. これを解いて $r_k^{s(n)} \propto \pi_k^s f(\boldsymbol{x}^s \mid \boldsymbol{\theta}_k)$ が得られ, 通常の混合モデルとまったく同様の

$$
Q(\mathsf{Z}) = \prod_{s=1}^{S} \prod_{n=1}^{N^s} \prod_{k=1}^{K} (r_k^{s(n)})^{z_k^{s(n)}} \tag{4.10}
$$

$$
r_k^{s(n)} = \frac{\pi_k^s f(\boldsymbol{x}^{s(n)} \mid \boldsymbol{\theta}_k)}{\sum_{m=1}^{K} \pi_m^s f(\boldsymbol{x}^{s(n)} \mid \boldsymbol{\theta}_m)} \tag{4.11}
$$

のような解が得られる. ラグランジュ係数は規格化条件 $\sum_{k=1}^{K} r^{s(n)} = 1$ によ

り消去できることに注意. さらに, π^s についても, 規格化条件をラグランジュ係数で取り込みつつ, L を π_k^s について微分して 0 と置くことで

$$\pi_k^s = \frac{N_k^s + \gamma - 1}{N^s + K(\gamma - 1)} \tag{4.12}$$

となることが簡単にわかる. ただし $\gamma - 1$ は 1 のオーダーの定数で, 固定と考える. また

$$N_k^s \triangleq \sum_{n=1}^{N^s} r_k^{s(n)} \tag{4.13}$$

と定義した. N^s は参加者 s が持っている標本の総数で, N_k^s はそのうちパターン k に属すると思われる標本の数という解釈ができる. 先に述べたように, 特定のパターンを好むような参加者の場合, 単一の k においてのみ $N_k^s > 1$ となることもあるかもしれない. その場合, 他の k で π_k^s はほぼ 0 にならざるを得ないが, 目的関数 (4.9) は $\ln \pi_k^s$ という項を含むため, 0 は数値的不安定性を引き起こす. 先に設定したディリクレ事前分布は, $\gamma > 1$ を与えることでそのような不安定性を除去する役割を果たす.

明らかに式 (4.11)〜(4.12) は未知パラメータ $\{\boldsymbol{\theta}_k\}$ に依存している. したがって, モデル推定のためには, 最初に何らかの方法でパラメータを初期化し, $Q(\mathsf{Z})$ の計算と $\{\boldsymbol{\theta}_k\}$ の推定を交互に行う. すなわち, 最初に $\{r^{s(n)}\}$ を初期化し, $Q(\mathsf{Z})$ がわかっている前提で L を最大化することで $\boldsymbol{\Pi}, \boldsymbol{\Theta}$ を求める. 次に今求めたパラメータを前提にして, $Q(\mathsf{Z})$ が再評価される. これの枠組みは通常の混合モデルの EM 法とまったく同一である. 違いは, マルチタスク学習となっているため, $s = 1, \dots, S$ について異なった混合モデルができることである.

4.2.3 指数型分布族に対する一般解

パラメータ $\{\boldsymbol{\theta}_k\}$ の分散環境下での学習に関して, 観測モデルがいわゆる指数型分布族

$$f(\boldsymbol{x}^s \mid \boldsymbol{\theta}_k) = G(\boldsymbol{\theta}_k) H(\boldsymbol{x}^s) \exp\left\{\boldsymbol{\eta}(\boldsymbol{\theta}_k)^\top \boldsymbol{T}(\boldsymbol{x}^s)\right\}, \tag{4.14}$$

に従うと仮定してみる. ここで $H(\cdot), G(\cdot)$ はあるスカラー関数で, $\boldsymbol{\eta}(\cdot), \boldsymbol{T}(\cdot)$

は列ベクトルを返すベクトル値の関数で，規格化条件を満たすように決められる．指数型分布族の代表的な例はガウス分布やガンマ分布が挙げられる．その選択には任意性があるが，合意形成を行うためには，$s = 1, \ldots, S$ にわたる全参加者が同一の分布を使うことが必要である．この「何について合意するかを合意する」という問題はしばしば**メタ合意形成**（meta consensus）問題と呼ばれ，実応用上の大きな問題になり得る．

このような表現を尤度の下限の式 L（式 (4.8)）に入れ，$\{\boldsymbol{\theta}_k\}$ に関係する部分のみを拾うと

$$\sum_{k=1}^{K} \left[\ln p(\boldsymbol{\theta}_k) + \sum_{s=1}^{S} \left\{ N_k^s \ln G(\boldsymbol{\theta}_k) + \boldsymbol{T}_k^{s\top} \boldsymbol{\eta}(\boldsymbol{\theta}_k) \right\} \right], \qquad (4.15)$$

のようになる．ただし $\boldsymbol{T}_k^s \triangleq \sum_{n=1}^{N^s} r_k^{s(n)} \boldsymbol{T}(\boldsymbol{x}^{s(n)})$ と定義した．この表式からわかる通り，もし

$$N_k = \sum_{s=1}^{S} N_k^s, \qquad \boldsymbol{T}_k = \sum_{s=1}^{S} \boldsymbol{T}_k^s, \qquad (4.16)$$

という量が計算できさえすれば，パラメータ $\{\boldsymbol{\theta}_k\}$ は式 (4.15) を最大化することで求められる．すなわち

$$\boldsymbol{\theta}_k = \arg \max_{\boldsymbol{\theta}_k} \left\{ \ln p(\boldsymbol{\theta}_k) + N_k \ln G(\boldsymbol{\theta}_k) + \boldsymbol{T}_k^{\top} \boldsymbol{\eta}(\boldsymbol{\theta}_k) \right\} \qquad (4.17)$$

である．これを解くには $G(\cdot), \boldsymbol{T}(\cdot), \boldsymbol{\eta}(\cdot)$ の関数形を具体的に与えなければならないが，それをせずとも，指数型分布族に対しては，EM 反復の全体が非常に興味深い構造を持っていることが見て取れる．すなわち，反復の 1 回が，各参加者の手元での局所的更新，全ての参加者にわたる合意形成，そして最適化，という 3 つのステップに分離されている．このモデルでは，S 人の参加者が，K 個のパターンの集まりを共同で学習する．パターンの集まりをいわば辞書のように見て，辞書から自分の個別の状況に適合するパターンを適切な重み $\boldsymbol{\pi}^s$ を付けて混合する．この意味でこの枠組みを**共同辞書学習**（collaborative dictionary learning）または**共同パターン辞書学習**（collaborative pattern dictionary learning）と呼んでよい[126], [131]．算法の大枠を Algorithm 4.1 にまとめておく．

Algorithm 4.1　共同パターン辞書学習

1: パターン辞書 $\{\boldsymbol{\theta}_k\}_{k=1}^K$ を初期化する.
2: 各参加者 s において $\{r_k^{s(n)}\}$ を初期化する.
3: **repeat**
4: 　局所的更新: 現在のパターン辞書を使い,各参加者 s において,自分の
　　データの標本重み $\{r^{s(1)},\ldots,r^{s(N^s)}\}$ と,局所的総和 $\{\boldsymbol{T}_1^s,\ldots,\boldsymbol{T}_K^s\}$ および
　　$\{N_1^s,\ldots,N_K^s\}$ を計算する.
5: 　合意形成: 式 (4.16) をプライバシー制約の下計算する.
6: 　最適化: 式 (4.17) を解いて各参加者がパターン辞書を更新し保存する.
7: **until** 収束

　この算法においては,各参加者は,自分の手元にあるモデルを反映させた最
適モデルを手に入れるというインセンティブが存在する.つまり,偽のデータ
を使って他の参加者の情報を得ようとすると,共同学習される辞書の品質が必
然的に下がる.なぜなら偽のデータに対して最尤なモデルが得られてしまうか
らである.分布の裾の部分まである程度自信を持ったモデルを構築するために
は,文字通り最尤推定の教える通りに行動するしかない.言い換えると,尤度
がこの共同学習の参加者の定量的インセンティブとなっている.

4.3　分権型合意形成問題

　前節で導いた指数型分布族に対する共同辞書学習問題において,分散分権型
学習の観点で特に興味深いのは合意形成の部分である.それ以外の部分は参加
者の手元で局所的に計算が済むが,合意形成の部分は他者との通信が必ず必要
である.上記の EM 算法における合意形成の問題とは,一言でまとめれば秘匿
集計である.各参加者 s は,式 (4.16) における総和を, N_k^s や $\boldsymbol{T}_k^s$ を,他の参
加者 $s' \neq s$ に開示することなく計算したい.分権型でない場合はこれは中央
のサーバとの間に安全な通信手段を確保できれば済む話なので簡単であるが,
分散分権型の設定ではこれは困難な問題になる.

　これまで論じてきた分散分権型の密度推定の問題とは少し離れるが,分権型
合意形成の方法を考える上では,ブロックチェーン技術は避けて通れない.こ
の点について以下少し考えてみよう.

4.3.1　サトシ・ナカモトの挑戦

　分散分権型の環境におけるセキュリティリスクを考える上での今日的話題として，いわゆる**ブロックチェーン**（blockchain）技術との関係は興味深いところである．今日ブロックチェーン技術と呼ばれるものは，ビットコインの基盤技術を提案した Satoshi Nakamoto なる素性不明の人物のプレプリント論文[134] に源を発する♠1．Nakamoto の目的のひとつは，政府から通貨発行権という強大な権力を奪うことによる社会の究極の民主化であったと言われている．通貨の本質とは何か．現代の国家で発行されている紙幣は文字通り紙切れであり，それにモノとしての価値は乏しい．だとすればその価値の本質は，「それがある特定の価値を持っているという合意」そのものにある．国家が発行する紙幣は，その合意の証書として作用する．いわゆる電子マネーの世界に行っても，電子マネーの 1 万円は常に同額の紙幣と交換可能であるという意味において，その合意は国家権力により強制されたもの，と見なすことができる．そのためしばしば国の発行する通貨は fiat currency などと言われる．Fiat は通常の単語としては独善とか専断という意味である．

　しかしながら，通貨が「合意された価値」を表すものとすれば，その本質は合意そのものにあり，国家による強制は必ずしも必要ではない．国家がそこに介在しているのは，議会民主制や世襲の王権授受を通して，何となく「皆の代表」という雰囲気を帯びており，なおかつ，警察力や軍事力といった強制手段を持っているという理由による．したがって法定通貨を認めることは，いかなる国家権力でも多かれ少なかれ帯びる独裁的傲慢の前に膝を屈することでもある．これは正しいことなのか，というのがひとつの目的意識である．逆に言えば，何らかの技術により，誰が見ても公平な価値合意の認証作業ができれば，国家の強制によらない「正しい」通貨を構築できるのではないだろうか．国家を介在させず，したがって国境の壁も超えて，地球上の誰しもがその価値について合意を形成できる仕組みを作ることができれば，それは文字通りの世界革命，ジョン・レノンが名曲『イマジン』で夢見たような，国家権力からの人類の解放である．

　♠1プレプリントとは，いわゆるピアレビュー（同じ分野の研究者による査読）を経ていない論文のこと．

Nakamoto 論文には，大きく分けて 2 つの内容が書かれている．ひとつは，暗号通貨の発生から個々の取引までの来歴を，本人認証をしつつ記録する仕組みである．これは電子署名の技術と，送金等の商取引の度に数珠つなぎに取引情報のハッシュ値をつないでゆくデータ構造（ハッシュチェーン）を主な特徴とする．ただし，ハッシュチェーンそれ自体は昔から普通に知られていた概念で，取り立ててそこに技術革新があるわけではない[146]．

もうひとつは，それらの取引記録を検証し承認する仕組み，すなわち合意形成の仕組みであり，ここがブロックチェーン技術の本質と言えよう．ビットコインの文脈では，これは通貨の 2 重使用を防ぐ仕組みとして働く．例えば，A 氏が B 氏に何かの対価として 10 ビットコイン（BTC）を送る場合，A 氏の電子通帳には $-10\,$BTC，B 氏の通帳には $+10\,$BTC というやり取りが永久に記録されなければならない．そしてこの情報は暗号通貨を保持する人全員に共有されねばならない．さもなくば，その送金履歴を消去した上で，A 氏は別の C 氏に $10\,$BTC を送金して，例えば商品を詐取することができてしまうからである．ビットコインの実際の運用では，およそ 10 分間毎に未承認の全取引記録をひとかたまりにまとめ（それをブロックと呼ぶ），そのブロックの検証・承認が「**採掘者（miner）**」と呼ばれる人たちにより行われることになっている．採掘者が検証を済ませるまで，取引に関わった人は待たされる．もし悪意を持つ参加者がいれば，いったん使った通貨を何度も使い，それを正当な取引記録として承認しようとするだろう．これを防ぐために工学的に有効な解決策を提示した，というのがブロックチェーンの革新的なところである．

4.3.2 ビザンチン将軍問題

合意形成の問題は計算機科学で古くから研究されてきた問題であり，例えばビザンチン将軍問題はその典型例としてよく知られている．最も単純な設定では，問題は次の通りである．S 人の参加者（将軍）のそれぞれが，他の $S-1$ 人と個別に会話し，ある他国を攻撃するかしないかという 2 値のどちらかを表明する．全員が全員と話し終わった時点で，攻撃するか攻撃しないかのどちらかを多数決で決めたい．攻撃するとしたら全員で行かないと返り討ちに会うかもしれないので，S 人全員での合意を形成したい．これのどこが難しいのか，と思われるかもしれないが，2 者間通信しか許されていないこと，二枚舌，三

枚舌の将軍がいるかもしれないこと，という 2 点を考えると話が一気に難しくなる．二枚舌というのは，例えば将軍 1 が，将軍 2 に伝えた意思表明と，将軍3 に伝えた意思表明が違う，というような場合である．そのような場合，繰り返し 2 者間の会話を行い，手元にある最新の多数決の結果を伝え合うことで，要するに誰が信頼できないのかあぶり出すことができる．典型的には，信頼できない参加者が $\frac{1}{3}S$ 人未満だと何とか「正しい」多数決に到達できると言われている．しかしそのためには指数関数的な通信回数が必要になり，暗号通貨のような大衆的な応用では，少なくともそのままの形では技術的に実行困難であると考えられている．

　ビットコインにおけるブロックの承認問題はビザンチン将軍問題と似ている．S 人の採掘者が，承認か非承認かを多数決で決めれば，悪意の人が 3 割未満である限り合意を形成できそうに見える．実際，参加者が限定されたプライベート型のブロックチェーンでは，そのような仕組みが実装されることがある．そういう背景もあり，ブロックチェーンが，ビザンチン将軍問題という合意形成問題への画期的な解を与えたという解説（例えば[147], [149]）も多く見るが，正直，意味がよくわからない．Nakamoto 論文[134] ではビザンチン将軍問題への言及はまったくないし，当然，そのような証明は書かれていない．通常の意味でビザンチン将軍問題の解決を証明できる可能性もおそらくない．ビットコインの意思決定は多数決ではなく，約 10 分間の取引記録をまとめた「ブロック」という単位毎に，ただ 1 人の承認者がブロックの正しさを決める．ビザンチン将軍問題は比喩としては良いとしても，少なくとも Nakamoto 論文で提案されたビットコインの動作に関する限り，数学的には無関係と思った方がよい．伝統的な合意形成手法と，次項で述べるビットコインの確率的性格の対比については，例えば最近の総説論文[141] が参考になろう．

4.3.3 「労力の証明」：ビットコインの合意形成手法

　Nakamoto 論文の技術革新はむしろ，ビザンチン将軍問題に代表されるような伝統的な合意形成の方法とまったく異なった方法で，取引データの正当性についての合意を形成するという点にある．すなわち，ビットコインにおいては，実はブロックの承認過程に予測不可能性を入れることで安全性を持たせている．この発想は，商用の金融システムの設計思想としては極めて斬新であ

る．ビットコイン以前のほとんど全ての金融システムは，システムのあらゆる動作から予測不可能性，曖昧性を排除する方向で設計されてきた．例えばビットコインでも採用されている電子署名システムでは，秘密鍵と公開鍵が代数的に双子の関係にあることを利用して，代数方程式の解として曖昧性なく本人確認ができるようになっている．システムが，本人かもしれないし，そうでないかもしれない，というような回答をすることはあり得ない．

　ビットコインでは，下記に示す通りある意味で多くの採掘者の中からランダムに1人を選び，直近の取引記録の詰まったブロックを承認する権利を与える．それが「**労力の証明（proof-of-work）**」と呼ばれる有名な仕組みである．選ばれた人は取引記録のハッシュチェーンをたどり矛盾がないかを確認し，新たに検証したブロックを，検証済みのブロックの先頭に加える．これが「ブロックチェーン」という用語の由来である．承認権限を得られるかどうかは予測不能で，確率的にしかわからない．悪意を持った採掘者が「当たり」を引くかもしれないし，そうでないかもしれない．しかし，後述のように，悪意を持った採掘者が少数派である限りにおいて中長期的には取引記録は無矛盾なものへと収束することが期待される．ここにも社会の究極の民主化を目指した彼らの理想主義が垣間見えて興味深い．国家や金融機関というある種の独裁権力に我々の判断を預けることは不正義だと彼らは考える．我々の中に悪意を持った者が一定数いるという現実を受け入れつつ，仮に一時的に問題が生じても，速やかに正しい状態に戻せるような分権的な仕組みはどういうものなのか．それは数学の証明問題というよりは，社会的制度設計の問題である．

　具体的には承認者の選択は次のように行う．各採掘者は，最後に承認されたブロックのハッシュ値 b_0（何かの整数）と，今承認しようとしているブロックに含まれる取引記録をひとまとめにして整数で表現したもの c を入力として，新しいハッシュ値 b を次のように計算する

$$b = h(b_0, c \mid \kappa) \tag{4.18}$$

ただし h は所定のハッシュ関数，κ は調節可能なパラメータ（整数）である．ざっくり言えば，ここに出てくる3つの数字をつなげてひとつの数字を作り，そのハッシュ値を求めるということである．ハッシュ関数の性質からして，κ を少しでも変えると，結果として得られるハッシュ値 b はまったく異なるもの

になる．承認者となるためには，出てきたハッシュ値が予め決められた整数よ
り小さくなるような κ を見付けなければならない．この「予め決められた整
数」というのは，承認の時間間隔が上手く想定と一致するようにシステム管理
者により決められる．結果が予想できないがゆえ，総当たり的に試すしかな
い．幸運にも上手い κ を見付けた採掘者は，それを手に承認者として名乗りを
上げるわけである．

　ここで極めて重要なことは，ハッシュ関数の値は予測不能ということであ
る．ハッシュ関数がまともなものならば，例えば $\kappa = 1000$ の時のハッシュ値
と，$\kappa = 1001$ の時のハッシュ値には何の相関もない．だから，これまで試し
た計算結果から，良さそうな κ の値を逆算するというようなことは不可能であ
る．そのため，労力の証明の過程には乱数はどこにも入っていないにも関わら
ず，実質的に，承認者は候補者の中からランダムに選ばれることになる．例え
ば，採掘者全員が似たような計算機能力を持っていたとしよう．誰かが当たり
を引くまでに試せる κ の個数は皆似たようなものだから，ハッシュ関数の予
測不可能性に照らせば，実質的には承認者にわたる一様分布から，承認者を無
作為抽出しているのと同じである．一般には計算機能力にはばらつきがあるの
で，採掘者 m の計算機の能力を CPU_m とすると

$$p_m = \frac{\mathrm{CPU}_m}{\sum_{m'=1}^{N_{\mathrm{miner}}} \mathrm{CPU}_{m'}} \tag{4.19}$$

という確率を，N_{miner} 人の採掘者にそれぞれ割り振り，$p_1, \ldots, p_{N_{\mathrm{miner}}}$ をパラ
メータとするカテゴリカル分布から標本抽出しているのと同じである．確率分
布からの標本抽出であるがゆえ，最大の計算機能力を持つ者が常に選ばれると
は限らない．したがってビットコインにおける承認者の選択は計算機能力によ
る多数決とは言えない．取引を確定させるための実際の行動が確率的にしか決
められないという性質を，しばしば**確率的決着性**（probabilistic finality）と
呼ぶ．

　選択がランダムなのであれば，そもそもハッシュ値の総当たり的な計算など
無駄ではないか，と考える人もいると思う．ある意味それは正しい．これから
先は数学というよりむしろ心理学の世界である．ビットコインでは採掘に成功
する度に所定の賞金が支払われることになっている．それをインセンティブに
して採掘者は計算機資源に多大な投資を行う．彼らが，自分の儲け口である採

掘という仕事を台無しにするような行為をする可能性は低い. そもそもなぜ2
重送金をしたいかと言えば, 楽をしてお金を手にしたいからである. そういう
不逞の輩が, わざわざ手間暇かけて採掘競争に参入するだろうか, というのが
裏にある論理である. いわば計算機の能力を「善人度」の指標としているわけ
である.

また, 逆に言えば, 選択がランダムなのであれば, 悪意の参加者をたまたま
選んでしまう確率もあるではないか, という非難も成り立ちうる. それも正し
い. ビットコインの取引記録の妥当性の保証は確率的にしか与えられない. 口
座残高が 100% 確実に正しいという前提に立つ通常の(中央集権的な)取引と
は発想が根本的に異なる. ではその確率とやらはどの程度なのか. この疑問に
答えるため, Nakamoto 論文では最後に, 簡単な確率モデルを使ってその見積
もりをしている. その内容を次項で見てみよう.

4.3.4 ギャンブラーの破産問題

前項でひとつのブロックの承認過程について説明した. 新たに承認者に指名
された採掘者は, ブロック内部の取引の整合性を確認する. 大量の取引記録の
確認を一体どう行うのかと思われるが, ハッシュ木というデータ構造を使うと,
整合性が取れているか否か(残高と送金記録が矛盾ないか, など)の質問への
イエス・ノーは高速に答えることができる. 電子署名の技術により本人確認は
確実に可能で, 取引をハッシュチェーンに連ねることで取引の順序を確認する
ことができても, 一部の取引データを「握りつぶす」ことは可能である[145].
したがってもし承認者が悪意を持っていれば, 自分の送金記録を改変し, 2 重
送金を行うことが可能である.

ビットコインの運営モデルでは, 最も長いチェーン, すなわち, 付加されたブ
ロック数が最も多く, それゆえ, 最も多くの採掘者により承認を受けたチェー
ンを正当な取引記録として参照することになっている. それゆえ, ひとつの現
実的な攻撃のシナリオとして, 遠くない過去に行った自分の支払いを帳消しに
するために, その取引を含むブロックから始めて最新のブロックまでのチェー
ンを自分で作り直す, という戦略が考えられる. 話を単純にするために, 採掘
者を悪人軍団と善人軍団の 2 つのグループに分ける. 式 (4.19) で与えた確率
から

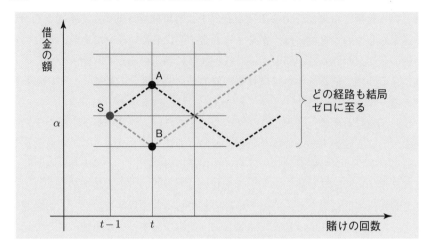

図 4.2　ギャンブラーの破産問題（借金帳消し問題）の説明

$$p \triangleq \sum_{m \in \text{good}} p_m, \qquad q \triangleq \sum_{m \in \text{bad}} p_m \tag{4.20}$$

という 2 つの確率を定義する．p は善人軍団の中の誰かが承認権限を得る確率で，q は悪人軍団の中の誰かが承認権限を得る確率である．当然，規格化条件 $p+q=1$ が成り立つ．採用されるプロトコル（承認手順の規約）にも依存するが，最新の取引記録がブロックとして通知される度に，承認獲得競争に両者が参加し，もし善人軍団の誰かが勝てば正当なチェーンにブロックを追加し，悪人軍団の誰かが勝てば不当な取引を含むチェーンの方にブロックを追加する，という状況を想定する．このルールの下，悪人軍団は，z 個の正当なブロックを巻き戻したいとする．これを，最初に借金 z を持っていたギャンブラーと読み替える．ギャンブラーは，勝つ確率 q，負ける確率 p の賭けを続けて，借金を何とか帳消しにしたい．借金が帳消しになった時点で，悪人軍団のチェーンが正当なものとして以降参照されることになる．

　借金から出発しているので若干話がややこしいが，これは初等的な確率過程論でよく知られた「**ギャンブラーの破産（gambler's ruin）問題**」と同じである．その名の示す通り，もともとこの問題は，「ある所持金から出発して賭けを続ける時，結局破産してしまう確率はいくらか」を問う．今の場合，「時刻

$t = 0$ において借金 z から始めて，任意の賭け試行の後に借金を帳消しにできる確率」を知りたい．その確率を R_z^0 とおこう．この問題が難しいのは，賭けの回数に制限がないことである．そのため，借金が帳消しになるという事象を数え上げることは困難である．そこで次のように考える．今，$t-1$ 回目の賭けを行う際に借金残高が a だったとする．この状態（S とする）から出発して借金を帳消しにできる確率を R_a^{t-1} と書く．賭けの結果に応じて，借金の額は例えば図に示したようなさまざまな経路をたどる．しかし S から出発した経路は必ず A または B のどちらかを通る．仮定により，A は確率 p（負けたので借金が増える），B は確率 q（勝ったので借金が減る）で生ずるので

$$R_a^{t-1} = pR_{a+1}^t + qR_{a-1}^t \tag{4.21}$$

が成り立つ．ここで恒等式 $R_a^t = (p+q)R_a^t$ を辺々引いて整理すると

$$R_a^t - R_a^{t-1} = -(R_{a+1}^t - R_a^t)p + (R_a^t - R_{a-1}^t)q \tag{4.22}$$

が成り立つ．賭けの回数に制限がないことから，借金が帳消しになる確率は出発点の（横方向の）位置によらないはずなので，左辺はゼロのはずである．ゆえ

$$R_{a+1}^t - R_a^t = \frac{q}{p}(R_a^t - R_{a-1}^t) \tag{4.23}$$

である．この式は a がひとつ増える度に $\frac{q}{p}$ が掛けられていくという形になっている．$a = 0$ なら開始時点で既に借金がないので $R_0^t = 1$ であることに注意してこの式を書き下すと

$$R_2^t - R_1^t = \left(\frac{q}{p}\right)(R_1^t - 1)$$

$$R_3^t - R_2^t = \left(\frac{q}{p}\right)^2 (R_1^t - 1)$$

$$\cdots$$

$$R_z^t - R_{z-1}^t = \left(\frac{q}{p}\right)^{z-1} (R_1^t - 1)$$

となる．辺々加えると

$$R_z^t - R_1^t = (R_1^t - 1) \sum_{j=1}^{z-1} \left(\frac{q}{p}\right)^j = (R_1^t - 1) \frac{\frac{q}{p} - \left(\frac{q}{p}\right)^z}{1 - \frac{q}{p}} \tag{4.24}$$

という結果が得られる. R_1^t を決めるためにはもうひとつの境界条件を使う. もし借金が無限大であれば（巻き戻すべき正当なチェーンの長さが無限であれば）借金を帳消しにできる可能性はないので, $R_\infty^t = 0$ のはずである. 上式にこれを使うと, 最終的に

$$R_1^0 = \begin{cases} 1, & (p \le q) \\ \frac{q}{p}, & (p > q) \end{cases}, \qquad R_z^0 = \begin{cases} 1, & (p \le q) \\ \left(\frac{q}{p}\right)^z, & (p > q) \end{cases} \tag{4.25}$$

という結果が得られる. ただし, 結果が開始点によらないはずであるということから, 上付きの t を 0 に置き換えた.

　この結果から, もし万が一, 悪人軍団が承認権限を得る確率 q が, 善人軍団の承認権限獲得確率 p よりも少しでも高いと, 必ず借金を帳消しにできる, すなわち, 任意のブロックにある取引を改変することができる. これがいわゆる「**51% 攻撃**（51% attack）」と呼ばれるものである. すなわち, 式 (4.19) および式 (4.20) において, 計算機の能力において善人軍団を上回ることができれば, 承認の無作為選択による安全性を破ることができる. 51% 攻撃以外にも, 例えば, 採掘に成功したタイミングを恣意的に動かせるという自由度を利用した selfish mining という攻撃[123] など, いくつかのセキュリティリスクが知られている.

　そもそもビットコインの安全性は, 無作為選択という非伝統的な方法により保たれている. それは従来の暗号学的な証明を最初から放棄したも同然である. 問うべきは可能な攻撃の存在そのものではなく, それが現実的なリスクとなり得るかどうかという点である. この点は, 分散分権型の機械学習にも大きな示唆を与える. すなわち, 伝統的な暗号学的安全性にも, 中央集権的な権威にも頼らず, 工学的に妥当な学習手法を設計できるだろうか. 次節において, まず, 分散分権型における合意問題について見ていく.

4.4 秘匿集計問題

分散分権型の学習の設定に戻り，式 (4.16) に与えた集計をどのようにデータプライバシーを保存しつつ行えるか考えよう．ここで「データプライバシー」という時，大きく分けて 2 つの意味がある．ひとつは内部プライバシーとでも呼ぶべきもので，S 人の参加者同士でいかに生データを出さずに学習を行えるか，という問題となる．もうひとつは外部プライバシーとでもいうべきもので，学習したパターン辞書を例えば第三者に外販する時にどの程度元データなり参加者固有の情報を漏らさないか，という意味である．本節で考えるのは前者である．以下では最初にプライバシー制約を考えない簡単化した設定で動的合意法という分権的な集計算法を導入し，次いで，データプライバシーについて制約を満たすための無作為分割法という技術を説明する．動的合意法においては通信グラフのスペクトル構造が本質的役割を果たすので，一例としてサイクルグラフについての解析的な結果を与える．

4.4.1 動 的 合 意 法

プライバシーの問題はひとまずわきに置いて，どのように中央のサーバなしに式 (4.16) の集計問題を解けるか考えよう．

図 4.1 のように，参加者には $s = 1, \ldots, S$ という番号が付けられているとする．ここで通信路を表すために $\mathsf{A} \in \{0,1\}^{S \times S}$ という**隣接行列**（adjacency matrix）が与えられているとする．通信は双方向に行われると想定し，したがって A は対称行列である．図 4.3 は最も単純な通信路であるサイクルグラフの例である．式 (4.16) において N_k はスカラー，$\boldsymbol{T}_k$ はベクトルであるが計算はベクトルの要素毎に独立に行えるので，以下，スカラー $\{\xi^s\}$ の総和を計算する問題を考えることにする．すなわち

$$\bar{\xi} = \sum_{s=1}^{S} \xi^s = \mathbf{1}_S^\top \boldsymbol{\xi}, \tag{4.26}$$

である．言うまでもなく ξ^s は N_k^s か，または $\boldsymbol{T}_k^s$ のひとつの成分を表し，$\boldsymbol{\xi} \triangleq (\xi^1, \ldots, \xi^S)^\top$ と定義した．また，$\mathbf{1}_S \in \mathbb{R}^S$ は要素が全て 1 の S 次元ベクトルを表す．

各参加者は隣接行列 A でつながった相手と通信できる．通信開始前（時刻

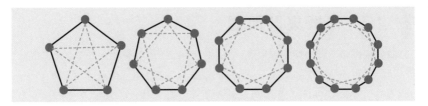

図 4.3　1 階と 2 階のサイクルグラフの例. 左から $S = 5, 7, 8, 12$.
2 階のサイクルグラフは 1 階のサイクルグラフに点線で表
される辺を追加したもの. グラフの定義は本文参照.

$t = 0$ とする) に第 s 番目の参加者が持っているのは ξ^s というひとつのスカ
ラーだけである. $t = 1$ において参加者らは A でつながった相手に自分の手持
ちの値をわたすことができる. 各 t において s が持っている値を $\xi^s(t)$ と表す
ことにする. $\xi^s(0) = \xi^s$ から始めて, 次のような更新規則を考えてみる.

$$\xi^s(t + 1) = \xi^s(t) + \epsilon \sum_{j=1}^{S} \mathsf{A}_{s,j}[\xi^j(t) - \xi^s(t)], \tag{4.27}$$

ここで ϵ はある (小さい) 定数である. S 人全ての参加者がこのような更新を
同期的に行うとしよう. 行列形式ではこの式 (4.27) は次のように書ける.

$$\boldsymbol{\xi}(t + 1) = \mathsf{W}_\epsilon \boldsymbol{\xi}(t) \quad \text{ただし} \quad \mathsf{W}_\epsilon \triangleq \mathsf{I}_S - \epsilon(\mathsf{D} - \mathsf{A}) \tag{4.28}$$

ここで I_S は S 次元の単位行列, D は次数行列と呼ばれる対角行列で,
$D_{i,j} \triangleq \delta_{i,j} \sum_{l=1}^{S} A_{i,l}$ のように定義される. $\delta_{i,j}$ はクロネッカーのデルタ
である. また, $\boldsymbol{\xi}(t) \equiv (\xi^1(t), \ldots, \xi^S(t))^\top$ と置いた.

　行列形式で見ると明らかなように, 系全体で見ると, 1 ラウンド進む毎に W_ϵ
という行列を新たに掛けていくことになる. 何度も何度も行列を掛けていく
と, 値が発散するか, またはどんどん小さくなってしまうような気がするが,
そうならない場合がひとつだけある. それは, 賭け続ける行列の最大固有値に
属する固有値がちょうど 1 になっている場合である. なぜかというと, 仮定
から W_ϵ は実対称行列であり, その固有値は実数である. 固有値を大きい順に
$\nu_1, \ldots, \nu_S$ とし, 正規直交化された固有ベクトルを $\boldsymbol{u}_1, \ldots, \boldsymbol{u}_S$ としよう. す
ると, いわゆるスペクトル分解により

$$\mathsf{W}_\epsilon = \sum_{i=1}^{S} \nu_i \boldsymbol{u}_i \boldsymbol{u}_i^\top$$

$$\mathsf{W}_\epsilon^2 = \sum_{i=1}^{S} \nu_i \boldsymbol{u}_i \boldsymbol{u}_i^\top \sum_{j=1}^{S} \nu_j \boldsymbol{u}_j \boldsymbol{u}_j^\top = \sum_{i=1}^{S} \sum_{j=1}^{S} \nu_i \nu_j (\boldsymbol{u}_i^\top \boldsymbol{u}_j) \boldsymbol{u}_i \boldsymbol{u}_j^\top$$

$$= \sum_{i=1}^{S} \nu_i^2 \boldsymbol{u}_i \boldsymbol{u}_i^\top$$

$$\cdots$$

$$\mathsf{W}_\epsilon^\infty = \sum_{i=1}^{S} \nu_i^\infty \boldsymbol{u}_i \boldsymbol{u}_i^\top$$

のように，W_ϵ の任意回のべきが，固有値のべきに化ける[♠2]．したがって，最大固有値が $\nu_1 = 1$ で，その他の固有値の絶対値が 1 未満であれば，無限回掛けた暁には

$$\boldsymbol{\xi}(\infty) = \mathsf{W}_\epsilon^\infty \boldsymbol{\xi}(0) = \boldsymbol{u}_1 \boldsymbol{u}_1^\top \boldsymbol{\xi}(0)$$

になってしまう．例えば $\nu_2 = 0.9$ だったとすれば，$0.9^{10} = 0.35$，$0.9^{100} = 2.7 \times 10^{-5}$ のように，掛け続けるとどんどん小さくなり，しまいには消え去ってしまうからである．

では，最大固有値がぴったり 1 などという都合の良いことが本当に成り立っているのだろうか．答えはイエスである．グラフ理論に詳しい人なら，W_ϵ の定義式 (4.28) に出てくる $\mathsf{D} - \mathsf{A}$ が**グラフラプラシアン**（graph Laplacian）と呼ばれ，その最小固有値が 0 であること，そして $\boldsymbol{1}_S$ が固有ベクトルになっていることを知っているであろう．実際，次数行列の定義から

$$[\mathsf{W}_\epsilon \boldsymbol{1}_S]_i = \sum_{j=1}^{S} (W_\epsilon)_{i,j} 1 = 1 - \epsilon \left(D_{i,i} - \sum_{j=1}^{S} A_{i,j} \right) = 1 \qquad (4.29)$$

が成り立つ．したがって $\nu_1 = 1$ で，規格化された固有ベクトルは $\boldsymbol{u}_1 = \frac{1}{\sqrt{S}} \boldsymbol{1}_S$ である．そしてこのことから，もしも他のあらゆる固有値の絶対値が 1 より小さければ，無限回の通信ののちに，式 (4.28) は

[♠2]固有値，スペクトル分解などの数学用語については，ストラング[142] など標準的な線形代数の教科書を参照のこと．

$$\boldsymbol{\xi}^* \triangleq \boldsymbol{\xi}(\infty) = \frac{1}{S}\mathbf{1}_S\,\mathbf{1}_S^\top\boldsymbol{\xi}(0) = \frac{1}{S}\mathbf{1}_S \times \overline{\xi} \qquad (4.30)$$

に収束する．言い換えると，どの参加者が持っている値もまったく同じ $\frac{1}{S}\overline{\xi}$，すなわち，求めたい総和の $\frac{1}{S}$ 倍になっている．ゆえ，収束後に S を掛ければ総和が求められる．力学系の時間発展を模擬するようにして全員の合意を形成したとも見られるので，この算法を**動的合意法**（dynamic consensus）と呼んでよい．局所的なデータのやり取りだけで全員にわたる総和ないし平均を求め，なおかつそれを各人に周知できた（合意を形成できた）ということである．これは協調制御（cooperative control）の理論や，マルチエージェントシステムの利害調整（multi-agent coordination）の問題において重要な技術要素になっている．制御理論における動的合意法の由来については，例えば Ren らのサーベイ論文[137] を参照されたい

　話ができ過ぎのように思う読者がいるかもしれないので，ここで実際の数値例を挙げておく．隣接行列として図 4.3 にあるような，階数 2，ノード数 $S = 12$ のサイクルグラフを生成し，$(-10, 10)$ の一様乱数で初期値 $\xi^1(0), \dots, \xi^{12}(0)$ を与えた．図 4.4 は 12 個の値が，その平均値に収束していく様子を示している．大体 20 ラウンドでほとんど完全に収束していることがわかる．

　動的合意法は分散分権型の機械学習に非常に適した方法であるが，大きな問題がまだ 2 つ残っている．ひとつはデータプライバシーをどう保証するかという問題であり，もうひとつは通信路グラフの隣接行列をどう設計すべきかという問題である．それぞれ以下に見ていく．

4.4.2　無作為分解法による秘匿計算

　オリジナルの動的合意法の明らかな問題は，初回に自分の持っているデータ ξ^s を近傍の参加者にわたさなければならないことである．2 回目以降は他人のデータと混じるため，わたされた値からもとの値を復元することは簡単ではなくなるが，初回が問題である．

　この問題に対する非常に簡単な解決策がある．それは，1 回の反復ラウンドを，N_c 回に分けることである．対応して手元のデータを

$$\xi(t)^s = \xi(t)^{s[1]} + \cdots + \xi(t)^{s[N_c]} \qquad (4.31)$$

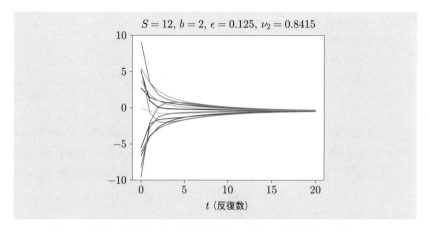

図 4.4 動的合意法による収束の様子. グラフは階数 $b = 2, S = 12$ のサイクルグラフで, $\epsilon = \frac{1}{4b}$ としてある.

のように N_c 個の塊に分解する. 分解の仕方は各参加者の任意に任せる. 動的合意法はデータに対して線形な演算のみから成り立っているので, 全ての参加者が同数の塊から成る分解をしている限り

$$\overline{\xi} = \sum_{s=1}^{S} \xi^s = \sum_{s=1}^{S} \sum_{h=1}^{N_c} \xi^{s[h]} = \sum_{h=1}^{N_c} \left(\sum_{s=1}^{S} \xi^{s[h]} \right) = \sum_{h=1}^{N_c} \overline{\xi}^{[h]} \qquad (4.32)$$

のように, N_c 個の塊毎に総和を計算し, 最後にそれを手元で合算すればよい. ただし $\overline{\xi}^{[h]}$ は h 番目の塊に関する総和である. これを**無作為分割法**（random chunking method）と呼ぶ.

　ただし, N_c 個の塊に分けたとしても, それら全てが同じ参加者に送られてしまう場合は意味がない. そのため, 理想的には, N_c 回のサブラウンド毎に, まったく別の参加者と通信するように隣接行列 A を調整しなければならない. ただし, 次数によってはそれは困難ないし実行不可能なので, 次善の策として, 隣接行列 A をランダムに選択するか, あるいはひとつの A においてノード番号をランダムに入れ替える. その場合, 偶然, N_c 回続けてある参加者が別の参加者の近傍に当たるということはあり得る. その確率を見積もってみよう.

　今, 参加者 s のデータを N_c 回続けて受け取ってしまう参加者を j とし, 参

加者 j を「s の侵害者」と呼ぶことにする．1 回のサブラウンドにおいて，他の参加者が任意の接続をなし得る時に，参加者 j が s の近傍に来る確率は，参加者 s に対応する通信路グラフの次数（通信をすべき参加者数）を d^s とすると

$$\binom{S-2}{d^s-1}\binom{S-1}{d^s}^{-1} = \frac{d^s}{S-1}, \tag{4.33}$$

のように見積もることができる．左辺で分母に来る 2 項係数は，$S-1$ 人いる s 以外の参加者群の中から，d^s 人の近傍を選択する場合の数を意味する．分子は，j 以外のノードが近傍になる場合の数に対応する．2 項係数を出すまでもなく，「$S-1$ 人の中から，d^s 人を選ぶ時に，その d^s の中に j が入る確率」と右辺を直接解釈することも可能である．

このことから，j が s の侵害者となる確率は，$\left(\frac{d^s}{S-1}\right)^{N_c}$ のように書ける．他の $S-2$ 人の一部が侵害者になり得ることを考えると，ブールの不等式から，s のデータプライバシーが侵害（breach）される確率について

$$p^s_{\text{breach}} \le \sum_{j \ne s} \left(\frac{d^s}{S-1}\right)^{N_c} = (S-1)\left(\frac{d^s}{S-1}\right)^{N_c} \tag{4.34}$$

のような評価ができる．したがって任意の参加者のデータプライバシーが保たれる確率は

$$p_{\text{secure}} > \prod_{s=1}^{S}\left\{1-(S-1)\left(\frac{d^s}{S-1}\right)^{N_c}\right\} \ge 1 - S(S-1)\left(\frac{d_{\max}}{S-1}\right)^{N_c} \tag{4.35}$$

を満たす．ただし $d_{\max}$ は全ての参加者の中で最大の次数であり，第 2 の不等式はベルヌーイの不等式による．通信路は一般的に疎なグラフとなるように選ばれるので，$\frac{d_{\max}}{S-1} \ll 1$ が成り立つ．ゆえ，N_c がそこそこ大きければ，最右辺は 1 に近い．つまり，100% 安全ではないとしても，ほとんど常に安全と言えるようにできるということである．この結果を定理としてまとめておこう．

定理 4.1（無作為分割法のデータプライバシー保障）　動的合意法と無作為分割法を組み合わせた合意算法において，データプライバシーが侵害される確率は式 (4.34) のような上限を持つ．適切に N_c と通信路を選ぶことにより，侵害確率を指数関数的に 0 に近付けることができる．

　この式からわかる通り，塊の数 N_c に対して指数関数的に安全性は上がって
いく．なおかつ，疎な，したがって次数の低い通信路を使うと安全性がさらに
増すことがわかる．この状況はビットコインの承認者選択における安全性保障
とやや似ている．我々は 100% 確実な安全性を保障することはできないが，上
手く N_c と通信路を選べば，極めて高い確率で安全な算法を設計することがで
きる．Algorithm 4.2 に，無作為分割法に基づく動的合意法の計算手順をまと
めておく．

Algorithm 4.2　無作為分割法を使った動的合意

1: 入力: ϵ, N_c, A
2: 初期化: $\overline{\xi} = 0$.
3: それぞれの参加者が自分のデータ ξ^s を N_c 個の塊に分割する．
4: **for** $h \leftarrow 1, \ldots, N_c$ **do**
5:　　ルーターがランダムに参加者番号を振り直すことで A を組み直す．
6:　　**repeat**
7:　　　式 (4.27) により各 s での値を更新する．
8:　　**until** 収束
9:　　$\overline{\xi} \leftarrow \overline{\xi} + \overline{\xi}^{[h]}$
10: **end for**

4.4.3　サイクルグラフの固有値

　動的合意法の収束は，行列 W_ϵ の第 1 番目と第 2 番目の固有値の比にかかっ
ている．疎なグラフの具体例として，図 4.3 に示したような，S 個の頂点を持
ち階数が b の**サイクルグラフ**（cycle graph）を考えてみよう．このグラフを
C_S^b という記号で表すことにする．これは**正則グラフ**（regular graph），すな
わち全ての頂点が同一の次数 $d = 2b$ 持つグラフである．このグラフは，階数
を低く保つことで疎なグラフとなり，式 (4.35) で示した通り，内部プライバ
シーが侵害される確率を低く抑えることができる．また，全ての頂点の次数が
同じという意味で，民主主義的なグラフとも言える．

隣接行列 A の固有値と固有ベクトル

　W_ϵ の固有値は隣接行列 A の固有値から直ちに求められるので，サイクル
グラフの隣接行列の固有値を求めてみよう．そのためには，隣接行列のベク

トル表現を導入すると便利である．S 次元のユークリッド空間の正規直交基底 $e_1, \ldots, e_S$ を使うと，隣接行列は $\mathsf{A} = \sum_{i,j} \mathsf{A}_{i,j} e_i e_j^\top$ のように書けるから，C_S^b の隣接行列は

$$\mathsf{A}(\mathrm{C}_S^b) = \sum_{s=1}^{S} \sum_{j=1}^{b} (e_{s+j} e_s^\top + e_{s-j} e_s^\top) \tag{4.36}$$

である．ただし b は $S \geq 2b+1$ を満たし，全ての添え字には周期的境界条件を課す．すなわち，e_i の添え字が $1, \ldots, S$ の範囲から出る場合は，S の整数倍を加えるか引くかして，$1, \ldots, S$ の範囲の値と同一視する．例えば $j = 0$ は S と同じで，$j = S+1$ は 1 と同一視する．一般に，周期 S の 1 次元格子上の任意の関数 $u(s)$ は離散フーリエ変換による表現

$$u(s) = \sum_{m=1}^{S} U_m \phi_m(s) \tag{4.37}$$

を持つ．ここで U_m は m 番目の周波数に対するフーリエ係数である．$\phi_m(s)$ は m 番目の周波数に対応する基底関数であり，

$$\phi_m(s) \triangleq \frac{1}{\sqrt{S}} e^{i\omega_l(s-1)}, \qquad \omega_m \triangleq \frac{2\pi}{S}(m-1) \tag{4.38}$$

のように定義される．i は虚数単位である．この基底が，$\phi_m(s+S) = \phi_m(s)$ を満たすことは容易に確認できる．

　上に定義した 1 次元周期格子上の関数 $u(s)$ は，$u = \sum_{s=1}^{S} u_s e_s$ によって，S 次元ユークリッド空間のベクトルと 1 対 1 に対応する．これに $\mathsf{A}(\mathrm{C}_S^b)$ を作用させ，どのように $\{U_m\}$ を決めると A の固有ベクトルになるか考えてみよう．

$$\mathsf{A}(\mathrm{C}_S^b) u = \sum_{s=1}^{S} \sum_{j=1}^{b} \sum_{m=1}^{S} U_m \phi_m(s)(e_{s-j} + e_{s+j})$$

$$= \sum_{s=1}^{S} \sum_{j=1}^{b} \sum_{m=1}^{S} U_m \phi_m(s)(\mathrm{e}^{i\omega_m j} + \mathrm{e}^{-i\omega_m j}) e_s \tag{4.39}$$

$$= \sum_{s=1}^{S} e_s \sum_{m=1}^{S} U_m \phi_m(s) \sum_{j=1}^{b} 2\cos(\omega_m j) \tag{4.40}$$

が成り立つことがわかる．u が固有ベクトルになるためには，右辺が u に比例しなければならない．このための条件は

$$\left[\lambda - \sum_{j=1}^{b} 2\cos(\omega_m j) \right] U_m = 0 \tag{4.41}$$

である．これと規格化条件[♠3]を満たすように $\lambda, \{U_m\}$ を決めるのは簡単である．例えば $U_1 = 1$ とし他を全部 0 にすれば，$\lambda = \sum_{j=1}^{b} 2\cos(\omega_1 j)$ において全ての m に対し上式は満たせる．同じく，$U_2 = 1$ とし他を全部 0 にすれば，$\lambda = \sum_{j=1}^{b} 2\cos(\omega_2 j)$ において全ての m に対し上式は満たせる．$U_l = 1$ で他を 0 とした場合に対応する固有ベクトルと固有値をそれぞれ $\boldsymbol{u}_l, \lambda_l$ とすると，$l = 1, \ldots, S$ に対し

$$\boldsymbol{u}_l = \sum_{s=1}^{S} \boldsymbol{e}_s \phi_l(s) = \sum_{s=1}^{S} \boldsymbol{e}_s \frac{1}{\sqrt{S}} \exp\left\{ \frac{2\pi\mathrm{i}}{S}(l-1)(s-1) \right\} \tag{4.42}$$

$$\lambda_l = \sum_{j=1}^{b} 2\cos(\omega_l j) = \sum_{j=1}^{b} 2\cos\left\{ \frac{2\pi}{S}(l-1)j \right\} \tag{4.43}$$

となることがわかる（一般に固有値の降順に整列されていないことに注意）．これが $\mathsf{A}(\mathrm{C}_S^b)$ の固有ベクトルと固有値である．最大の固有値は明らかに $l = 1$ において生じ，$\boldsymbol{u}_1 = \frac{1}{\sqrt{S}}\mathbf{1}_S, \lambda_1 = 2b$ であることがわかる．

W_ϵ の固有値と動的合意法の収束

さて隣接行列の固有ベクトルがわかったので W_ϵ の固有ベクトル・固有値について考えよう．サイクルグラフ C_S^b は全ての頂点が $d = 2b$ という次数を持つ正則グラフなので，$\mathsf{W}_\epsilon = \mathsf{I}_S - \epsilon(\mathsf{D} - \mathsf{A}) = (1 - \epsilon d)\mathsf{I}_S + \epsilon\mathsf{A}$ が成り立つ．任意のベクトルは単位行列の固有ベクトルになっているので，式 (4.42) の $\{\boldsymbol{u}_l\}$ は W_ϵ の固有ベクトルにもなっていることがわかる．式 (4.42) に対応して，W_ϵ の（必ずしも降順に整列されていない）固有値を $\tilde{\nu}_1, \ldots, \tilde{\nu}_S$ と置く．式 (4.42) から単位行列の項の分の変更を受け

$$\tilde{\nu}_l = 1 - \epsilon d + \epsilon\lambda_l \tag{4.44}$$

$$= 1 - 4\epsilon \sum_{j=1}^{b} \sin^2\left\{ \frac{\pi}{S}(l-1)j \right\} \tag{4.45}$$

[♠3]取り得る範囲が複素数に拡張されているので，規格化条件は $\boldsymbol{u}$ の共役転置 $\boldsymbol{u}^\dagger$ により，$1 = \boldsymbol{u}^\dagger\boldsymbol{u} = \sum_{s=1}^{S} u^*(s)u(s) = \sum_{s=1}^{S} |u(s)|^2$ のように書かれる．ただし $u(s)^*$ は $u(s)$ の複素共役，$|u(s)|$ は（複素数の）絶対値を表す．

となっていることがわかる．最大の固有値 ν_1 は再右辺の $\sin^2$ の項が最小値 0 を取るところで生ずる．これは明らかに $\nu_1 = \tilde{\nu}_1 = 1$ である．第 2 固有値は $l = 1$ および $l = S - 1$ に対応して

$$\nu_2 = 1 - 2\epsilon \sum_{j=1}^{b} \left(1 - \cos \frac{2\pi j}{S} \right) = 1 - 4\epsilon \sum_{j=1}^{b} \sin^2 \frac{\pi j}{S} \tag{4.46}$$

となっていることがわかる．これが絶対値においても第 2 番目に大きいかどうかは ϵ の値に依存する．式 (4.45) より，ν_l は $1 - 4\epsilon b$ を下回ることができないから，例えば $\epsilon = \frac{1}{4b} = \frac{1}{2d}$ と選べば全ての固有値は非負になり，したがって ν_2 が絶対値の意味でも第 2 番目に大きい．

4.4.4 サイクルグラフにおける動的合意法の収束

このようにサイクルグラフでは W_ϵ の固有値が解析的に求められるので，動的合意法の収束の大体の傾向をつかむために有用である．実用上のひとつの興味は，参加者の人数 S が大きい時収束が非常に遅くなったりしないか，というものである．動的合意法の第 t 回目の反復において，$\left(\frac{\nu_2}{\nu_1} \right)^t$ が小さければ小さいほど収束は早い[4]．今の場合，総和 $\overline{\xi}$ を求めるのが目的である．式 (4.30) によれば，反復回数 t が $t \to \infty$ となると

$$\| \sqrt{S} \mathsf{W}_\epsilon{}^t \boldsymbol{\xi}(0) \|_2 \to \left\| \frac{1}{\sqrt{S}} \mathbf{1}_S \overline{\xi} \right\|_2 = |\overline{\xi}|$$

が成り立つ．$\| \cdot \|_2$ は ℓ_2 ノルムである．それゆえ，左辺と再右辺の差を $\overline{\xi}$ で割って作られる

$$e_\epsilon(t) \triangleq \frac{1}{|\overline{\xi}|} \sqrt{\| \sqrt{S} \mathsf{W}_\epsilon{}^t \boldsymbol{\xi}(0) \|_2^2 - \overline{\xi}^2} \tag{4.47}$$

は我々の文脈における相対誤差として自然な選択である．平方根の中は正であることに注意．ここで W_ϵ の降順に並べた固有値を $\nu_1, \dots, \nu_S$ とし，ϵ を適切に調整することで ν_2 が絶対値の意味でも第 2 番目に大きいと仮定しよう．ν_2 に対応する規格化された固有ベクトルを $\boldsymbol{u}_2$ とすれば，$t \to \infty$ とともに漸近的に

---

[4] $\nu_1 = 1$ なので冗長な表現だが，ν_2 そのものではなくて ν_2 との違いが重要なのでこのように書いた．

$$e_\epsilon(t) \to \sqrt{S} \left(\frac{\nu_2}{\nu_1}\right)^t \times \frac{\boldsymbol{u}_2^\top \boldsymbol{\xi}(0)}{\overline{\xi}} \sim \sqrt{S} \left(\frac{\nu_2}{\nu_1}\right)^t \times O(1) \tag{4.48}$$

のようになる．それゆえ，$\sqrt{S}\left(\frac{\nu_2}{\nu_1}\right)^t$ を相対誤差の代用品として使うことができる．参加者数 S が大きい時に，これがある小さな値 δ より小さくなるために必要な反復回数 t を求めよう．式 (4.46) の総和は，$S \gg \pi b$ である時，正弦関数をテイラー展開することで足し上げることができる．すなわち

$$\left(\frac{\nu_2}{\nu_1}\right)^t \approx 1 - \frac{2\pi^2}{3S^2} \epsilon t b(b+1)(2b+1). \tag{4.49}$$

である．この解析的な近似表現を使うと，相対誤差が δ を下回るために必要な最低の回数を

$$t \approx \frac{3S^2 \ln(\sqrt{S}/\delta)}{2\pi^2 \epsilon b(b+1)(2b+1)} = O\left(\frac{S^2 \ln(\sqrt{S}/\delta)}{\epsilon b^3}\right). \tag{4.50}$$

と見積もることができる．つまり参加者数 S の 2 乗の程度で収束に必要な反復回数は増える．サイクルグラフについての以上の結果をひとまずまとめておこう．

定理 4.2（サイクルグラフでの動的合意法の収束） 階数 b，頂点数 S のサイクルグラフで，$\nu_2 > |\nu_S|$ となるよう ϵ が選ばれていれば，動的合意法 (4.27) は総和 $\overline{\xi}$ に収束する．相対誤差が δ を下回るために必要な反復回数 t は $t \sim O\left(\frac{S^2 \ln(\sqrt{S}/\delta)}{\epsilon b^3}\right)$ である．

　算法設計の常識からすれば，グラフの頂点数の 2 乗に比例する反復回数は遅い部類に入るであろう．だとすれば，サイクルグラフ以外のグラフを選ぶことでこれを改善できないか，という発想が生まれてくる．これは**スペクトルグラフ理論**（spectral graph theory）の興味深い問題に関係しており，かなりのことがわかっている．次項で軽くさわりを紹介しよう．

　本項の残りでは，サイクルグラフの収束にまつわる数値例をいくつか挙げておこう．図 4.5 の左側の図は，式 (4.46) をもとに，ν_2 を C_S^d の頂点数 S の関数として示したものである．左から，$b = 1, 2, 4, 8, 16$ に対応する．図からわかる通り，ν_2 は S の大きい側で急速に 1 に近付いてしまい，動的合意法の収

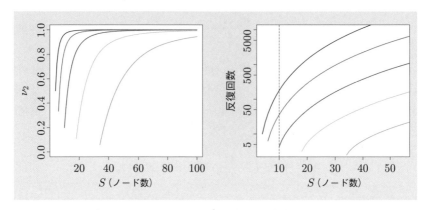

図 4.5　左：サイクルグラフ C_S^d の第 2 固有値 ν_2 をノード数 S の関数としてプロットしたもの．右：$\left(\frac{\nu_2}{\nu_1}\right)^t = 10^{-3}$ に到達するまでの反復数の様子．どちらの図も，左から右に，$b = 1, 2, 4, 8, 16$ に対応している．

束に困難を生ずることがわかる．予期される通り，この傾向は b が大きいと弱まり，したがって収束は速まる．一方，図 4.5 の右側は $\left(\frac{\nu_2}{\nu_1}\right)^t = 10^{-3}$ に至るまでの反復回数 t を表している．例えば $S = 10$ の時，階数最低のサイクルグラフ $b = 1$ は 236 回の反復が必要で，$b = 2$ と 3 ではそれぞれ 47 回と 6 回の反復が必要であることがわかる．なお，$S = 12, b = 2$ に対する図 4.4 では，$\nu_2 = 0.8415$ ゆえ $\left(\frac{\nu_2}{\nu_1}\right)^{20} = 0.031$，$\sqrt{S}\left(\frac{\nu_2}{\nu_1}\right)^{20} = 0.110$ である．

　どの程度の誤差を許容できるかは，動的合意法が使われる学習の算法にも依存する．もし学習法がデータのばらつきに敏感なようなものであれば，EM 法の内部で動的合意法を使う際には収束の様子に細心の注意を払う必要がある．単発の動的合意における収束ではなく，分散分権型の学習と組み合わせた場合の収束の管理の方法は必ずしもよくわかっているわけではないので，問題毎に個別に考えていく必要がある．

4.4.5　修正サイクルグラフとその意義

　さて，通信路の設計による動的合意法の収束改善という問題に戻ろう．サイクルグラフから出発した時の興味深い通信路の例として，逆弦付きサイクルグラフ（cycle with inverse chords）という特殊なグラフが知られている[140]．

これは C_S^1 の各頂点 s から，$(s-1)(j-1) = 1 \mod S$ を満たす相手に追加の辺を張る，というだけのものである．これは次数 $d = 3$ の正則グラフとみなせる[5]．隣接行列 $\mathbf{A}$ の i 番目に大きい固有値を λ_i としよう．このグラフにおいては，興味深いことに，$\Delta \triangleq \lambda_1 - \lambda_2$ という量に下限が存在することが知られている．その下限は S にはほとんど依存せず，主に次数で決まる．次数 d の正則グラフに対して成り立つ式 (4.44) より

$$\nu_1 - \nu_2 = \epsilon(\lambda_1 - \lambda_2) \geq \epsilon\Delta_{\min} \tag{4.51}$$

が言える．したがってこのグラフでは

$$\frac{\nu_2}{\nu_1} \leq 1 - \epsilon\Delta_{\min} \tag{4.52}$$

となっていることがわかる．ただし Δ の下限を $\Delta_{\min}$ と表した．先に見た通り，$\frac{\nu_2}{\nu_1}$ は，（正の範囲で）小さければ小さいほど収束が速い．したがって，このグラフでは，適切な ϵ を選ぶことで，非常に早い収束を達成できる可能性がある．

前項と同様に考えると，このグラフでは，相対誤差 δ を下回るために必要な反復回数を

$$t \sim O\left(\frac{\ln(\sqrt{S}/\delta)}{|\ln(1 - \epsilon\Delta_{\min})|}\right) \tag{4.53}$$

のように見積もることができる．上記の結果を定理 4.2 と比較してみるのは興味深い．上に述べた通り，$\Delta_{\min}$ は S にほとんど依存しないので，反復回数 t は，頂点数（参加者数）S に対し，おおむね $\ln S$ で依存することになる．これは人数が多くても収束速度の悪化はほとんどない，ということを意味する．

これはやや直感に反する気がしなくもないので，ここで実際に数値的に収束速度を確認してみることにしよう．$\sqrt{S}\left(\frac{\nu_2}{\nu_1}\right)^t = 10^{-3}$ を達成するために必要な反復回数 t を計算してみる．結果を図 4.6 に示す．公平な比較のため，グラフの最大次数を $d_{\max}$ とした時に，$\epsilon = \frac{1}{d_{\max}}$ のように ϵ を選んだ．左が通常の

---

[5]本来の定義では S は素数に限られるが，それは気にせず任意の S にこの規則を採用する．この定義に基づくと，追加の弦が張れない場合があり得るので，一般にこのグラフは正則グラフとはならない．しかし「ほとんど」正則グラフということは言えるので，正則グラフに対して成り立つ不等式 (4.51) および (4.52) を使って収束の評価を行っている．

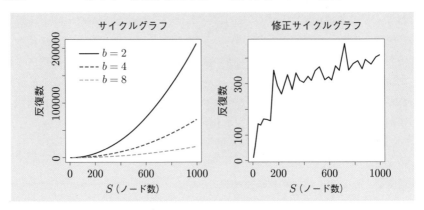

図 4.6 $\sqrt{S}\left(\frac{\nu_2}{\nu_1}\right)^t = 10^{-3}$ を達成するために必要な反復数.

サイクルグラフ，右が修正サイクルグラフの結果である．サイクルグラフの場合，定理 4.2 で見た通り，収束に必要な反復数はおおむね放物線的に増えていることがわかる．一方，修正サイクルグラフの場合，まず縦軸の目盛が段違いで小さく，かつ，その上昇の度合いも非常に遅い（つまり会員数が増えても収束に必要な反復数があまり増えていない）ことがわかる．

　もうひとつ修正サイクルグラフで興味深いのは，反復数に不連続な増減が見られることである．一部これは，脚注 5 で述べたような定義の拡張に由来するが，常にそうであるわけではない．この種類のグラフの研究はスペクトルグラフ理論の中心課題のひとつであり，研究の余地がある．この点については最近の論文[130] も参照されたい．

4.5　スパース混合ガウスモデルによる分散分権型学習

　4.2.1 項で述べたモデルにおいて，観測モデルの式 (4.2) における $f(x^s \mid \theta_k)$ と，事前分布の式 (4.5) における $p(\theta_k)$ については具体的なモデルを指定していなかった．この節では指数分布族の代表例として，特に多次元ガウスモデルを選んだ時の具体的な算法について考える．このモデルの最尤推定は graphical LASSO という算法を利用することで効率良く行える．この算法の導出も詳しく説明する．

4.5.1 モデルの設定

観測モデルとしての多次元ガウスモデルの分布関数を明示的に書くと

$$f(\boldsymbol{x}^s \mid \boldsymbol{\theta}_k) = \mathcal{N}(\boldsymbol{x} \mid \boldsymbol{\mu}_k, (\Lambda_k)^{-1})$$
$$= \frac{\det(\Lambda_k)^{\frac{1}{2}}}{(2\pi)^{\frac{M}{2}}} \exp\left\{-\frac{1}{2}(\boldsymbol{x}^s - \boldsymbol{\mu}_k)^\top \Lambda_k (\boldsymbol{x}^s - \boldsymbol{\mu}_k)\right\} \tag{4.54}$$

である. モデルのパラメータとしては $\boldsymbol{\theta}_k = \{\boldsymbol{\mu}_k, \Lambda_k\}$ ということである. $\det(\cdot)$ は, カッコ内の行列の行列式を計算することを意味する. $\boldsymbol{\mu}_k \in \mathbb{R}^M$ は平均, $\Lambda_k \in \mathbb{R}^{M \times M}$ は**精度行列**(precision matrix)を表す. これらのパラメータへの事前分布として, ひとつの実用的な選択は次のガウス–ラプラス分布である.

$$p(\boldsymbol{\theta}_k) = p(\boldsymbol{\mu}_k, \Lambda_k) \propto \mathcal{N}(\boldsymbol{\mu}_k \mid \boldsymbol{0}, (\lambda_0 I_M)^{-1}) \exp\left(-\frac{\rho_0}{2}\|\Lambda_k\|_1\right)$$
$$= \left(\frac{\lambda_0}{2\pi}\right)^{\frac{M}{2}} \exp\left(-\frac{\lambda_0}{2}\boldsymbol{\mu}_k^\top \boldsymbol{\mu}_k - \frac{\rho_0}{2}\|\Lambda_k\|_1\right) \tag{4.55}$$

新しい定数 ρ_0, λ_0 が出てきたが, これらは事前に与えられていると見なす. $\|\cdot\|_1$ は一般に ℓ_1 ノルムを表しており, 今の場合は

$$\|\Lambda_k\|_1 = \sum_{i=1}^{M}\sum_{j=1}^{M} |(\Lambda_k)_{i,j}| \tag{4.56}$$

のように, 行列要素の絶対値を全部足したものである. 先ほども述べたが, 事前分布は不必要な偏見をモデルに導入するためのものではなく, 解の数値的な性質を改善するために使われている. $\boldsymbol{\mu}_k$ については $\boldsymbol{0}$ の周りにゆるく拘束することで, 外れ値に過度に敏感に反応しないようにしている. 同様に Λ_k についても, その行列要素がそれぞれ独立にゼロの周りに分布しているという想定を入れている. これは, 強い根拠がない限り, 行列要素の値はゼロと見なす, というような約束にしたことに当たる. 確率分布の言葉で書いているものの, やっていることはいわゆる正則化項(regularization term)を入れているのと同じである. この点は後で明らかになる.

4.5.2　対数尤度の表式とパラメータ推定

指数型分布族について，パラメータ推定を行うための一般式を式 (4.17) に与えた．その式を使う際の実用上の問題は，$G, H, \boldsymbol{\eta}, \boldsymbol{T}$ による表現が必ずしも一般的ではないことである．多次元ガウス分布の場合は，通常使われるパラメータは平均と共分散行列という 2 つだけで簡明であるが，$G, H, \boldsymbol{\eta}, \boldsymbol{T}$ はこれらとの間で相当複雑な関係を持つ．それゆえここでは，理論的な一般式 (4.17) から離れ，改めて最尤推定のためのパラメータ推定式を書き下してみる．

式 (4.9) で与えた対数尤度の下限を，$\{\boldsymbol{\mu}_k, \Lambda_k\}$ に関係する部分について書き出してみよう．

$$L(\boldsymbol{\Pi}, \boldsymbol{\Theta}) = \mathrm{c.} + \sum_{k=1}^{K} \ln p(\boldsymbol{\mu}_k, \Lambda_k) + \sum_{s=1}^{S} \sum_{n=1}^{N^s} \sum_{k=1}^{K} r_k^{s(n)} \ln \left[\pi_k^s f(\boldsymbol{x}^s \mid \boldsymbol{\theta}_k) \right]$$

ただし c. はパラメータ $\{\boldsymbol{\mu}_k, \Lambda_k\}$ に依存しない定数である．最後の項では $\sum_{\boldsymbol{z}^{s(n)}} q(\boldsymbol{z}^{s(n)}) z_k^s = r_k^{s(n)}$ を使った．さらに具体的なモデル (4.54) および (4.55) を代入すると

$$L(\boldsymbol{\Pi}, \boldsymbol{\Theta}) = \mathrm{c.} + \sum_{k=1}^{K} \left[-\frac{\lambda_0}{2} \boldsymbol{\mu}_k^\top \boldsymbol{\mu}_k - \frac{\rho_0}{2} \|\Lambda_k\|_1 \right. $$
$$\left. + \frac{1}{2} \sum_{s,n} r_k^{s(n)} \left\{ \ln \det(\Lambda_k) - (\boldsymbol{x}^{s(n)} - \boldsymbol{\mu}_k)^\top \Lambda_k (\boldsymbol{x}^{s(n)} - \boldsymbol{\mu}_k) \right\} \right]$$

となる．ここで式 (4.13) で定義した $N_k^s \triangleq \sum_{n=1}^{N^s} r_k^{s(n)}$ に加え

$$\boldsymbol{m}_k^s \triangleq \sum_{n=1}^{N^s} r_k^{s(n)} \boldsymbol{x}^{s(n)}, \qquad \mathsf{C}_k^s \triangleq \sum_{n=1}^{N^s} r_k^{s(n)} \boldsymbol{x}^{s(n)} \boldsymbol{x}^{s(n)\top} \tag{4.57}$$

という量を定義する．これらは各参加者の手元で計算できる総和計算である．さらにこれらを参加者にわたり合算する

$$\overline{N}_k \triangleq \sum_{s=1}^{S} N_k^s, \quad \overline{\boldsymbol{m}}_k \triangleq \sum_{s=1}^{S} \boldsymbol{m}_k^s, \quad \overline{\mathsf{C}}_k \triangleq \sum_{s=1}^{S} \mathsf{C}_k^s \tag{4.58}$$

という量も定義しておく．これらの量を使って $L(\boldsymbol{\Pi}, \boldsymbol{\Theta})$ を整理する．任意の列ベクトル $\boldsymbol{a}$ と行列 A について，積が適切に定義できる限り $\boldsymbol{a}^\top \mathsf{A} \boldsymbol{a} = \sum_{i,j} a_i A_{i,j} a_j = \mathrm{Tr}(\mathsf{A} \boldsymbol{a} \boldsymbol{a}^\top)$ が常に成り立つことを利用して

$$L(\mathbf{\Pi}, \mathbf{\Theta}) = \text{c.} + \frac{1}{2} \sum_{k=1}^{K} \Big[-\lambda_0 \boldsymbol{\mu}_k^\top \boldsymbol{\mu}_k - \rho_0 \|\Lambda_k\|_1$$
$$+ \overline{N}_k \ln \det(\Lambda_k) - \text{Tr}\left(\Lambda_k(\overline{C}_k + \overline{N}_k \boldsymbol{\mu}_k \boldsymbol{\mu}_k^\top)\right) + 2\,\text{Tr}\left(\Lambda_k \overline{\boldsymbol{m}}_k \boldsymbol{\mu}_k^\top\right) \Big]$$

となることがわかる.

十分見やすい形になったので,ここで $L(\mathbf{\Pi}, \mathbf{\Theta})$ を最大化する $\boldsymbol{\mu}_k$ と Λ_k を求めてみよう. $\boldsymbol{\mu}_k$ について微分して $\mathbf{0}$ と等置することで容易に

$$\boldsymbol{\mu}_k = \frac{1}{\lambda_0 + \overline{N}_k} \overline{\boldsymbol{m}}_k \tag{4.59}$$

を得る[♠6]. 精度行列 Λ_k については通常の意味では微分不可能な $\|\Lambda_k\|_1$ という項があるため,$\boldsymbol{\mu}_k$ ほど簡単にはいかない. 上の $L(\mathbf{\Pi}, \mathbf{\Theta})$ の中で Λ_k に関する項を単に拾うと,対数尤度(の下限)を最大化するために解くべきなのは

$$\Lambda_k = \arg\max_{\Lambda_k} \left\{ \ln\det(\Lambda_k) - \text{Tr}(\Lambda_k \Sigma_k) - \frac{\rho_0}{N_k} \|\Lambda_k\|_1 \right\} \tag{4.60}$$

であることがわかる. ただし

$$\Sigma_k \triangleq \frac{1}{N_k} \overline{C}_k + \boldsymbol{\mu}_k \boldsymbol{\mu}_k^\top \tag{4.61}$$

と定義した. この中の $\boldsymbol{\mu}_k$ は式 (4.59) で既に求まっていると想定される.

以上の結果を 4.2.3 項における一般論と対比すると次のようになる.

- 局所的総和:$\{N_k^s, \boldsymbol{m}_k^s, C_k^s\}_{k=1}^K$ の計算. すなわち,指数型分布族の T という量は,$\{\boldsymbol{m}_k^s, C_k^s\}$ に対応する.
- 合意形成:式 (4.58) における $\{\overline{N}_k, \overline{\boldsymbol{m}}_k, \overline{C}_k\}_{k=1}^K$ の(分散分権型の)計算.
- 最適化:式 (4.59) による $\{\boldsymbol{\mu}_k\}_{k=1}^K$ の計算と,式 (4.60) による $\{\Lambda_k\}_{k=1}^K$ の計算.

残る問題は,式 (4.60) をどう解くかである. この問題は ℓ_1 正則化回帰問題との類似性から,**グラフィカルラッソ**(graphical LASSO)などと呼ばれている[125]. LASSO は公式には least absolute shrinkage and selection operator ということになっているが,実際にはこれはむしろ,縄をぎりぎりと締め上げるように回帰係数をゼロに近付ける様子が,カウボーイの投げ縄(lasso)に似

[♠6]行列とベクトルについての微分公式は井手[144] の巻末付録を参照のこと.

ているという直感的理解が先にあったようである[148]. 「グラフィカル」の方
は，式 (4.60) が，**ガウス型グラフィカルモデル**（Gaussian graphical model）
の議論の中で最初に現れたという経緯による. ガウス型グラフィカルモデルと
いうのは，変数間の依存関係の構造をデータから学習する**構造学習**（structure
learning）と呼ばれる分野の最も基本となるモデルのひとつで，変数間の依存
構造が精度行列と 1 対 1 に対応している. より具体的に言えば，x_i と x_j の間
の偏相関係数（partial correlation coefficient）$r_{i,j}$ は

$$r_{i,j} = -\frac{\Lambda_{i,j}}{\sqrt{\Lambda_{i,i}\Lambda_{j,j}}} \tag{4.62}$$

のように精度行列と関係している. したがって精度行列 $\{\Lambda_k\}$ を求めること
は，変数間の依存関係を表すグラフを求めることである. このあたりの初等的
な解説は井手[143] を参照されたい.

4.5.3　**Graphical LASSO による精度行列の推定**

式 (4.60) は k により完全に独立に扱えるので，この項では添え字を落とし，
かつ $\rho \triangleq \frac{\rho_0}{N_k}$ として

$$\Lambda = \arg\max_{\Lambda} \{\ln \det(\Lambda) - \mathrm{Tr}(\Lambda\Sigma) - \rho\|\Lambda\|_1\} \tag{4.63}$$

の解き方を考えよう. Σ は既知の $M \times M$ 実対称行列とする. これを解く際何
に困ったかと言えば，$\|\Lambda_k\|_1$ が普通の意味では微分できないことであった. 絶
対値関数にはカドがある. カドの位置では微分係数が上手く定義できない. だ
から「微分してゼロと置く」という極大値を求めるためのお決まりの技がその
ままで使えない. しかしカドの 1 点を除けばまったく問題なく微分できてしま
うので，全てをあきらめるのもやりすぎな気もする. そこで一般に，実数値 x
に対し，$\frac{\mathrm{d}|x|}{\mathrm{d}x}$ の代用品として

$$\mathrm{sign}(x) \triangleq \begin{cases} 1, & (x > 0) \\ (-1, 1) \text{ の間の何かの値}, & (x = 0) \\ -1, & (x < 0) \end{cases} \tag{4.64}$$

のような関数を定義する. これを符号関数（sign function）と呼ぶ. 「何かの
値」とは無責任に聞こえる定義であるが，話は逆である. むしろ，これは方程

式が矛盾しないようにする隠し玉のようなものである. 実際, カドにおける値を上記のような不定係数に繰り込んで何とかする一連の手法を, **劣勾配法**(subgradient method) と呼ぶ. ざっくり言えば, これは「微分してゼロと置く」という話と同じなのだが, 絶対値の微分が出てくるところでは微分演算を符号関数で置き換えるという手続きのことである.

最適性の条件

ということで勇気を出して, 目的関数を Λ で微分してゼロと置いてみよう. 行列の微分に関するよく知られた公式[144]

$$\frac{\partial}{\partial \Lambda} \ln \det(\Lambda) = \Lambda^{-1}, \qquad \frac{\partial}{\partial \Lambda} \mathrm{Tr}(\Lambda \Sigma) = \Sigma \qquad (4.65)$$

を使うと, 式 (4.63) の目的関数の勾配をゼロと置いて, 形式的に

$$0 = \frac{\partial f}{\partial \Lambda} = \Lambda^{-1} - \Sigma - \rho \, \mathrm{sign}(\Lambda) \qquad (4.66)$$

という最適性の条件が得られる. ただし $\mathrm{sign}(\Lambda)$ は, (i,j) 要素が $\mathrm{sign}(\Lambda_{i,j})$ で与えられる行列である.

$\rho = 0$ の場合, この方程式を解くのは簡単である. $\Lambda^{-1} = \Sigma$ より, 解は $\Lambda = \Sigma^{-1}$ となる. しかしこれは我々の欲しいものではない. 第 1 に数値計算上の問題がある. Σ はその定義式 (4.57)〜(4.58) および (4.61) を見るとわかる通り, 標本共分散という意味を持つ. 実用上, 次元 M が数十を超えると, 数値計算上しばしば Σ の階数 (rank) に欠損が起こり, 逆行列を明示的に求められない. 第 2 に, 疎な Λ が得られないという問題がある. 数値計算上の問題だけなら, 疑似逆行列[142] を求めたり, 不完全コレスキー分解 (incomplete Cholesky decomposition) [124] を使って解決は可能だが, そうして求まる Λ は疎にならない. 後ほど示すが, $\rho > 0$ を与えることで (やや意外なことに) Λ の要素には多くの 0 が現れる. Λ の各要素は変数同士の直接相関を表しているのだから, ノイズかもしれない要素は無視して真に強い信号のみに注目する, という「割り切り」ができることを意味する. これが実用上うれしい点である.

行列のブロック分割

$\rho > 0$ の場合, 例の符号関数のおかげで式 (4.65) を解くのは簡単ではなくなる. 話が複雑になる最大の理由は, これが行列の方程式である点である. そこ

で，行列のひとつの行と列に着目し，ベクトルとスカラーの最適化問題に帰着させ，行・列毎に順繰りに解くことを考える．今，ある特定の変数 x_i に着目し，それが最後の行と列に来るように変数の名前を付け替えたと考え，Λ と Σ を，特に

$$\Lambda = \begin{pmatrix} \Lambda^{(-i)} & l \\ l^\top & \lambda \end{pmatrix}, \qquad \Sigma = \begin{pmatrix} \Sigma^{(-i)} & g \\ g^\top & \sigma \end{pmatrix} \tag{4.67}$$

のように分割して表したとしよう．$\Lambda^{(-i)}$ と $\Sigma^{(-i)}$ は，それぞれ Λ と Σ から x_i に対応する行と列を抜いた $(M-1) \times (M-1)$ 行列である．一方，l と g は $M-1$ 次元の列ベクトルになる．さらに計算の都合上，精度行列の逆行列を

$$\mathsf{W} \triangleq \Lambda^{-1} = \begin{pmatrix} \mathsf{W}^{(-i)} & w \\ w^\top & w \end{pmatrix} \tag{4.68}$$

のように同様に分割しておく．$\mathsf{W}\Lambda = \mathsf{I}_M$ であるから，恒等式

$$\mathsf{W}\Lambda = \begin{pmatrix} \mathsf{W}^{(-i)}\Lambda^{(-i)} + wl^\top & \mathsf{W}^{(-i)}l + w\lambda \\ w^\top\Lambda^{(-i)} + wl^\top & w^\top l + w\lambda \end{pmatrix} = \begin{pmatrix} \mathsf{I}_{M-1} & \mathbf{0} \\ \mathbf{0}^\top & 1 \end{pmatrix} \tag{4.69}$$

が成り立つことに注意する．

　我々の問題は，Σ に加えて $\Lambda^{(-i)}$ と $\mathsf{W}^{(-i)}$ も与えられたと仮定した時に，l, λ, w, w という 4 つの未知量を同時に求めるというものである．このような形で書けば，問題はベクトルとスカラーを未知数とする最適化問題になり，行列を扱うよりも圧倒的に楽である．ただしそれと引き換えに，適切に解を初期化した上で，反復的に収束まで計算を繰り返すような算法とならざるを得ない．そのような方法が実用になるのか疑問に思うかもしれないが，graphical LASSO の提案当時[125] はもちろん，おそらく本書執筆時点においてもなお，これは計算速度と数値的安定性の双方において，精度行列を求めるための最も優れた算法と言われている．

対角要素 w の計算

　上記の分割に基づいて，明示的に最適性条件 (4.66) を書き下してみる．

$$\begin{pmatrix} \mathsf{W}^{(-i)} & w \\ w^\top & w \end{pmatrix} = \begin{pmatrix} \Sigma^{(-i)} & g \\ g^\top & \sigma \end{pmatrix} + \rho\,\mathrm{sign}\begin{pmatrix} \Lambda^{(-i)} & l \\ l^\top & \lambda \end{pmatrix} \tag{4.70}$$

l, λ, w, w という 4 つの未知量のうち, w の満たすべき式について考えてみよう. Λ は正定値であるため, その対角要素は正でなければならない[♠7]. したがって $\text{sign}(\lambda) = 1$ で, 最適性条件 (4.66) の右下の対角要素に関する部分について

$$w = \sigma + \rho \tag{4.71}$$

と書かれる. これで 4 つの未知量のうちまず w が求められた.

非対角要素 w の満たすべき式

次に非対角要素について考える. 行列形式の最適性条件 (4.70) の右上部分は明らかに

$$\boldsymbol{w} - \boldsymbol{g} - \rho\,\text{sign}(\boldsymbol{l}) = 0 \tag{4.72}$$

と書かれる. この式において, 恒等式 (4.69) の右上部分を使って $\boldsymbol{l}$ を消去することを考えよう. $\boldsymbol{l} = -\lambda(\mathsf{W}^{(-i)})^{-1}\boldsymbol{w}$ となるから, 上の条件は

$$\boldsymbol{w} - \boldsymbol{g} + \rho\,\text{sign}\left((\mathsf{W}^{(-i)})^{-1}\boldsymbol{w}\right) = 0 \tag{4.73}$$

となることがわかる. ただし, Λ は正定であるからその対角要素である λ は正で, したがって符号関数の中ではあってもなくても関係ないことを用いた. ここで未知量 $\boldsymbol{w}$ の代わりに, 新しい変数 $\boldsymbol{\beta} \triangleq (\mathsf{W}^{(-i)})^{-1}\boldsymbol{w}$ を導入しよう. すると上式は

$$\mathsf{W}^{(-i)}\boldsymbol{\beta} - \boldsymbol{g} + \rho\,\text{sign}(\boldsymbol{\beta}) = 0 \tag{4.74}$$

と書かれる. この式は ℓ_1 正則化付き線形回帰において回帰係数を求める方程式とよく似ている. これは未知ベクトル $\boldsymbol{\beta}$ についての方程式である. 第 l 成分を明示的に書くと次のようになる.

$$\sum_m W_{l,m}^{(-i)}\beta_m - g_l + \rho\,\text{sign}(\beta_l) = 0 \tag{4.75}$$

最適性条件 (4.74) の解

この方程式に対する形式的な解は

$$\beta_l = \frac{1}{W_{l,l}^{(-i)}}[A_l - \rho\,\text{sign}(\beta_l)] \tag{4.76}$$

で与えられる. ただし,

[♠7]証明は[143] の 10.4.2 項参照.

$$A_l \triangleq g_l - \sum_{m \neq l} W_{l,m}^{(-i)} \beta_m \tag{4.77}$$

と定義した．共分散行列の正定値性より $W_{l,l}^{(-i)} > 0$ が成り立つことに注意する
と，式 (4.76) においては，A_l と $\pm\rho$ の大小関係により β_l の符号が左右され
ることがわかる．例えば $A_l > \rho$ なら，右辺はどうやっても負にはならないの
で，$\beta_l > 0$ しかあり得ない．したがって，カッコの中身は $A_l - \rho$ しかあり得
ない．$A_l < -\rho$ なら右辺はどうやっても正にはなれないので $\beta_l < 0$ であり，
したがって，カッコの中身は $A_l + \rho$ しかあり得ない．

興味深いのは $|A_l| < \rho$ の場合である．この場合は，右辺は正にも負にもなり
得る．右辺が正になるのはカッコの中身が $A_l + \rho$ となる場合であるが，これ
は $\mathrm{sign}(\beta_l) = -1$ の時に生ずる．しかしこれは右辺も左辺も正という仮定に反
している．この場合，唯一の可能性は $\beta_l = 0$ となること（したがって $\mathrm{sign}(\beta_l)$
が何か ± 1 以外の値を取ること）しかない．右辺が負になる時も同様の矛盾を
導けるので，$\beta_l = 0$ しかあり得ないことがわかる．これが先ほど「隠し玉」と
表現した不定性の使い道である．結局，各 l に対して次のような解を得る．

$$\beta_l = \begin{cases} \frac{A_l - \rho}{W_{l,l}^{(-i)}}, & (A_l > \rho) \\ 0, & (-\rho \leq A_l \leq \rho) \\ \frac{A_l + \rho}{W_{l,l}^{(-i)}}, & (A_l < -\rho) \end{cases} \tag{4.78}$$

これより，$\rho > 0$ ならば，$\boldsymbol{\beta}$ は厳密な 0 を多く含んだ**疎**な，もしくは**スパー
ス**（sparse）なベクトルになることがわかる．以下に見る通り，$\boldsymbol{\beta} \propto \boldsymbol{l}$ が成り
立つから，この結果として，$\boldsymbol{\Lambda}$ もまた疎な行列になる傾向がある．直感的には
ρ は，精度行列の要素に付した閾値のような役割を担う．ただし，$\rho = 0$ にお
ける精度行列の解 $\boldsymbol{\Sigma}^{-1}$ を（一般化逆行列なりで）何とか求め，その要素に閾値
を付し，絶対値が閾値以下なら 0 にする，といった方法で疎な行列を作ると，
一般には正定値などの条件を満たさず，ガウス分布としての首尾一貫性を失っ
てしまうので注意が必要である．加えて，逆行列を明示的に求めるのは先に述
べた通り数値計算的に難しい．

疎な精度行列を得るために（したがって重要な依存関係を上手く推定するた
めに）ρ が重要な役割を担っているならば，どう ρ を決めるべきか，というの
が実用上重要な問題となり得る．構造学習の文脈で，例えば，独立性の検定な

どの手法は色々と提案されているが，実用的に使えるものは乏しい．ひとつの合理的な方法は，graphical LASSO の枠外で，例えば，求められた分布を異常検知に使うとして，異常検知の精度を最大にするように ρ を決める，というものである．

残る未知量 l, λ, w の計算

さて，上記の結果からいよいよ，4 つの未知量 l, λ, w, w のうち残る 3 つ，すなわち，l, λ, w を求めていこう．まず β の定義式から

$$\boldsymbol{w} = \mathsf{W}^{(-i)}\boldsymbol{\beta} \tag{4.79}$$

が出る．残りの 2 つ l, λ は，恒等式 (4.69) の右上部分と右下部分

$$\mathsf{W}^{(-i)}\boldsymbol{l} + \lambda\boldsymbol{w} = \boldsymbol{0} \tag{4.80}$$

$$\boldsymbol{w}^\top\boldsymbol{l} + w\lambda = 1 \tag{4.81}$$

を使って求めることができる．先に述べたように，前者から

$$\boldsymbol{l} = -\lambda(\mathsf{W}^{(-i)})^{-1}\boldsymbol{w} = -\lambda\boldsymbol{\beta} \tag{4.82}$$

となる．これを後者に代入して λ について解くと

$$\lambda = \frac{1}{w - \boldsymbol{w}^\top\boldsymbol{\beta}} = \frac{1}{w - \boldsymbol{\beta}^\top\mathsf{W}^{(-i)}\boldsymbol{\beta}} \tag{4.83}$$

が得られる．これを式 (4.82) に入れ直すと

$$\boldsymbol{l} = -\frac{\boldsymbol{\beta}}{w - \boldsymbol{\beta}^\top\mathsf{W}^{(-i)}\boldsymbol{\beta}} \tag{4.84}$$

のように求められる．

以上は変数 i を狙ったと想定した時の結果である．したがって，最終的な解 Λ^*，およびその副産物として得られる逆行列 W^* を得るためには

$$w \leftarrow \sigma + \rho$$
$$\boldsymbol{\beta} \leftarrow \text{式 (4.78)}$$
$$\boldsymbol{w} \leftarrow \mathsf{W}^{(-i)}\boldsymbol{\beta}$$
$$\lambda \leftarrow \frac{1}{w - \boldsymbol{\beta}^\top\mathsf{W}^{(-i)}\boldsymbol{\beta}}$$
$$\boldsymbol{l} \leftarrow -\frac{\boldsymbol{\beta}}{w - \boldsymbol{\beta}^\top\mathsf{W}^{(-i)}\boldsymbol{\beta}}$$

を $i = 1, 2, \ldots, M, 1, 2 \ldots$ と収束するまで何周でも繰り返す必要がある．これらの更新式の右辺には，Σ および W に由来する量しか出てこないことに注意されたい．全体の流れを Algorithm 4.3 にまとめておこう．

Algorithm 4.3　Graphical LASSO

1: 入力: Σ および ρ
2: 初期化: $W = \Sigma + \rho I_M$
3: **repeat**
4: 　　$1, \ldots, M$ から順に（またはランダムに）ひとつ i を選ぶ．
5: 　　Σ を式 (4.67) のように分割して g, σ を求める．
6: 　　W を式 (4.68) のように分割して $W^{(-i)}$ を求める．
7: 　　$w \leftarrow \sigma + \rho$
8: 　　$\beta \leftarrow$ 式 (4.78)
9: 　　$w \leftarrow W^{(-i)} \beta$
10: 　　$\lambda \leftarrow \frac{1}{w - \beta^\top W^{(-i)} \beta}$
11: 　　$l \leftarrow -\lambda \beta$
12: 　　w, w, l, λ を使って W, Λ を更新.
13: **until** 収束
14: 出力: W および Λ

4.5.4　分散分権型学習問題の数値例

以上，かなり詳しく graphical LASSO の一般的な解法を解説した．ここでもとの分散分権型の学習問題に移り，具体的な例題を考えてみることにしよう．

多様性のある複数のモデルの学習

参加者 $S = 3$ 人の図 4.7 に示すような系を考えよう．例えばそれぞれの参加者は同種の化学プラントの管理者で，何か $M = 4$ 個のセンサの値を記録していると考えてもよい．これらのデータ源は，$K = 3$ のパターンを共有しており，図に示す通りの確率で観測するとする．例えば，参加者 1 のプラントはパターン A を確率 $\frac{2}{3}$，パターン B を $\frac{1}{3}$ で観測する．すなわち，$\pi_A = \left(\frac{2}{3}, \frac{1}{3}, 0\right)^\top$ である．パターン A，B，C は，それぞれ異なる平均と共分散行列を持っている．すなわち

$$\mu_A = (5, 0, 0, 5)^\top, \quad \mu_B = (0, 5, 5, 0)^\top, \quad \mu_C = (0, 0, 0, 0)^\top \tag{4.85}$$

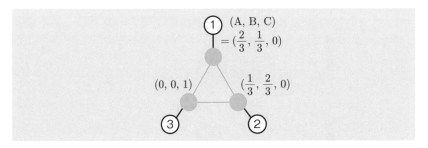

図 4.7 $S = 3, K = 3$ の分散分権型学習の例. 各参加者は, 指定された分布に従い, $M = 4$ 次元の標本を $N^s = 300$ 個無作為に生成する.

と

$$\Lambda_A = \begin{pmatrix} 1.2 & 0.0 & 0.0 & 1.0 \\ 0.0 & 1.2 & 1.0 & 0.0 \\ 0.0 & 1.0 & 1.2 & 0.0 \\ 1.0 & 0.0 & 0.0 & 1.2 \end{pmatrix}, \quad \Lambda_B = \begin{pmatrix} 1.2 & 0.0 & 1.0 & 0.0 \\ 0.0 & 1.2 & 0.0 & 1.0 \\ 1.0 & 0.0 & 1.2 & 0.0 \\ 0.0 & 1.0 & 0.0 & 1.2 \end{pmatrix} \quad (4.86)$$

および

$$\Lambda_C = \begin{pmatrix} 1.2 & 1.0 & 0.0 & 0.0 \\ 1.0 & 1.2 & 0.0 & 0.0 \\ 0.0 & 0.0 & 1.2 & 1.0 \\ 0.0 & 0.0 & 1.0 & 1.2 \end{pmatrix} \quad (4.87)$$

である. これを正解としてデータを無作為抽出で生成したとして, この正解モデルを再現できるか, というのが問題である.

複数の異なるパターンの混合モデルを学習する場合, パターンの数 K が事前にわからないという点が問題になり得る. しかし本章で説明した確率モデルの定式化に従えば, この点は大きな問題にならない. 真の K を含む程度に十分大きな K_0 を仮定してパラメータの初期化を行い, $\gamma - 1$ を小さな正の数として, EM 反復を実行する. 各反復の回において式 (4.58) の N_k を確認し, 0 または 0 に非常に近い値になった時点でそのパターンをモデルから除去する. 収束時に生き残るパターンの数が K の推定値ということになる. これは K_0

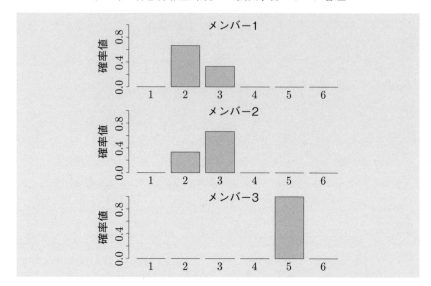

図 4.8　パターン重み $\{\pi^s\}_{s=1}^S$ についての収束解．参加者毎に異な
る分布が学習されていることがわかる．これは $K_0 = 6$ を
前提にランダムに初期化した状態から出発して求められた
ものである．

個の要素を持つ混合モデルをスパースに推定したとも言える．本項のモデル
は，精度行列におけるスパース性と，混合要素にわたるスパース性という 2 つ
のスパース性を持っていることになる．

　なお，このような手法で $K < K_0$ を見積もる方法は，ベイズ学習の**関連度
自動決定**（automatic relevance determination）の文脈で以前から知られて
いた[121], [122] が，それはどちらかと言えば経験則に近かった．紙幅の都合上
ここでは触れないが，最近，ℓ_0 正則化理論を援用して，数学的に厳密にこのク
ラスタ数選択機能を定式化する方法も提案され[136]，理論的にも十分信頼でき
る土台を備えた方法になっていることを付言しておく．

　図 4.8 に，このデータからのモデル推定結果を示す．図では π_1, π_2, π_3 を棒
グラフとして示してある．パターン数自動決定機能を強調するため，初期化時
点での $K_0 = 6$ 個のインデックスの上に確率値を示している．図からわかる通
り，$K_0 = 6$ から出発した冗長なモデルが，$K = 3$ まで適切に刈り込まれたこ

とがわかる．計算された確率値も図 4.7 に示した正解の値をほぼ完全に再現していることがわかる．

共同パターン辞書学習法でモデルパラメータ $\{\boldsymbol{\pi}^s\}_{s=1}^{S}$ および $\{\boldsymbol{\mu}_k, \boldsymbol{\Lambda}_k\}_{k=1}^{K}$ が求められたら，参加者 s の測定値についての分布が

$$p(\boldsymbol{x}^s \mid \boldsymbol{\Theta}, \boldsymbol{\Pi}) = \sum_{k=1}^{K} \pi^s \mathcal{N}(\boldsymbol{x}^s \mid \boldsymbol{\mu}_k, \boldsymbol{\Lambda}_k^{-1}) \tag{4.88}$$

のように求められる．ひとつ興味ある量は，今観測したデータ $\boldsymbol{x}^{s\prime}$ が異常かどうかというものである．第 1 章で述べた通り，対数損失

$$a(\boldsymbol{x}^{s\prime}) = -\ln p(\boldsymbol{x}^{s\prime} \mid \boldsymbol{\Theta}, \boldsymbol{\Pi}) \tag{4.89}$$

がそのための異常度の指標になり得る．さらに進んで，変数毎の異常度を計算したい場合もあり得る．変数同士の相関を無視せずにこれを行うのは自明な問題ではないが，ガウス型グラフィカルモデルの枠内でマルコフ確率場とみなし条件付き確率を計算する方法[129] が知られている．また，M 個の変数の中でいくつかを出力変数として残りを入力とみなせるような場合は，モデルによらずに使える汎用的な異常寄与度の計算方法も利用できる[127]．

暗号化計算との計算時間の比較

上の計算例では，動的合意法は統計量 $\{\overline{N}_k, \overline{\boldsymbol{m}}_k, \overline{\mathsf{C}}_k\}_{k=1}^{K}$ の中に非明示的に組み込まれており，結果に反映されることはなかった．最後にこの点について見てみよう．

合意形成において，無作為分割法のような確率的保証しか付けられない「乱暴な」方法ではなく，確実な暗号学的安全性の保証を付けたいという場合もあるはずである．信頼できる中央のサーバの存在を仮定できれば，単純にサーバとの通信を暗号化する問題であるが，分散分権型の設定では問題が格段に複雑になる．この点について，準同型暗号を使った合意形成手法が最近提案されている[138]．これは動的合意法における式 (4.27) の更新を，暗号化された情報を復号化することなく計算するプロトコルである．

ここでは，準同型暗号に基づく手法と無作為分冊法に基づく手法の間で，単発の合意形成手続きにおいてどれだけ計算時間が異なるのかについての定性的な比較を行う．通信路としては $b = 2$ のサイクルグラフを採用し，図 4.4 と同

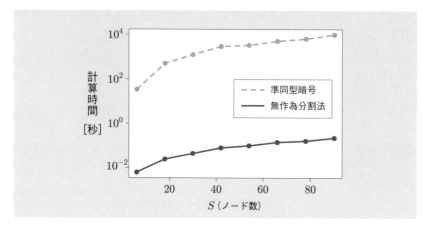

図 4.9 準同型暗号に基づく合意形成算法[138] と，無作為分割法と
の計算時間の比較.

様に，$[-10, 10]$ の一様乱数で各参加者の持っている初期値 $\xi^s(0)$ を初期化し
た．異なる S 毎に，2 乗誤差（Root Mean-Squared Error：RMSE）が 0.01
になったところで収束とした．無作為分割法では $N_c = 5$ とし，準同型暗号の
計算は Paillier 暗号を実装した R のライブラリ homomorpheR[135] を用いた．

　計算時間の比較を図 4.9 に示す．無作為分割法は，回数にして $N_c = 5$ 倍の
合意形成を行っているにも関わらず，計算時間が数桁速いことがわかる．準同
型暗号に基づく安全な連合学習の算法の開発は最近の機械学習応用の主要な課
題のひとつになっている．この実験結果において，計算時間の隘路となる部分
のひとつは鍵の生成にある．この点，例えば鍵を再利用したり，暗号化に特化
した計算手段を使ったり，といった工夫の余地は大いにある．

　ここで重要なことは，用途により異なる計算手法があってもよいということ
である．例えば個人情報を含むような重要なカテゴリカルデータと，工場の生
産設備の出すノイズの乗った測定値とでは，仮に両者とも機密情報であったと
しても，その扱いは違っていて当然である．前者と違い後者のデータでは，密
度推定や時系列予測など，何かある程度高度な統計処理が必要とされることが
多い．その場合，ビットコイン流の，本章で見たような確率的決着性を持つ算
法が必要になる場面もあるかもしれない．

4.6 ま と め

　本章では分散分権型の設定での機械学習アルゴリズムの構成法について議論した．分散分権型の機械学習は，民主主義，多様性，プライバシーという3つの制約条件を持つ学習の問題である．本質的にはそれは分散型のマルチタスク学習と見なせるが，中央のサーバの存在を前提としない場合，これまで考えられてきたものとは異なる技術的問題が生ずる．個々の課題は一般に，想定される機械学習のモデルに依存するが，指数型分布族については，参加者間の協業は秘匿集計という比較的単純な数学的操作に帰着される．データプライバシーを保ちつつそれを行うことは簡単ではないが，ブロックチェーン技術の本質を，無作為性に基づくセキュリティ「保証」の技術と位置付けることで，新たな視界が開けてくる．準同型暗号を使った安全な合意形成[138]や秘密分散[139]などに基づく厳格な方法に代えた軽量な選択肢として，無作為分割法という手法を説明した．

　最後に，いくつかの残る課題について述べておこう．ひとつは，中央集権的サーバと契約による法律的強制力を組み合わせた従来の管理モデルとの得失をより深く把握することである．この点は，通常の（パブリック型の）ブロックチェーンとプライベート型のブロックチェーンの間の比較においてよく話題になる．プライベート型の，とりわけ「パーミッション型」と呼ばれる会員資格審査を経た上での小規模な協業環境においては，あえて分権型を選択する実用面での理由は乏しい．パーミッション（許可）を出す権威者がいてもいいのなら，中央のサーバ管理者がいても悪くないだろう，という話になるからである．問題となるのは，国際協業が発生するような場面である．法的強制力は国境の壁を超えることはできない．したがって，設計上プライバシーと協業による便益の双方が保証される学習方法には意義がある．その場合であっても，本文中で触れたメタ合意の問題など，実運用上に解決すべき問題はまだ多い．

　第2に，通信におけるネットワーク障害の可能性を考えに入れることである．これは大きく分けて通信路の切断と遅延という2つの側面がある．ネットワーク障害が特定のリンクで起こるのか，無作為に起こるのかによってもそのインパクトは異なる．ネットワーク障害に頑強な算法を構築しつつ，かつ，望ましい状態からのずれを定量的に評価するような手法の開発が必要となろう．

　第 3 に，これはブロックチェーンそのものにも当てはまるが，従来の暗号学的な方法との得失をより深く理解することが必要である．我々の経験では，例えば準同型暗号を組み込んだ EM 学習はそうでない場合（例えば無作為分割法）と比べて数桁という程度で計算時間が多く，規模拡張性に難がある．しかし一方で，確率的にしか安全性を言えない算法がビジネス的に受け入れられがたいのも確かである．おそらく両者の良い面を組み合わせたような仕組みが必要であろう．

　第 4 に，上記の点とも関係するが，プライバシー漏洩についての定量的評価技術を確立することである．これまで差分プライバシーなどいくつかのプライバシー評価法が知られているが，例えば Minami ら[133] により指摘された通り，本章で想定したような非カテゴリカルデータに対しては，従来の評価手法は必ずしも満足できるものではない．協業学習のビジネス応用を考えた場合も，例えばモデルの外販に際し，どういうプライバシーリスクが考えられるのかという点は明示する必要がある．また，共謀や盗聴など個々の主要な攻撃シナリオについても，ある程度明確な解答を与える必要がある．この点について，および関連するその他の論点について，我々の最近の論文[130] でやや詳しく論じているので参照されたい．

　本章の内容は IBM 東京基礎研究所の Rudy Raymond 博士との共同研究に基づく．特に，無作為分割法と修正サイクルグラフの着想は Raymond 博士による．

あ と が き

　本書は AI・データサイエンスの分野の中で「異常検知技術」に焦点を当て，基礎から応用への架け橋的な内容をまとめた．基礎の部分については，外れ値検知と変化検知の手法を概括した．その後半部においては，記述長最小原理に基づく機械学習の理論（情報論的学習理論）を軸とした異常検知理論を中心に展開した．応用の部分については，経済データ，教育データを例にして，ネットワーク解析や教育効果分析の例を示した．さらに，分散分権的な機械学習の立場からリスク管理の問題を扱い，セキュリティ上の応用を示した．基礎で示した「異常検知」の考え方が，さまざまな領域知識と融合して展開できることが見て取れたであろう．経済，教育，セキュリティのデータ解析問題を取り上げた書は数多く存在するが，異常検知という観点から，それらの共通手法をまとめているところが本書の特色である．

　異常検知の応用分野は上記にとどまらない．特に，システム解析，故障診断，医療診断等の分野では特に異常検知の重要性は増している．しかし，これらの分野においても，本書で示した基礎手法，またそれらの適用技術は普遍的に活用できるものである．

　異常検知は単なる機械学習技術の応用にとどまるものではない．事実，「異常とは何か？」「変化とは何か？」をさまざまな角度から捉え，さらにその「予兆」をも捉えようということになると，機械学習では通常仮定されているデータの定常性やモデルの正則性などの仮定が成立しなくなり，新たな方法論が要求される．今後，異常検知は「異常の予兆検知」「異常の予測」へと発展することは必至である．それは「beyond 異常検知」とも言える新しい学問分野として「予兆情報学」を示唆するものである．そこでは，異常検知から新しい機械学習概念が登場することも期待できる．

　現在は，異常検知とそのリスク管理への応用がある程度まとまって，新たなデータサイエンスの体系が育つまでの過渡期であるといえよう．本書がまさにその時代の「架け橋」的な役割を果たすことになり，今後，AI・データサイエンス分野を担う読者のヒントになることを願ってやまない．

参 考 文 献

第 1 章　異常検知基礎

[1] R.P. Adams and D.J.C. MacKay: Bayesian online changepoint detection. arXiv preprint arXiv:0710.3742, 2007.

[2] V. Alrcon-Aquino and J.A. Barria: Anomaly detection in communication networks using wavelets, *Proceedings of IEE Communications*, Vol.148, 6, pp. 355–362, 2001.

[3] A. Banerjee, I. Dhillon, J. Ghosh, and S. Sra: Clustering on the unit hypersphere using von mises Fisher distribution, *Journal of Machine Learning Research*, 6:1345–1382, 2005.

[4] V. Barnett and T.Lewis: *Outliers in Statistical Data*, John Wiley, 1994.

[5] A. Bifet and R. Gavalda: Learning from time-changing data with adaptive windowing, *Procdings of SIAM International Conference on Data Mining* (SDM07), pp:443–448, 2007.

[6] P. Bonacich: Power and centrality: A family of measures, *American Journal of Sociology*, 92:1170–1182, 1987.

[7] M. Breugnig, H. Kriegel, R.T. Ng, and J. Sander: LOF: Identifying density-based local outliers, *Proceedings. of ACM SIGMOD*, pp. 93–104, 2000.

[8] S. Brin and L. Page: Reprint of: The anatomy of a large-scale hypertextual web search engine, *Computer Networks*, 56(18):3825–3833, 2012.

[9] P. Burge and J. Shawe-Taylor. Detecting cellular fraud detection and risk management, *Proceedings of AI Approaches to Fraud Detection and Risk Management*, pp:9–13, 1997.

[10] T.M. Cover and J.A.Thomas: *Elements of Information Theory*, Wiley, 2006.

[11] T. Erven, P. Grunwald, and S. Rooij: Catching up by switching sooner: a predictive approach to adaptive estimation with an application to the aic-bic dilemma, *Jr. Royal Stat. Soc. Ser. B*, vol. 74, no. Issue 3, pp. 361–417, 2012.

[12] P. Fearnhead and Z. Liu: On-line inference for multiple changepoint problem, *Journal of Royal Statistics,* Soc.B, 69, Part4, pp. 589–605, 2007.

[13] L. C. Freeman: Centrality in social networks conceptual clarification, *Social Networks*, 1(3):215–239, 1978.

[14] S. Fukushima and K. Yamanishi: Hierarchical change detection in latent variable models, *the 20th IEEE International Conference on Data Mining*, 2020.

[15] J. Gama, I. Zlibait, A. Bifet, M. Pechenizkiy, and A. Bouchachia: A survey on concept drift adaptation, *ACM Computing Survey*, 2013.

[16] V. Guralnik and J. Srivastava: Event detection from time series data, *Proceedings of the Fifth ACM SIGKDD International Conference on Knowledge Discovery and Data Mining* (KDD1998), pp. 33–42, 1999.

[17] P. Goyal, N. Kamra, X. He, and Y. Liu: Dyngem: Deep embedding method for dynamic graphs, arXiv preprint arXiv:1805.11273, 2018.

[18] M. Herbster and M. Warmuth: Tracking the best experts, *Machine Learning*, 32, pp:151–178,1998.

[19] S. Hirai and K. Yamanishi: Efficient computation of normalized maximum likelihood codes for Gaussian mixture models with its applications to clustering, *IEEE Transactions on Information Theory*, Vol. 59(11), pp: 7718–7727, 2013.

[20] S. Hirai and K. Yamanishi: Correction to efficient computation of normalized maximum likelihood codes for Gaussian mixture models with its applications to clustering, *IEEE Transactions on Information Theory*, Vol. 65(10), pp: 6827–6828, 2019.

[21] S. Hirai and K. Yamanishi: Detecting changes of clustering structures using normalized maximum likelihood coding, *Proceedings of the eighteenth ACM SIGKDD Conference on Knowledge Discovery and Data Mining* (KDD12), pp. 343–351, 2012.

[22] S. Hirai and K. Yamanishi: Detecting structural uncertainty with structural entropy, *Proceedings of 2018 IEEE International Conference on BigData* (BigData18), 2018.

[23] S. Hirai and K. Yamanishi: Detecting model changes and their early signals using MDL change statistics, *Proceedings of 2019 IEEE International Conference on BigData* (BigData19), pp:83–94, 2019.

[24] S. Hirose, K. Yamanishi, T. Nakata, and R. Fujimaki. Network anomaly detection based on eigen equation compression, *Proceedings of the fifteenth ACM SIGKDD Conference on Knowledge Discovery and Data Mining* (KDD09), pp:1185–1194 (2009).

[25] S. Huang, Y. Hitti, G. Rabusseau, and R. Rabbany: Laplacian change point detection for dynamic graphs, *Proceedings of the 26th ACM SIGKDD International Conference on Knowledge Discovery and Data Mining*, pp:349–358, 2020.

[26] D. T. J. Huang, Y. S. Koh, G. Dobbie, and R. Pears: Detecting volatility shift in data streams, *Proceedings of the 14th IEEE Internaional Conference on Data Mining 2014* (ICDM2014), pp:863–868, 2014.

[27] T. Idé and H. Kashima: Eigenspace-based anomaly detection in computer systems, *Proceedings of the tenth ACM SIGKDD International Conference on Knowledge Discovery and Data Mining* (KDD04), pp: 440–449, 2004.

[28] T. Idé, D.T. Phan, and J. Kalagnanam: Change detection using directional statistics, Proceedings of the 25th International Joint Conference on Artificial Intelligence (IJCAI-16), pp:1613–1619, 2016.

[29] R. Kaneko, K. Miyaguchi and K. Yamanishi: Detecting changes in streaming data with information-theoretic windowing, *Proceedings of 2017 IEEE International Conference on BigData* (BigData17), pp:646–655, 2017.

[30] L. Katz: A new status index derived from sociometric analysis, *Psychometrika*, 18(1):39–43, 1953.

[31] T. N. Kipf and M. Welling: Variational graph auto-encoders, in *Poceedings of NIPS Workshop on Bayesian Deep Learning*, 2016.

[32] J. Kleinberg: Bursty and hierarchical structure in streams, *Data Mining and Knowledge Discovery*, Vol.7, 4, pp. 373–397, 2003.

[33] E.M. Knorr and R.T. Ng: Algorithms for mining distance-based outliers, *Proceedings of 1998 Conference on Very Large Data Bases* (VLDB98), pp. 392–403, 1998.

[34] D. Koutra, N. Shah, J. T. Vogelstein, B. Gallagher, and C. Faloutsos: Deltacon: Principled massive-graph similarity function with attribution, *ACM Transactions on Knowledge Discovery from Data*, vol. 10, no. 3, pp:1–43, 2016.

[35] R. Krichevsky and V. Trofimov: The performance of universal encoding, *IEEE Transactions on Information Theory*, Vol.27, Issue: 2, pp: 199–207, 1981.

[36] S. Kyoya and K. Yamanishi: Mixture complexity and its application to gradual clustering change detection. CoRR abs/2007.07467 (2020)

[37] A. Lakhina, M. Crovella, and C. Diot: Diagnosing network-wide traffic anomalies, *ACM SIGCOMM Computer Communication Review*, 34-4, pp. 219–230, 2004.

[38] D.D. Lee and H.S. Seung: Algorithms for non-negative matrix factorization, *Advances in Neural Information Processing Systems 13*, MIT Press, pp.556–562, 2001.

[39] C. Lin, L. Xu, and K.Yamanishi: Network change detection based on random walk in latent space, *IEEE Transactions on Knowledge and Data Engineering*, 2021.

[40] J. Lee, J. Han, and X. Li: Trajectory outlier detection: a partition-and-detect framework, *Proceedings of the eigth IEEE International Conference on Data Mining* (ICDM2008), pp:140–149, 2008.

[41] G. MaLachlan and D. Peel: *Finite Mixture Models*. Jhon Wiley and Sons, 2000.

[42] L. M. Manevitz and M. Yousef: One-class svms for document classification, *Journal of Machine Learning Research*, Vol. 2, pp. 139–154, 2002.

[43] H. Miller and O. Mokryn: Size agnostic change point detection framework for evolving networks, *Plos one*, vol. 15, no. 4, p.e0231035, 2020.

[44] S. Motegi and N. Masuda: A network-based dynamical ranking system for competitive sports, *Scientific Reports*, 2:904, 2012.

[45] B. Perozzi, R. Al-Rfou, and S. Skiena, Deepwalk: Online learning of social representations, in *Proceedings of the 20th ACM SIGKDD International Conference on Knowledge Discovery and Data Mining*, pp:701–710, 2014.

[46] J. Rissanen: Modeing by shortest description length, *Automatica*, 14(5), pp:465–471, 1978.

[47] J. Rissanen: *Optimal Estimation of Parameters*, Cambridge, 2012.

[48] J. Rissanen: Fisher information and stochastic complexity, *IEEE Transactions on Information Theory*, 42(1), pp:40–47, 1996.

[49] J. Rissanen, T. Roos, and P. Myllymaki:Model selection by sequentially normalized least squares, *Journal of Multivariate Analysis*, 101(4), pp:839–849, 2010.

[50] S. Sato and K. Yamanishi: Graph partitioning change detection using tree-based clustering, *Proceedings of the 13th IEEE International Conference on Data Mining* (ICDM13), pp:1169–1174, 2013.

[51] S. Saito, R. Tomioka, and K. Yamanishi: Early detection of persistent topics in social networks, *Social Network Analysis and Mining*, pp:5–19, Dec. 2015.

[52] J. Sun, C. Faloutsos, S. Papadimitriou, and P. S. Yu, Graphscope: parameter-free mining of large time-evolving graphs, *Proceedings of the thirteenth ACM SIGKDD International Conference on Knowledge Discovery and Data Mining* (KDD07), pp. 687–696, 2007.

[53] J. Takeuchi and K. Yamanishi: A unifying framework for detecting outliers and change-points from time series, *IEEE Transactions on Knowledge and Data Engineering*, 18:44, pp:482–492, 2006.

[54] T. Takahashi, R. Tomioka, and K. Yamanishi: Discovering emerging topics in social streams via link anomaly detection, *IEEE Transactions on Knowledge and Data Engineering*, Vol.26, 1, pp:120–130, 2014.

[55] A. Tanabe, K. Fukumizu, S. Oba, T. Takenouchi, and S. Ishii: Parameter estimation for von Mises-Fisher distributions, *Computational Statistics*, pp:145–157, 2007.

[56] H. Tong and C-Y. Lin: Non-negative residual matrix factorization: problem definition, fast solutions, and applications, *Statistical Analysis and Data Mining*, Vol.5, 1, pp:3–5, 2012.

[57] V. Vovk: Aggregating strategies, *Proceedings of the third Workshop on Computational Learning Theory*, pp:371–386, 1990.

[58] X. Xuan and K. Murphy: Modeling changing dependency structure in multivariate time series, *Proceedings of the 24th Intenrational Conference on Machine Learning* (ICML07), pp:1055–1062 (2007).

[59] K. Yamanishi and S. Fukushima: Model change detecion with the MDL principle, *IEEE Trans. Information Theory*, Vol.64, 9, pp: 6115–6126, 2018.

[60] K. Yamanishi and Y. Maruyama: Dynamic syslog mining for network failure monitoring, *Proceedings of the eleventh ACM SIGKDD International Conference on Knowledge Discovery and Data Mining* (KDD05), pp.499–508, 2005.

[61] K. Yamanishi and Y.Maruyama: Dynamic model selection with its applications to novelty detection, *IEEE Transactions on Information Theory*, Vol.53, 6, pp. 2180–2189, 2007.

[62] K. Yamanishi and K. Miyaguchi: Detecting gradual changes from data stream using MDL change statistics, *Proceedings of 2016 IEEE International Conference on BigData* (BigData16), pp.156–163, 2016.

[63] K. Yamanishi and J. Takeuchi: A unifying framework for detecting outliers and change points from non-stationary time series data, *Proceedings of the eighth ACM SIGKDD International Conference on Knowledge Discovery and Data Mining* (KDD02), pp:676–681, 2002.

[64] K. Yamanishi, J. Takeuchi, G. Williams, and P. Milne: On-line unsupervised outlier detection using finite mixtures with discounting learning algorithms, *Data Mining and Knowledge Discovery,* Vol.8,7, pp:275–300, 2004.

[65] K. Yamanishi, T. Wu, S. Sugawara, and M. Okada: The decomposed normalized maximum likelihood code-length criterion for selecting hierarchical latent variable models, *Data Mining and Knowledge Discovery*, Vol.33, 4, pp:1017–1058, 2019.

[66] K. Yamanishi, L. Xu, R. Yuki, S. Fukushima, and C. Lin: Change sign detection with differential MDL change statistics and its applications to COVID-19 pandemic analysis, *Scientific Reports*, 2021. www.nature.com/articles/s41598-021-98781-4

[67] Y. Yonamoto, K. Morino, and K. Yamanishi: Temporal network change detection using network centralities, *Proceedings of 2016 IEEE International Conference on Data Science and Advanced Analytics*, pp:51–60, 2016.

[68] C. Zhou and R.C. Paffernorth: Anomaly detection with robust deep autoencoders, *Proceedings of the 23rd ACM SIGKDD International Conference on Knowledge Discovery and Data Mining* (KDD2017), pp:665–674, 2017.

[69] 井手剛: 入門機械学習による異常検知——Rによる実践ガイド, コロナ社, 2015.

[70] 山西健司: 情報論的学習理論, 共立出版, 2010.

[71] 山西健司: データマイニングによる異常検知, 共立出版, 2009.

[72] 山西健司: 情報論的学習とデータマイニング, 朝倉書店, 2014.

[73] 山西健司: 潜在的ダイナミクスの学習理論, 電子情報通信学会誌, 97(5), 422–426, 2014-05.

第2章　金融時系列と株式所有ネットワークの変化点検知

[74] J. Beran, Y. Feng, S. Ghosh, R. Kulik: *Long-Memory Processes Probabilistic Properties and Statistical Methods*, Springer, 2013.

[75] V. D. Blondel, J. Guillaume, R. Lambiotte, E. Lefebvre: Fast unfolding of communities in large networks, *Journal of Statistical Mechanics: Theory and Experiment*, 2008 (10).

[76] J. Brodie, I. Daubechies, C. D. Mol, and D. Giannone: Sparse and stable Markowitz portfolios, *Proceedings of the National Academy of Sciences of the United States of America*, 106, 2009, 12267–12272.

[77] F. R. K. Chung (1997): Spectral Graph Theory. Providence, Rhode Island: American Mathematical Society. URL http://www.math.ucsd.edu/ fan/ research/revised.html.

[78] G. F. Davis: A new finance capitalism? Mutual funds and ownership re ˗ concentration in the United States, *European Management Review*, 5.1 (2008): 11–21.

[79] J. Fichtner, M. H. Eelke, and G. Javier: Hidden power of the Big Three? Passive index funds, re-concentration of corporate ownership, and new financial risk, *Business and Politics*, 19.2 (2017): 298–326.

[80] J. H. Friedman, T. Hastie, and R. Tibshirani: Sparse inverse covariance estimation with the graphical lasso, *Biostatistics*, 9(3):432–441, 2008.

[81] C. W. Granger, Z. Ding: Varieties of long memory models, *J. Econom*, 73(1), 61–77 (1996). doi:10.1016/0304-4076(95)01733-X. http://www.sciencedirect. com/science/article/pii/030440769501733X

[82] C. W. Granger, N. Hyung: Occasional structural breaks and long memory with an application to the sp 500 absolute stock returns. J. Empir. Finance 11(3), 399–421 (2004). doi:10.1016/j.jempfin. 2003.03.001

[83] S. Huang, Y. Hitti, G. Rabusseau, R. Rabbany: Laplacian Change Point Detection for Dynamic Graphs, *Proceedings of the 26th ACM SIGKDD International Conference on Knowledge Discovery & Data Mining*, 349–358, 2020.

[84] J. Knoblauch, and T. Damoulas (2018, July): Spatio-temporal Bayesian online changepoint detection with model selection, *International Conference on Machine Learning* (pp. 2718–2727).

[85] S. L. Lauritzen (1996): *Graphical models*, Oxford University Press.

[86] O. Ledoit, M. Wolf: Nonlinear Shrinkage of the Covariance Matrix for Portfolio Selection: Markowitz Meets Goldilocks, *The Review of Financial Studies*, Volume 30, Issue 12, December 2017, Pages 4349–4388, https://doi.org/ 10.1093/rfs/hhx052

[87] E. Lehmann and J. Romano (2005): *Testing statistical hypotheses*, Springer Texts in Statistics Springer, New York, Third edition.

[88] O. Linton: *Financial Econometrics: Models and Methods*, Cambridge University Press, 2019/2/21.

[89] H. Liu, J. Lafferty, and L. Wasserman: The nonparanormal: Semiparametric

estimation of high dimensional undirected graphs, *Journal of Machine Learning Research*, 10:2295–2328, 2009.

[90] H. Liu, F. Han, M. Yuan, J. Lafferty, and L. Wasserman: High dimensional semiparametric Gaussian copula graphical models. Arxiv preprint arXiv:1202.2169, 2012.

[91] M. Londschien, S. Kovács, P. Bühlmann: Change point detection for graphical models in the presence of missing values, https://arxiv.org/abs/1907.05409

[92] H. Markowitz (1952): Portfolio selection, *Journal of Finance*, 7, 77–91.

[93] A. Noack (2007): Energy models for graph clustering, *Journal of Graph Algorithms*, Appl 11: 453–480.

[94] B. Norwood, R. Killick: Long memory and changepoint models: a spectral classification procedure, *Stat Comput*, 28, 291–302 (2018). https://doi.org/10.1007/s11222-017-9731-0

[95] P. Perron, and Z. Qu (2010): Long-Memory and Level Shifts in the Volatility of Stock Market Return Indices, *Journal of Business and Economic Statistics*, 28:2, 275-290, DOI: 10.1198/jbes.2009.06171

[96] C. Romer (1992): What Ended the Great Depression? The Journal of Economic History, 52(4), 757-784. doi:10.1017/S002205070001189X

[97] C. Shalizi (2016): http://www.stat.cmu.edu/ cshalizi/networks/16-1/, lecture notes.

[98] A. Shleifer, and R. Vishny (1986): Large Shareholders and Corporate Control, *Journal of Political Economy*, 94： 461–488.

[99] C. Starica, C. Granger: Nonstationarities in stock returns, *Rev. Econ. Stat*, 87(3), 503–522 (2005). https://ideas.repec.org/a/tpr/restat/v87y2005i3p503-522.html

[100] J. Tirole: *The Theory of Corporate Finance*, Princeton University Press, 2010.

[101] H. Wang, C. Reeson, C. M. Carvalho: Dynamic Financial Index Models: Modeling Conditional Dependencies via Graphs, *Bayesian Analysis*, 6(4) 639–664 December 2011.

[102] S. Wheatley, A. Wehrli, D. Sornette: The endo–exo problem in high frequency financial price fluctuations and rejecting criticality, *Quantitative Finance*, 19 (7), 1165–1178.

[103] C. Y. Yau, R. A. Davis: Likelihood inference for discriminating between long-memory and change-point models, *Journal of Time Series Analysis*, 33(4), 649–664 (2012). doi:10.1111/j.1467-9892.2012.00797.x

[104] 花崎正晴: コーポレート・ガバナンス, 岩波新書, 2014.

[105] 松葉育雄: 長期記憶過程の統計―自己相似な時系列の理論と方法―, 共立出版, 2007.

第 3 章　変化検知の教育分野への応用

[106] P. Bradford, M. Porciello, N. Balkon, D. Backus (2007): The Blackboard

Learning System: The Be All And End All in Educational Instruction?, *Journal of Educational Technology Systems*, 35(3), 301–314.

[107] M. Dougiamus and P. Taylor (2003): Moodle: Using Learning Communities to Create an Open Source Course Management System, *World Conference on Educational Multimedia, Hypermedia and Telecommunications* (EDMEDIA 2003).

[108] H. Ogata, C. Yin, M. Oi, F. Okubo, A. Shimada, K. Kojima, and M. Yamada: e-Book-based Learning Analytics in University Education, *the 23th International Conference on Computers in Education* (ICCE 2015), 2015.

[109] A. Shimada, S. Konomi, H. Ogata: Real-Time Learning Analytics System for Improvement of On-Site Lectures, *Interactive Technology and Smart Education*, Vol.15, No.4, pp.314–331, 2018.

[110] T. Owatari, A. Shimada, T. Minematsu, M. Hori, R. Taniguchi: Real-time Feedback Dashboard for Students in Online Class, International Conference on Engineering, *Technology and Education* (TALE2020), pp.953–959, 2020.12

[111] A. Shimada, S. Konomi: Cross Analytics of Student and Course Activities from e-Book Operation Logs, *25th International Conference on Computers in Education* (ICCE2017), pp.433–438, 2017.

[112] F. Okubo, T. Yamashita, A. Shimada, H. Ogata: A Neural Network Approach for Students' Performance Prediction, *The 7th International Conference on Learning Analytics & Knowledge Understanding*, 2017.

[113] A. Shimada, F. Okubo, C. Yin, H. Ogata: Automatic Summarization of Lecture Slides for Enhanced Student Preview -Technical Report and User Study-, *IEEE Transactions on Learning Technologies*, Vol.11, No.2, pp.165–178, 2017

[114] T. Shiino, A. Shimada, T. Minematsu, R. Taniguchi: Learning Support through Personalized Review Material Recommendations, *7th Workshop on Learning Analytics (LA) Technologies & Practices for Evidence-based Education*, 2020.

[115] K. Nakayama, A. Shimada, T. Minematsu, Y. Taniguchi, R. Taniguchi: K-TIPS: Knowledge extension based on Tailor-made Information Provision System, *16th International Conference on Cognition and Exploratory Learning in Digital Age* (CELDA 2019), 2019.

[116] J. Park, K. Denaro, F. Rodriguez, P. Smyth, M. Warschauer: Detecting changes in student behavior from clickstream data, *Proceedings of the Seventh International Learning Analytics & Knowledge Conference*, pp. 21–30, 2017.

[117] A. Shimada, Y. Taniguchi, F. Okubo, S. Konomi, H. Ogata: Online Change Detection for Monitoring Individual Student Behavior via Clickstream Data on e-Book System, *8th International Conference on Learning Analytics &*

Knowledge (LAK'18), pp.446–450, 2018.

[118] F. Okubo, T. Yamashita, A. Shimada, S. Konomi: Students' Performance Prediction Using Data of Multiple Courses by Recurrent Neural Network, *25th International Conference on Computers in Education* (ICCE2017), pp.439–444, 2017.

[119] 大渡拓朗，島田敬士，峰松翼，谷口倫一郎: オンライン電子教材の学習ログに基づくリアルタイム学習改善のためのダッシュボード開発, 第 30 回 情報処理学会 教育学習支援情報システム研究会（CLE）研究発表会, 2020.

[120] T. Minematsu, A. Shimada, R. Taniguchi: Analytics of the relationship between quiz scores and reading behaviors in face-to-face courses, *LAK19 Data Challenge*, 2019.03

第 4 章　分散分権型環境での機械学習とリスク管理

[121] C. M. Bishop: *Pattern Recognition and Machine Learning.* Springer-Verlag, 2006.

[122] A. Corduneanu and C. M. Bishop: Variational Bayesian model selection for mixture distributions, *Artificial intelligence and Statistics*, Vol. 2001, pp. 27–34, 2001.

[123] I. Eyal and E. G. Sirer: Majority is not enough: Bitcoin mining is vulnerable, *International conference on financial cryptography and data security*, pp. 436–454. Springer, 2014.

[124] S. Fine and K. Scheinberg: Efficient svm training using low-rank kernel representations, *Journal of Machine Learning Research*, Vol. 2, No. Dec, pp. 243–264, 2001.

[125] J. Friedman, T. Hastie, and R. Tibshirani: Sparse inverse covariance estimation with the graphical lasso, *Biostatistics*, Vol. 9, No. 3, pp. 432–441, 2008.

[126] T. Idé: Collaborative anomaly detection on blockchain from noisy sensor data, *2018 IEEE International Conference on Data Mining Workshops* (ICDMW), pp. 120–127. IEEE, 2018.

[127] T. Idé, A. Dhurandhar, J. Navrátil, M. Singh, and N. Abe: Anomaly attribution with likelihood compensation, *Proceedings of the Thirty-Fifth AAAI Conference on Artificial Intelligence* (AAAI 21), pp. 4131–4138, 2021.

[128] T. Idé and H. Kashima: Eigenspace-based anomaly detection in computer systems, *Proc. ACM SIGKDD Intl. Conf. Knowledge Discovery and Data Mining*, p. 440–449, 2004.

[129] T. Idé, A. Khandelwal, and J. Kalagnanam: Sparse Gaussian markov random field mixtures for anomaly detection, *Proceedings of the 2016 IEEE International Conference on Data Mining* (ICDM 16), pp. 177–186, 2016.

[130] T. Idé and R. Raymond: Decentralized collaborative learning with probabilistic data protection, *Proceedings of the 2021 IEEE World Congress on Services*

(SERVICES 2021), p. TBD, 2021.

[131] T. Idé, R. Raymond, and D. T. Phan: Efficient protocol for collaborative dictionary learning in decentralized networks, *Proceedings of the 28th International Joint Conference on Artificial Intelligence* (IJCAI 19), pp. 2585–2591, 2019.

[132] S. L. Lauritzen: *Graphical Models*, Oxford, 1996.

[133] K. Minami, H. Arai, I. Sato, and H. Nakagawa: Differential privacy without sensitivity, *Advances in Neural Information Processing Systems*, pp. 956–964, 2016.

[134] S. Nakamoto: Bitcoin: A peer-to-peer electronic cash system, 2008.

[135] B. Narasimhan: homomorpheR, *CRAN*. 2019.

[136] D. T. Phan and T. Idé: ℓ_0-regularized sparsity for probabilistic mixture models, *Proceedings of the 2019 SIAM International Conference on Data Mining*, pp. 172–180. SIAM, 2019.

[137] W. Ren, R. W. Beard, and E. M. Atkins: A survey of consensus problems in multi-agent coordination, *Proceedings of the 2005, American Control Conference, 2005.*, pp. 1859–1864. IEEE, 2005.

[138] M. Ruan, M. Ahmad, and Y. Wang: Secure and privacy-preserving average consensus, *Proceedings of the 2017 Workshop on Cyber-Physical Systems Security and Privacy*, pp. 123–129. ACM, 2017.

[139] A. Shamir: How to share a secret, *Communications of the ACM*, Vol. 22, No. 11, pp. 612–613, 1979.

[140] S. P. Vadhan, et al.: Pseudorandomness, *Foundations and Trends in Theoretical Computer Science*, Vol. 7, No. 1–3, pp. 1–336, 2012.

[141] Y. Xiao, N. Zhang, W. Lou, and Y. T. Hou: A survey of distributed consensus protocols for blockchain networks, *IEEE Communications Surveys & Tutorials*, Vol. 22, No. 2, pp. 1432–1465, 2020.

[142] ギルバート・ストラング: 線形代数とその応用, 産業図書, 1978.

[143] 井手剛: 異常検知と変化検知, 講談社, 2015.

[144] 井手剛: 入門 機械学習による異常検知—R による実践ガイド—, コロナ社, 2015.

[145] 佐古和恵: 不正を防ぐ合意形成ルール「プルーフ・オブ・ワーク」, ブロックチェーン技術の未解決問題, 第 2 章, 日経 BP, 2018.

[146] 松尾真一郎, 楠正憲, 崎村夏彦, 佐古和恵, 佐藤雅史, 林達也: ブロックチェーン技術の未解決問題, 日経 BP, 2018.

[147] 大石哲之: ビットコインはどのようにして動いているのか？—ビザンチン将軍問題、ハッシュ関数、ブロックチェーン、PoW プロトコル, tyk publishing, 2014.

[148] 藤澤洋徳, 井手剛: 大規模計算時代の統計推論：原理と発展, 共立出版, 2020.

[149] 野口悠紀雄: ブロックチェーン革命, 日本経済新聞出版社, 2017.

索　引

あ 行

RWiLS　75
ADWIN　40

EM アルゴリズム　8
異常検知　1
1 次の D-MDL 変化検定　45

埋め込み　74
埋め込みに基づく方法　74

MDL 変化検定　33
MDL 変化統計量　33
MDL モデル変化検定　63
MDL モデル変化統計量　62
LOF　8

オンライン忘却型 EM アルゴリズム
　8

か 行

カーネル密度推定法　123
階層的 D-MDL アルゴリズム　48
階層的変化検知　65
ガウス型グラフィカルモデル　93,
　166
学習活動データ　110
確率的決着性　144
株式所有ネットワーク　102
関連度自動決定　174

記述長最小原理　16, 33
ギャンブラーの破産　146
教育データ　110
共同辞書学習　138
共同パターン辞書学習　138
行列因子分解　18

クラスタリング構造変化検知　60
グラフィカルラッソ　93, 165
GraphScope　72

グラフ分割　72
グラフ分割構造変化検知　72
グラフラプラシアン　104, 151
クリックストリームデータ　111

構造学習　166
構造的エントロピー　65
コーポレートガバナンス（企業統治）
　100
51% 攻撃　148

さ 行

採掘者　141
サイクルグラフ　155
最尤推定量　5
サポートベクトルマシン　13

自己回帰モデル　26
自己符号化器　19
シミュレーションに基づく方法　29
シャノン情報量　31
集合的予測アルゴリズム　55
主成分分析　12
情報論的学習理論　34

スイッチング分布　53
SCAW　40
スパース　170
スペクトルグラフ理論　159
スペクトルに基づく方法　69
SmartSifter　8

正規化最尤符号長　33
正則グラフ　155
精度行列　163
説明可能な AI　78
漸近的信頼性　40
潜在構造変化検知　3, 21, 52
潜在構造変化予兆検知　22
漸進的変化　3, 43
漸進的変化検知　22

疎　170

た 行

対数収益率（リターン）　79
対数損失　6
対数尤度　115
対数尤度関数　117
第 1 種の誤り確率　35
第 1 種の潜在構造変化検知　21
第 2 種の誤り確率　35
第 2 種の潜在構造変化検知　22
多様性　131

ChangeFinder　26
逐次的 MDL　38
逐次的正規化最尤符号長　27
逐次的忘却型正規化最尤分布　27
中心性　69
長期記憶過程　80

DMS アルゴリズム　59
D-MDL　45
DB(f, D) 外れ値　6
データ圧縮　31
データの復元に基づく外れ値検知　2
適応的ウインドウ法　40
デジタル学習環境　110

統計的検定　23
動的合意法　152
動的閾値法　10
動的モデル選択　58
動的モデル選択規準　59
突発的変化　3
突発的変化検知　22
トラジェクトリー外れ値検知　16

な 行

2 次の D-MDL 変化検定　47
2 段階学習に基づくオンライン変化検知
　手法　26
ネットワーク中心性に基づく方法　71

ノンパラノーマル　94

は 行

バースト検知　52
外れ値　1
外れ値検知　1
パターンに基づく外れ値検知　2
パラメータ変化検知　3, 21
パラメトリックコンプレキシティ　33
非負値残差行列因子分解　18
微分的 MDL 変化統計量　45

Fixed-Share アルゴリズム　56
復号化器（decoder）　19
符号化器（encoder）　19
符号長　31
プライバシー　131
ブロックチェーン　140
分解型正規化最尤符号長　64
分散学習　132
分散分権型　130

ベイジアンオンライン変化点検知
　30, 85
ベイズ情報量規準　115
変化検知　1
変化予兆検知　22

ポアソン分布　115
忘却パラメータ　8
方向統計量　14
ポートフォリオ構成問題　91
ボラティリティ　82
ボラティリティクラスタリング　83

ま 行

マハラノビス距離　6
マルチタスク学習　132

民主主義　131

無作為分割法　153

メタ合意形成　138

モデル遷移確率　　58
モデル選択　　58
モデル変化検知　　3

や 行

尤度関数　　116

予兆情報学　　78

ら 行

ラプラシアン異常検知　　104

隣接行列　　149

劣勾配法　　167
連合学習　　132

労力の証明　　143

わ 行

One-class SVM　　13

著 者 略 歴

山 西 健 司　（第1章）
やま　にし　けん　じ

1987 年　東京大学大学院工学系研究科計数工学専攻修了
現　　在　東京大学大学院情報理工学系研究科数理情報学専攻教授，博士（工学）

久 野 遼 平　（第2章）
ひさ　の　りょう へい

2013 年　スイス連邦工科大学チューリッヒ校博士課程修了
現　　在　東京大学大学院情報理工学系研究科数理・情報教育研究センター/数理情報学専攻
　　　　　講師，Dr.Sc.ETH Zürich

島 田 敬 士　（第3章）
しま　だ　あつ　し

2007 年　九州大学大学院システム情報科学府博士後期課程修了
現　　在　九州大学大学院システム情報科学研究院教授，博士（工学）

峰 松　　翼　（第3章）
みね　まつ　つばさ

2018 年　九州大学大学院システム情報科学府情報知能工学専攻博士後期課程修了
現　　在　九州大学大学院システム情報科学研究院助教，博士（工学）

井 手　　剛　（第4章）
い　で　つよし

2000 年　東京大学大学院理学系研究科物理学専攻博士課程修了
現　　在　IBM Thomas J. Watson Research Center, Senior Technical Staff Member,
　　　　　博士（理学）

AI/データサイエンス ライブラリ "基礎から応用へ"＝2

異常検知からリスク管理へ

2022 年 8 月 25 日 ⓒ　　　　　　　　　　　初 版 発 行

著　者　山 西 健 司　　　　　発行者　森 平 敏 孝
　　　　久 野 遼 平　　　　　印刷者　山 岡 影 光
　　　　島 田 敬 士　　　　　製本者　小 西 惠 介
　　　　峰 松　　翼
　　　　井 手　　剛

　　　発行所　　**株式会社　サ イ エ ン ス 社**

　　〒 151-0051 東京都渋谷区千駄ヶ谷 1 丁目 3 番 25 号
　　営業 ☎ (03) 5474-8500 (代)　振替 00170-7-2387
　　編集 ☎ (03) 5474-8600 (代)
　　FAX ☎ (03) 5474-8900

　　　印刷　三美印刷(株)　　　製本　(株)ブックアート

サイエンス社のホームページのご案内
https://www.saiensu.co.jp
ご意見・ご要望は
rikei@saiensu.co.jp　まで．

ISBN978-4-7819-1546-3

PRINTED IN JAPAN

SGC ライブラリ
for Senior & Graduate Courses

新版 情報幾何学の新展開

甘利俊一 著　　Ｂ５・本体2600円

刊行以来多くの読者に読み継がれて5年を経た今回の改訂では，近年衆目を集めている深層学習，Wasserstein距離といった新しい話題を加え，より充実した内容となっている．

第I部　多様体とダイバージェンス関数

多様体とダイバージェンス関数／凸関数の導くダイバージェンスと双対平坦構造／指数型分布族の双対平坦構造／確率分布族における不変なダイバージェンス／確率分布族，正則度族，正定値行列空間に導入する非不変な双対平坦構造

第II部　微分幾何学入門

アファイン接続，共変微分，測地線／曲率と捩率／双対接続の幾何／階層構造を持つ双対平坦空間

第III部　統計的推論の情報幾何

統計的推論と情報幾何：曲指数型分布族を用いて／Neyman-Scott問題：局外母数とセミパラメトリック統計モデル／隠れ変数のあるモデル：emとEMアルゴリズム，非忠実なモデル，Bayes統計

第IV部　情報幾何の様々な応用

機械学習の情報幾何／学習の力学と特異点：多層パーセプトロンと自然勾配学習法／深層学習の発展と統計神経力学／Wasserstein距離の情報幾何／信号処理と最適化の情報幾何

＊表示価格は全て税抜きです．

サイエンス社

SGC ライブラリ
for Senior & Graduate Courses

テンソルネットワークの
基礎と応用
統計物理・量子情報・機械学習

西野友年 著　Ｂ５・本体2300円

理工学諸分野で今広く注目を集めている「テンソルネットワーク」の基礎，応用，歴史，現状，展望を，第一線で研究する著者が縦横無尽に親しみやすい筆致で解説．

第1章　あみだくじとテンソルネットワーク
第2章　統計力学とテンソルネットワーク
第3章　Baxterの角転送行列形式
第4章　経路積分による量子・古典対応
第5章　特異値分解とエンタングルメント・エントロピー
第6章　行列積と行列積状態
第7章　行列積状態の時間発展
第8章　密度行列繰り込み群
第9章　何度も再発見される行列積形式
第10章　高次元のテンソルネットワーク
第11章　階層を持ったテンソルネットワーク
第12章　量子計算・機械学習へ
第13章　確率の輪をつなぐ

＊表示価格は全て税抜きです．

サイエンス社